权威·前沿·原创

皮书系列为
"十二五"国家重点图书出版规划项目

中国汽车安全发展报告
（2015）

ANNUAL REPORT ON AUTOMOBILE SAFETY IN CHINA
(2015)

中国汽车技术研究中心 / 编著

图书在版编目(CIP)数据

中国汽车安全发展报告.2015/中国汽车技术研究中心编著.
—北京：社会科学文献出版社，2015.7
（汽车安全蓝皮书）
ISBN 978-7-5097-7532-5

Ⅰ.①中… Ⅱ.①中… Ⅲ.①汽车工业-工业安全-经济发展-研究报告-中国 2015　Ⅳ.①F426.471

中国版本图书馆 CIP 数据核字（2015）第 107641 号

汽车安全蓝皮书
中国汽车安全发展报告（2015）

编　　著／中国汽车技术研究中心

出　版　人／谢寿光
项目统筹／邓泳红　吴　敏
责任编辑／吴　敏

出　　版／社会科学文献出版社·皮书出版分社（010）59367127
　　　　　　地址：北京市北三环中路甲29号院华龙大厦　邮编：100029
　　　　　　网址：www.ssap.com.cn

发　　行／市场营销中心（010）59367081　59367090
　　　　　　读者服务中心（010）59367028

印　　装／北京季蜂印刷有限公司

规　　格／开　本：787mm×1092mm　1/16
　　　　　　印　张：19.25　字　数：290千字

版　　次／2015年7月第1版　2015年7月第1次印刷
书　　号／ISBN 978-7-5097-7532-5
定　　价／89.00元

皮书序列号／B-2014-353

本书如有破损、缺页、装订错误，请与本社读者服务中心联系更换

▲ 版权所有 翻印必究

汽车安全蓝皮书编委会

编委会主任 赵 航

副 主 任（按姓氏笔画排序）
王东晨 王玮楠 冯 屹 李 洧
杨士钦 周 华 高继东

委 员（按姓氏笔画排序）
马 岩 刘玉光 刘崇庆 周 荣
赵 会 彭晓勇 谢书港

主 编 傅连学

副 主 编 张海波 尤嘉勋

主要执笔人（按姓氏笔画排序）
丁 倩 么丽欣 王秀颖 左培文 卢 放
白 辰 朱 毅 刘月杰 刘玉光 刘 地
刘 君 刘桂彬 刘崇庆 刘静岩 孙秀洁
孙振东 苏国峰 李红运 李育贤 李振玲
李筱磊 杨 琪 张立淼 张 雷 陆 春
邵丽青 孟庆阔 赵 威 胡伟超 栗 国
徐 凯 高博麟 唐 祯 黄万众 彭晓勇
韩菲菲 鲁 爽 谢书港

摘　要

"汽车安全蓝皮书"是关于中国汽车安全发展的年度研究报告，自2014年第一册报告出版以来，受到了汽车业界的广泛关注。本书是第二册报告，在国内部分汽车企业及众多汽车安全领域的资深专家的鼎力支持下，由中国汽车技术研究中心多位研究人员及行业专家共同撰写完成。

2015年度报告主要包括中国汽车安全产业亟待加快发展，道路交通事故分析及对车辆安全管理的建议，汽车安全技术与智能交通系统的集成发展，汽车安全性对汽车消费者消费行为的影响分析，国外汽车安全标准法规、防挥鞭伤害标准、汽车正面碰撞乘员保护标准、商用车辆和挂车制动系统技术要求及试验方法标准、电动汽车碰撞后安全标准等标准法规及C-NCAP当前研究重点分析，安全带、安全气囊、电子稳定性控制系统等技术发展状况，企业先进安全技术的创新与应用，安全带产品性能评价等内容。

随着中国经济的发展和道路交通条件的改善，汽车保有量呈现快速增长态势，与此同时，交通事故持续增加，交通安全形势日益严峻。在影响交通安全的"人、车、路"等因素中，汽车是一个非常重要的影响因素。多年来，汽车安全相关标准的制定和实施对促进中国汽车安全技术水平提升发挥了重要作用，但标准体系还需进一步完善，以缩小与汽车工业发达国家的差距。汽车企业将汽车安全技术的开发与应用作为提升产品和企业竞争力的战略手段，不断满足消费者和标准法规要求，促进汽车安全技术的创新和发展。全面把握中国汽车安全发展状况、完善标准法规体系、提高汽车的安全性能，对于减少交通事故及减轻事故对乘员、行人的伤害，提高中国汽车产

业综合实力有着非常重要的意义。

"汽车安全蓝皮书"以打造汽车安全领域第一权威出版物、积极促进汽车安全进步为立足点,汇集汽车安全领域主流企业、权威专家的精彩力作,从社会科学角度,对中国汽车安全发展状况进行全面梳理和系统分析,旨在为汽车行业管理部门、研究机构、整车和零部件企业、社会公众等掌握汽车安全发展情况提供借鉴和参考。

序　言

随着中国汽车保有量的不断增长和出行、运输需求的增加，道路交通安全引起社会的广泛关注，也是构建和谐汽车社会的重要方面。政府管理部门、消费者对汽车安全性的要求越来越高。因此，对于保障交通安全、规范行业管理、提升消费者满意度而言，促进汽车安全进步的意义十分重大。

多年来，宏观经济的发展带动了消费者收入水平的提升，从而促进了中国汽车市场需求的扩大，中国连续 6 年成为全球最大的新车消费市场。可以预见，在未来十年，中国仍将是国内外汽车整车和零部件企业发展的战略性市场。企业积极开发和应用各类安全技术，不断推动汽车安全技术水平的提升。车身结构优化、预紧限力式安全带、全方位安全气囊、行人保护技术、防抱死制动系统、牵引力控制系统、电子稳定性控制系统、自适应巡航控制系统、盲点信息系统、车道偏离预警系统等安全技术的研究和应用日益广泛，有效提高了汽车安全性能。随着科技发展，更多先进的安全技术将得以推广，未来汽车安全技术将向主动安全与被动安全高度集成的方向深入发展。

作为汽车行业共同认可的汽车安全技术规范，中国新车评价规程（C-NCAP）的推出和不断完善，有力地促进了国内外车型安全技术水平的大幅提高，车辆安全装备的比例也逐渐增加。C-NCAP 对于提高汽车安全性能和改善道路交通安全都有明显的效果，未来中国汽车技术研究中心将根据汽车安全技术的发展趋势，持续改进评价规程，保持中国汽车产品在总体安全技术水平上与国际接轨。

为了从社会科学角度分析中国汽车安全发展状况，提高社会公众对汽车安全的关注度，中国汽车技术研究中心组织行业力量编写了年度研究报告

"汽车安全蓝皮书"，通过系统研究汽车安全发展现状，分析未来发展趋势，为关注汽车安全的社会各界人士提供全面、有效的信息参考。

《中国汽车安全发展报告（2015）》设"总报告""宏观环境篇""标准法规篇""技术研究篇""技术创新与应用篇""专项调查篇"六个篇章及附录。

在"总报告"中，分析了中国道路交通安全状况、汽车安全标准法规和C-NCAP的发展动向，阐述了汽车安全技术的发展趋势，以及相关技术的创新与应用情况。

在"宏观环境篇"中，通过对中国道路交通安全面临的形势、道路交通事故数据及主要特点的分析，提出对车辆安全管理的发展建议。同时，本篇还阐述了汽车安全技术与智能交通系统的集成发展、汽车安全性对汽车消费者消费行为的影响。

在"标准法规篇"中，首先介绍了国外汽车安全标准法规相关进展，然后分析了C-NCAP对主动安全技术的研究与评价，解读了防挥鞭伤害标准、汽车正面碰撞乘员保护标准、商用车辆和挂车制动系统技术要求及试验方法标准、电动汽车碰撞后安全标准。

在"技术研究篇"中，分析了汽车安全带、安全气囊、电子稳定性控制系统的技术原理、技术发展趋势，并选取典型的企业产品进行分析。

在"技术创新与应用篇"中，详细阐述了国内典型汽车企业先进的安全技术开发与应用现状以及未来发展规划。

在"专项调查篇"中，通过对多家国内典型汽车安全带企业产品的深度调查，做出对安全带产品的客观、主观评价。

《中国汽车安全发展报告（2015）》在研究撰写过程中，得到了汽车行业众多专家学者的大力支持和帮助。他们为本书选题和内容策划提出了专业和富有价值的意见和建议，在此表示感谢。本书在研究过程中，得到了相关汽车整车及零部件企业的大力支持和配合，在此表示感谢。社会科学文献出版社也对本书的出版给予了大力支持，做了大量工作，在此一并表示感谢。

本书"总报告"由左培文、邵丽青、李育贤、丁倩（中国汽车技术研究中心汽车技术情报研究所）撰写；"宏观环境篇"由刘君、胡伟超（公安部道路交通安全研究中心），杨琪（交通运输部公路科学研究院），赵威（中国汽车技术研究中心汽车技术情报研究所）撰写；"标准法规篇"由朱毅、孙振东、刘地、刘桂彬、陆春、徐凯（中国汽车技术研究中心汽车标准化研究所），刘玉光（国家轿车质量监督检验中心）撰写；"技术研究篇"由谢书港、高博麟、李红运、栗国、鲁爽、韩菲菲（中国汽车技术研究中心汽车工程研究院），刘崇庆（锦州锦恒汽车安全系统有限公司）撰写；"技术创新与应用篇"由刘静岩（一汽-大众汽车有限公司），张雷（安徽江淮汽车股份有限公司），彭晓勇（上海大众汽车有限公司），卢放、刘月杰、黄万众、唐祯、苏国峰、王秀颖（一汽轿车股份有限公司），李筱磊（重庆长安汽车股份有限公司）撰写；"专项调查篇"由孟庆阔、李振玲、么丽欣、白辰（中国汽车技术研究中心汽车技术情报研究所）撰写；附录内容由张立淼、孙秀洁（中国汽车技术研究中心汽车技术情报研究所）整理。全书由本书主编、中国汽车技术研究中心汽车技术情报研究所副所长傅连学终审定稿。

本书的出版凝聚了许多人的心血，但由于时间仓促、水平有限，书中存在的不足之处恳请专家、读者给予指正。

2015年4月1日

目 录

₿Ⅰ 总报告

₿.1 中国汽车安全产业亟待加快发展 ·· 001
  一 中国汽车安全形势发展现状 ·· 002
  二 中国汽车安全未来发展趋势 ·· 006

₿Ⅱ 宏观环境篇

₿.2 道路交通事故分析及对车辆安全管理的建议 ······················ 009
₿.3 汽车安全技术与智能交通系统的集成发展 ·························· 023
₿.4 汽车安全性对汽车消费者消费行为的影响分析 ·················· 035

₿Ⅲ 标准法规篇

₿.5 国外汽车安全标准法规发展分析 ·· 054
₿.6 C-NCAP 当前研究重点
  ——主动安全技术综述 ·· 076
₿.7 防挥鞭伤害标准最新进展与未来动向分析 ·························· 090
₿.8 汽车正面碰撞乘员保护标准解读及影响分析 ······················ 096
₿.9 商用车辆和挂车制动系统技术要求及试验方法
  标准解读与分析 ·· 105
₿.10 电动汽车碰撞后安全标准分析 ·· 118

B Ⅳ 技术研究篇

B.11 汽车安全带技术发展状况 ········· 135
B.12 汽车安全气囊技术发展状况 ········· 144
B.13 电子稳定性控制系统发展状况 ········· 155

B Ⅴ 技术创新与应用篇

B.14 车身安全模拟计算技术的应用 ········· 169
B.15 安全新技术在商用车产品上的应用 ········· 176
B.16 先进安全技术的开发与应用 ········· 193
B.17 安全新技术在自主品牌车型上的应用 ········· 198
B.18 碰撞安全技术的开发与应用 ········· 211

B Ⅵ 专项调查篇

B.19 安全带产品性能评价分析 ········· 236

B Ⅶ 附录

B.20 附录1 2014年中国汽车安全大事记 ········· 249
B.21 附录2 NCAP测试评价统计 ········· 252

Abstract ········· 281
Contents ········· 283

总 报 告
General Report

B.1
中国汽车安全产业亟待加快发展

摘　要： 中国道路交通环境得到明显改善，但是道路交通事故数量和道路交通事故人员伤亡数量仍然较高。中国继续建立和完善汽车安全标准法规体系、C-NCAP等，推动汽车被动安全技术和主动安全技术的开发和应用，以满足消费者对汽车产品安全性提高的要求。未来汽车安全技术将呈现被动安全技术与主动安全技术相融合的趋势，从碰撞前、碰撞中、碰撞后等不同阶段共同提升汽车安全技术水平。

关键词： 中国道路交通环境　被动安全技术　主动安全技术

一 中国汽车安全形势发展现状

（一）道路交通安全环境有所改善

近年来，随着社会各界对道路交通安全重视度的提升，政府和企业采取了多种预防道路交通安全事故的措施和技术，中国道路交通环境得到明显改善，主要表现在以下几个方面。

首先，道路交通安全事故不断减少。2013年，中国道路交通事故同比下降2.8%，达到19.8万起；由道路交通事故引起的人员伤亡数量也同步降低，2013年造成近5.9万人死亡、21.4万人受伤，同比分别下降2.4%和4.7%，而万车死亡率下降趋势更为明显，2013年道路交通事故万车死亡率为2.34，同比下降16%。

其次，重大道路交通事故发生次数明显降低，预防工作效果显著。2013年，一次死亡10人以上的重大道路交通事故仅有16起，是历年重大道路交通事故数量最少的一年，是自实行"黄金周"14年以来首次全部节假日均未发生重大事故的一年。

再次，重点区域事故预防工作取得明显进展。2013年，有21个省（区、市）未发生重大道路交通事故，华北、东北两个区域同时无重大道路交通事故，严重事故多发高发省（区、市）的重大道路交通事故均有不同程度减少。

最后，重点交通违法行为、重点车辆交通安全管控取得积极进展。2013年，因"三超一疲劳"严重交通违法行为导致的道路交通事故同比下降55.8%。客运车辆、危险品运输车、农村"面包车"、货运车辆等重点车辆交通安全管控成效显著，重大道路交通事故得到有效遏制。

（二）中国汽车安全标准法规体系建设逐渐完善

在借鉴和吸收国际汽车安全标准体系的基础上，结合中国汽车产业发展特点和需求，中国正在逐步建立和完善安全标准法规体系，具体表现在以下几个方面。

第一，乘用车正面碰撞标准的修订。欧洲、美国、日本等汽车工业发达国家和地区已经将汽车正面碰撞、侧面碰撞、追尾碰撞等常见的事故形态列入汽车安全法规体系，而中国 GB 11551-2003《乘用车正面碰撞的乘员保护》已经实施十余年，逐渐对中国汽车安全的发展表现出了一定的不适应。因此，修订 GB 11551-2003 标准，研究和制定适合中国汽车产业发展的正面碰撞安全标准尤为迫切。GB 11551-2014《汽车正面碰撞的乘员保护》在根据前期验证试验结果和各方面反馈意见的基础上，进一步扩大了标准适用范围，除了 M_1 类之外，还覆盖了 N_1 类车型（多用途载货汽车、微型载货汽车、中型载货汽车）。GB 11551-2014 标准借鉴欧洲 ECE R94/01 中采用的车速为 56km/h 的 40% 偏置变形壁障碰撞试验方法，也引入了 40% 偏置变形壁障碰撞试验方法。同时，该标准还有效提升了微型载货汽车和轻型载货汽车产品的正面碰撞安全性。

第二，汽车制动性能相关标准不断完善。在参照并修改 ECE R13（10 系列）的基础上，中国于 2014 年 10 月正式发布了 GB 12676-2014《商用车辆和挂车制动系统技术要求及试验方法》标准，定于 2015 年 7 月 1 日起正式实施。与 ECE R13（10 系列）相比，GB 12676-2014 删除了与中国现行管理体系不适应的部分内容，并根据中国实际情况对部分内容进行了修改。根据《车辆生产企业及产品公告》管理要求，对车型批准和扩展时进行识别判断的技术参数和结构等提出了明确要求，删除了 ECE R13（10 系列）部分附件，不包含 M_1 类车辆的相关技术内容等。除了 GB 12676-2014 以外，缓速制动系统、商用车电子稳定性控制系统等相关的制动安全标准制定也在稳步推进中。

第三，新能源汽车安全标准日渐丰富。近年来，在政策扶持和市场刺激下，新能源汽车取得了较快发展，特别是 2014 年以来，中国的新能源汽车行业发展迅猛。但是，新能源汽车不仅具有与传统内燃机汽车一样的安全问题，而且存在一些特殊的安全问题，如电动汽车碰撞后的高压电路和高能量储存系统对乘员及车外群众的潜在伤害问题。针对此类安全问题，中国相继发布了多个与电动汽车碰撞后安全相关的标准,如 GB/T 18384.1-2001《电动汽车安全要求 第1部分:车载储能装置》和 GB/T 19751-2005《混合动力电动汽车安全要求》,然而这两项标准都不是电动汽车独立的碰撞标准,只是在电动汽车常规安全要求的其中一项碰撞条款。因此,中国在此两项标准的基础上参照国际标准法规起草了独立的 GB/T XXXX - XXXX《电动汽车碰撞后安全要求》标准,目前该标准已经报批,预计于 2015 年正式发布,这将使电动汽车碰撞后安全有据可依。

(三)消费者对汽车产品安全性关注度提高并表现出一定差异性

随着中国汽车保有量的持续增长,中国汽车交通安全问题逐渐凸显,汽车产品的安全性能成为汽车潜在消费者关注的重要购买因素。根据中国汽车技术研究中心对汽车产品满意度调研数据的分析,2014 年汽车产品安全性已经成为消费者最关注的指标,但具体来看消费者对汽车产品安全性的关注度表现出一定差异性。

第一,消费者的居住城市级别影响其对汽车产品安全性的需求及评价。长期以来,一线城市消费者对汽车安全性的关注度一直高于其他城市,但是近年来其他城市呈现不断增长态势,增长最迅猛的是二、三线城市,其在 2014 年已经接近一线城市的水平。目前一、二、三线城市消费者在汽车安全性方面最不满意的是车身强度感知,而四、五线城市消费者在汽车安全性方面最不满意的是轮胎表现。

第二,不同地理环境及受此因素影响的消费文化也影响消费者对汽车产品安全性的评价。在北部沿海、东部沿海等道路建设发达的平原地区,汽车消费者对汽车安全性的评价得分较高;但是在西南地区、南部沿海等多山路地区,汽车消费者对汽车安全性的评价得分相对偏低。在汽车安全性整体评价较高的北部沿海和东部沿海地区,消费者在安全性细项指标上的评价比较类似,主要关注度集中在汽车的安全配置方面。而在汽车安全性整体评价较低的西南地区,消费者对车辆的轮胎和制动表现方面最为不满,如重庆市汽车安全性得分最低。

第三，在年龄方面，不同年龄阶段的汽车消费者对汽车安全性的关注度不同。年轻的汽车消费者对汽车的安全性关注得更多，尤其是26~30岁的汽车消费者对汽车安全性的关注度最高，但是随着年龄的增长，消费者对汽车安全性的关注度逐渐下降。在汽车安全各细项指标上，30岁以下的汽车消费者对车身强度感知和制动灵敏性满意度较低，40岁以上的汽车消费者则比较注重主动安全配置。

第四，男性和女性对汽车产品安全性的关注度存在差异。近年来，女性消费者对汽车安全性的关注度提升得更为明显。女性消费者更关注主被动安全配置，而男性消费者更注重感官感受。

（四）不同企业的安全带产品在主观、客观评价上均存在一定差异，但是自主品牌企业与外资、合资企业产品差距逐渐缩小

目前中国的汽车安全带生产企业存在一定的产品同质化问题，但是从客观调查和主观评价来看，主流企业的产品仍存在一定的差异。从客观参数来看，虽然大部分安全带产品能够达到国家标准要求，但是不同企业的产品在满足标准的余量上表现不同，如在重要部件的强度及最重要的总成动态性能上存在差距。而从主观评价来看，由于不同企业在关键部件的精细化生产上存在差异，直接影响其产品外观和质感方面的评价；同时，企业在产品设计上的差距，造成消费者在使用和佩戴不同产品时感受上也存在较大的不同。

随着企业技术升级和生产工艺的提升，以天津市益中汽车安全带厂、重庆光大产业有限公司为代表的自主安全带生产企业在产品性能指标和用户体验上均取得了一定成绩，在产品各项参数和试验结果上达到国家标准的同时，主要部件的质感和细节设计也逐渐赢得了市场的认可，与外资、合资企业产品的差距正在逐渐缩小。因此整车企业适时打破对自主品牌安全带产品的偏见，以实际需求为导向选择产品，逐步形成公平的市场环境，将有助于整个安全带行业的良性发展。

二 中国汽车安全未来发展趋势

（一）道路交通安全体系将进一步完善，确保道路交通安全事故得到有效预防

虽然中国在道路交通安全管理工作上取得了明显进步，但仍然处于事故预防关键期。重大安全隐患监管仍需进一步完善，严重交通违法导致的事故仍然高发，农村地区交通安全管理力量建设有待加强，恶劣天气条件下事故预防能力仍然不足，道路基础设施安全状况薄弱。因此，进一步完善道路交通安全体系，有效预防道路交通安全事故的发生，将是中国汽车安全领域的长期发展趋势。

不断完善道路交通安全体系的首要任务是进一步提升车辆安全性能。当前摩托车、三轮车、低速货车和拖拉机等低安全性能车辆仍占车辆总量的近50%，低安全性能车辆所占比例仍然偏高，给车辆安全管理及事故预防工作带来一定困难。同时，车辆非法改装现象严重，非法改装导致的事故数量呈上升趋势。另外，载货汽车保有量约占机动车保有量的8%，但是载货汽车造成的事故死亡人数约为总死亡人数的30%，载货汽车安全性能差、管理薄弱是制约车辆安全的重要因素。因此，车辆生产安全技术标准亟待提高，尤其是摩托车、三轮车、载货汽车和拖拉机等特殊车辆，是下一步安全性能提升的重点。

其次，建立车辆安全管理联合工作机制，健全跨部门协作机制。严格执行车辆生产技术标准，在车辆生产、运营等环节进一步加强监察监管。同时，进一步开展机动化进程发展态势研究，研判未来5~10年机动化发展态势；加强中国机动车类型构成政策研究，提出优化中国机动车结构、提升机动车整体安全性能的政策建议；建立事故车辆信息采集、分析及应用工作体系；大力开展违规车辆治理，实施重点车辆运行安全保障工程，建立完善的多部门齐抓共管的安全管理机制。

（二）汽车主动安全技术已经在世界范围引起高度重视，C-NCAP将继续推动主动安全技术发展

各国的NCAP组织陆续在其测试评价规程中增加了对车辆主动安全系统的安装要求，合理利用汽车主动安全技术来提升道路交通安全性，已经成为整个汽车行业的聚焦点。US NCAP已将电子稳定性控制系统（ESC）、前方碰撞预警系统（FCW）和车道偏离预警系统（LDW）3项主动安全技术纳入其评价规程；2014版的Euro NCAP已经引入了ESC、自主紧急制动系统（AEB）、车道保持系统（LKS）、LDW、速度辅助系统（SAS）5项主动安全技术，组成安全辅助类评价组，与乘员保护、儿童保护和行人保护并列成为其测试评价体系的4个环节。

顺应国际NCAP组织的发展趋势，2012年，中国C-NCAP在其测试评价规程中加入了对ESC的安装要求，使中国乘用车ESC装备率由2011年的17%增长到2014年的30%。未来C-NCAP将会继续发挥其推动汽车主动安全技术进步的作用，中国汽车技术研究中心C-NCAP管理中心将开展一系列工作，稳步推进主动安全技术在中国的推广和应用。

第一，开展针对中国道路交通情况的基础研究工作，对中国道路交通事故进行深入调查、分析和研究；第二，制订主动安全测试评价技术研究计划，以有效防止追尾碰撞和碰撞静止车辆事故的AEB作为优先研究重点，将驾驶员辅助功能的LDW和盲点监测系统（BSD）纳入C-NCAP的中远期研究计划；第三，综合考虑制定测试评价方法，开展多车型的实车验证，确定星级评价权重；第四，在新版新车评价规程正式出台前，向行业内公示，充分听取企业意见和建议，适当地对测试评价方案进行完善和修订，最终完成并出台新的测试评价规程。

（三）汽车被动安全技术的开发和完善仍将是汽车安全技术研究热点之一，并将呈现被动安全技术与主动安全技术相融合趋势

当道路交通事故发生时，被动安全技术仍是保护驾乘人员生命最重要的措施。未来，汽车安全带将向双级限力式安全带、预警预紧限力式安全带、

气囊式安全带及四点式安全带等方向发展；安全气囊将向外置智能化安全气囊、新材料的应用及设计方面的改进等方向发展。同时，随着汽车安全系统的智能化发展，汽车整车及零部件企业争相研发汽车主动安全技术并成功应用到产品中，未来汽车安全技术将呈现被动安全技术与主动安全技术相融合的趋势，从碰撞前、碰撞中、碰撞后等不同阶段共同提升汽车安全技术水平。

宏观环境篇

Macro Environment Report

B.2
道路交通事故分析及对车辆安全管理的建议

摘　要： 中国道路交通安全问题虽然有所改善，但仍然面临严峻形势。本文介绍了道路交通及安全发展状况和2013年道路交通安全事故预防工作取得的成效，指出中国道路交通安全管理面临的五大问题与挑战，从道路交通事故数据角度分析中国道路交通事故特点，并提出当前车辆安全管理面临的问题和改善建议。

关键词： 道路交通安全　道路交通事故　车辆安全管理

汽车安全蓝皮书

一 中国道路交通安全面临的形势分析

（一）当前道路交通及安全发展状况

截至2013年底，中国公路通车总里程为435.6万公里，高速公路里程已达10.4万公里，超过美国（9.2万公里）成为世界第一，比2012年分别增长2.8%和8.3%。2013年，公路客运量和货运量分别为374.7亿人次和355亿吨，比2012年分别增长5.3%和11.3%。客运周转量和货运周转量分别为2万亿人公里和6.7万亿吨公里，比2012年分别增长6.7%和12.7%①。2013年高速公路日平均交通流量为2.1万辆，国道日平均交通流量为1.5万辆，比2012年分别增长5.6%和2.1%。

根据公安交管部门最新数据，截至2014年11月底，中国机动车驾驶人数量突破3亿大关，其中汽车驾驶人2.44亿人；中国机动车保有量已达2.64亿辆，其中汽车1.54亿辆，已有11个省份的机动车保有量超过1000万辆，其中广东省和山东省的保有量超过2000万辆。至此，中国驾驶人数量已位居世界第一，汽车保有量仅次于美国位居第二。

2013年，中国共发生涉及人员伤亡的道路交通事故19.84万起，造成5.85万人死亡、21.37万人受伤，比2012年分别下降2.8%、2.4%和4.7%，其中，较大以上事故834起，同比下降18.3%；一次死亡5人以上事故209起，同比下降15%；一次死亡10人以上重大道路交通事故16起，同比下降36%；道路交通事故万车死亡率为2.34，同比下降16%。

（二）2013年道路交通事故预防工作成效

1. 重大道路交通事故预防取得新突破

2013年，道路交通事故预防实现了"三个首次"：全年共发生一次死亡

---

① 参见交通运输部网站上的《统计公报》。

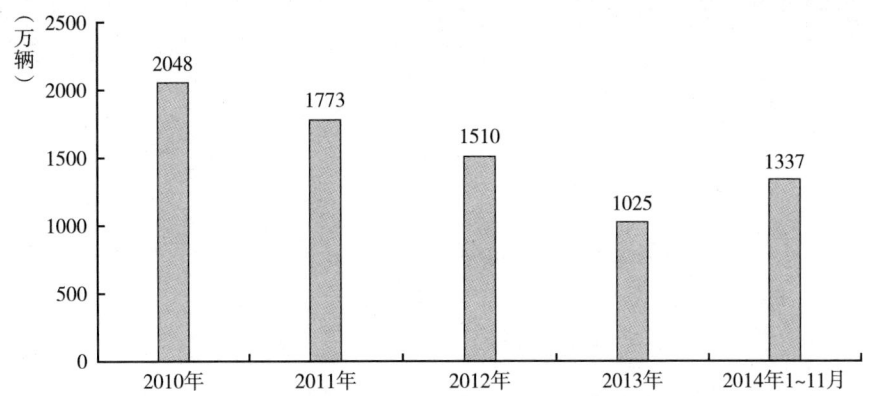

图 1　2010 年至 2014 年 11 月机动车保有量增长情况

10 人以上重大道路交通事故 16 起,首次实现了重大道路事故降至 20 起以下,是 1990 年有重大道路交通事故统计以来最少的一年;全年有 6 个月份均未发生重大道路交通事故,其中,第二季度、第四季度分别连续 88 天和 98 天未发生重大道路交通事故,实现了全年未发生重大道路交通事故的月份首次达到 6 个(1 月、4 月、5 月、10 月、11 月、12 月),创历史最多;中国实行"黄金周"14 年以来首次全部节假日均未发生重大道路交通事故。

2. 重点区域事故预防工作取得明显进展

2013 年,中国有 21 个省(自治区、直辖市)未发生重大道路交通事故,16 起重大道路交通事故仅涉及 10 个省份,较 2012 年减少 8 个,为历年最少,特别是中国六大区域中,首次出现华北、东北两个区域同时无重大道路交通事故。一些过去严重事故多发高发省(自治区、直辖市),如黑龙江省、江西省、山东省、广东省、广西壮族自治区、宁夏回族自治区等地的交通事故均不同程度减少。重点区域道路交通事故预防工作取得明显进展。

3. 重点交通违法行为、重点公路管控取得进步

2013 年,中国因"三超一疲劳"严重交通违法行为导致的道路交通事故同比下降 55.8%,其中,超速肇事导致的事故同比下降 61.9%。2013

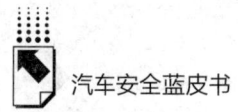

年,国省道共发生重大道路交通事故8起,同比减少11起,下降57.9%。其中,高速公路发生重大道路交通事故4起,同比减少4起;中国10条重点高速公路中有7条载货汽车事故下降明显。

4. 重点车辆交通安全管控成效显著

2013年,客运车辆事故同比下降12.9%,发生的重大道路交通事故共8起,同比减少5起;虽然危险品运输车全年增长5.4万辆,比2012年上升29.4%,增幅为近年来最大,但是2013年未发生涉及校车、危险品运输车的重特大事故;在农村"面包车"全年增长128万辆的情况下,"面包车"超员导致的重大道路交通事故只发生2起,同比减少3起,此类事故得到有效遏制;虽然同期货运量同比上升11.3%,但货运车辆导致的较大以上事故同比下降16.7%。公安部交通管理局、交通运输部等相关部门对重点车辆的安全监管取得显著成效。

(三)中国道路交通安全管理面临的问题与挑战

2013年,尽管中国在道路交通安全工作上取得了明显进步,但当前仍然处于事故预防的关键期,依然存在重大安全隐患、管理薄弱环节,与汽车社会发展相适应的体制机制尚未确立,事故多发路段存量大、安全隐患突出的状况短期内无法彻底扭转。总体来看,道路交通安全管理工作在以下5个方面还面临问题和挑战。

1. 重大安全隐患监管仍需进一步完善

从2013年发生的严重交通事故调查结果看,违规生产、非法改装车辆及无资质生产经营问题仍然大量存在。2013年发生的16起重大道路交通事故中,4起事故存在车辆非法改装问题。四川省渠县"9·15"事故中,肇事车货厢、大梁、钢板弹簧等被非法改装。福建省厦蓉高速"3·22"重大道路交通事故中,肇事载货汽车更换的制动片、轮毂均属三无产品,维修企业属无证非法经营。一些运输企业主体责任不落实,管理混乱又得不到及时纠正。2013年发生的重大道路交通事故中,8起由大中型客运车辆肇事导致,其中7辆客车都安装了GPS动态监控装置,但动态监控制度不落实,

5辆客车的GPS动态监控装置不能正常工作。安徽省蚌合高速"8·9"事故中,肇事大型客车在GPS动态监控装置的设备故障未修复情况下仍通过运管部门批准,取得了临时线路包车牌。这些问题暴露出安全隐患监管还存在很多漏洞。

2. 严重交通违法导致的事故仍然高发

2013年发生的16起重大道路交通事故中,超速导致6起,载货汽车超载导致4起,逆行导致2起。其中,有7起事故涉及客车超员违法。从查处的交通违法情况看,2013年,中国被记分的交通违法行为同比上升42.4%,其中一次记12分的严重危及交通安全的违法行为同比上升3倍。一方面反映出公安交管部门执法力度进一步加大,另一方面也说明当前严重交通违法行为仍然较为普遍,驾驶人安全文明意识仍然淡薄。据统计,2013年中国查处的驾驶人交通违法中,私家车和载货汽车驾驶人是主要违法主体,分别占总数的76.0%和23.4%。

3. 农村地区交通安全管理力量建设有待加强

农村地区交通安全问题日益突出。近年来农村公路建设发展快,交通出行需求旺盛,交通工具呈多元化发展趋势,其中农村"面包车"数量大、增速快,已成为农村地区群众出行的主要代步工具。但农村地区道路通行条件普遍较差,群众交通安全意识不强,车辆安全性能不高,管理力量薄弱,交通安全管理体系不健全。农村公路通车总里程已达385万公里,近5年农村公路里程增长128%,而公安交管部门警力仅增长14%。2013年发生的16起重大道路交通事故中,7起发生在农村公路,同比增加2起;一次死亡5人以上事故中,24%涉及农村"面包车"。

4. 恶劣天气条件下事故预防能力仍然不足

近年来,恶劣天气导致的道路交通事故呈上升趋势,特别是团雾、冰雪路面导致多车相撞事故频发。2013年10月,京哈高速辽宁省葫芦岛段因团雾引发6起多车相撞事故,造成3死2伤。11月,沪陕高速安徽省合肥段因突发团雾相继发生21起多车相撞事故,造成9死53伤。12月,沪昆高速贵州省黔东南段因突发团雾相继发生3起多车相撞事故,造成4死8伤。

根据2013年公安交管部门初步排查、通报，中国高速公路团雾多发路段达1468处，其中年均发生20次以上团雾路段达340处。团雾具有突发性和局部性特征，受经济和科技发展水平所限，预警不及时问题突出，恶劣天气事故预防水平亟待改进提升。

5. 道路基础设施安全状况薄弱

2013年发生的16起重大道路交通事故中，10起为翻坠车事故，占重大道路交通事故总数的62.5%，全部发生在弯多坡长、高落差等线型不良路段。国省道因安全设施不完善而导致的正面相撞事故有所减少，但占国省道事故的比例仍然较高。2013年，国省道发生正面相撞的一次死亡5人以上事故的起数，占国省道同类事故总数的30%。中国公路通车总里程位居世界前列，但从公路技术等级看，中国公路安全等级普遍较低的状况还没有改善，三级以下低等级公路占86%，绝大多数分布在农村地区，许多路段临水临崖、弯急坡陡，标志标线不全，安全防护设施和交通管理设施缺失，安全隐患突出。

二 中国道路交通事故数据分析及主要特点

（一）道路交通事故地区分布特征

2013年，华北、华东区域道路交通事故死亡人数分别占总数的12.7%和34.8%，同比分别下降4.4%和3.1%，但华北区域事故起数同比上升1.9%。中南、西南、华东区域分别发生一次死亡3人以上事故215起、169起和169起，占总数的25.7%、20.3%和20.3%，中南区域广东省、广西壮族自治区较大事故突出，分别发生62起和47起，西南区域四川省、云南省、贵州省事故突出，分别发生49起、46起和44起。西南、华东区域重大道路交通事故突出，分别发生6起和5起。2013年中国不同区域道路交通事故分布如图2所示。

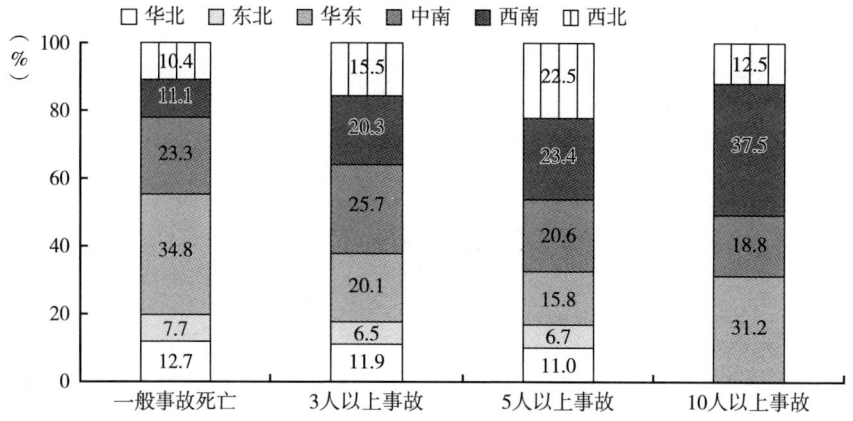

图2 2013年中国不同区域道路交通事故分布

（二）货运车辆肇事导致交通事故情况

2013年，载货汽车肇事导致的事故死亡人数同比下降1.8%，但载货汽车肇事事故死亡人数仍占总数的29.7%，同比上升0.8个百分点；与2012年相比，危险品运输车辆肇事事故死亡人数上升4.5%。中国有12个省（自治区、直辖市）载货汽车事故同比上升，其中贵州省、青海省、河北省载货汽车事故死亡人数同比分别上升30.7%、22.1%、11.2%。从载货汽车肇事事故认定原因看，载货汽车超速、违法占道行驶、违法牵引等重点违法行为导致的死亡人数同比分别下降55%、34.8%和25%，而违法变更车道、无证驾驶导致的死亡人数则同比分别上升41.0%和10.3%。

（三）不同类型道路事故分布情况

2013年，高等级公路发生交通事故导致的死亡人数占总数的44.2%，同比下降1.7个百分点，其中高速公路发生事故导致的死亡人数占总数的10%，同比下降0.4个百分点；一级公路和二级公路发生事故导致的死亡人数分别占总数的10.9%和23.3%，同比分别下降0.2个和1.1个百分点。与2012年相比，一般城市道路发生事故导致死亡人数同比上升2.2%，三

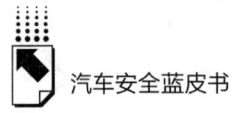

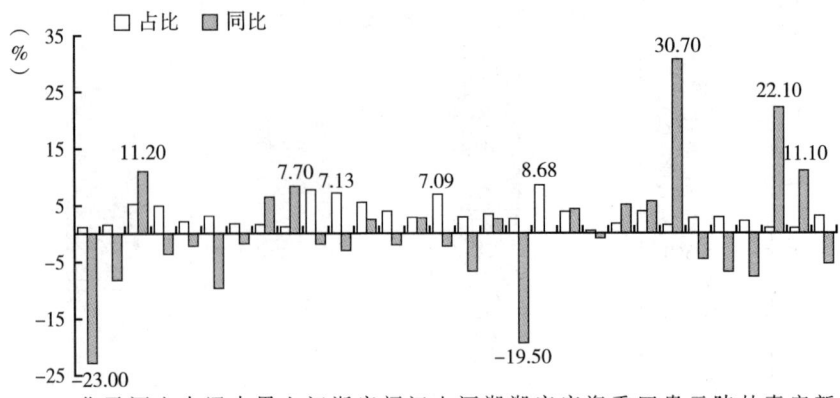

图 3 2013 年不同省（自治区、直辖市）载货汽车事故占比、同比情况

级及以下公路发生事故导致的死亡人数同比上升 0.6%。从公路行政等级看，乡道发生事故导致的死亡人数同比上升 5.3%，乡道上因小型客车肇事而导致的死亡人数占乡道事故的 28.2%，同比上升 4.6%；乡道上因重型载货汽车、中型载货汽车、轻型载货汽车肇事而导致的死亡人数同比分别上升 4.8%、9.6% 和 16.5%。不同类型道路发生交通事故死亡人数分布如图 4 所示。

（四）重点交通违法行为肇事导致交通事故情况

2013 年，超速行驶、违法占道行驶、疲劳驾驶等重点违法行为导致的事故降幅明显，导致的事故死亡人数同比分别下降 59.6%、40.4% 和 7.3%，但逆向行驶、超速行驶导致的一次死亡 3 人以上事故起数比例依然较高，分别占总数的 11.4% 和 7.7%。违法装载超限及危险品运输、违法抢行、违法变更车道肇事增多，其中，违法装载、违法变更车道导致一次死亡 3 人以上事故起数同比分别上升 6.8% 和 18.2%。

（五）不同驾龄驾驶人肇事事故分布情况

2013 年，《机动车驾驶证申领和使用规定》（公安部第 123 号令）实施以

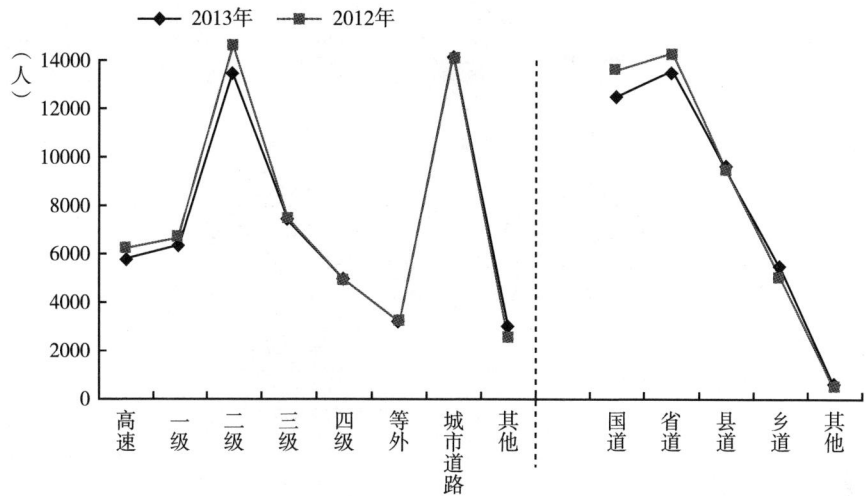

图4　2012～2013年不同类型道路发生交通事故死亡人数分布情况

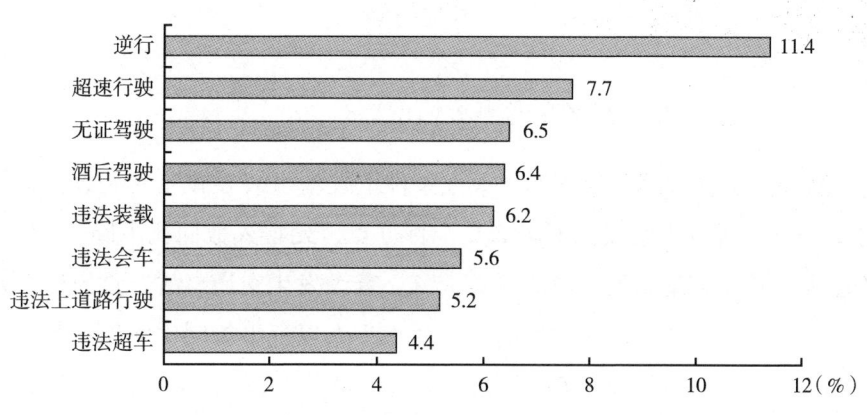

图5　一次死亡3人以上事故的肇事事故原因占比

来，驾驶人考试内容增加，考试难度加大，中国新增机动车驾驶人1790万人，而驾龄不满1年的新驾驶人肇事导致的死亡人数同比下降15.1%，降幅最大。从各省（自治区、直辖市）情况看，上海市、北京市、宁夏回族自治区不满1年的驾驶人肇事导致的死亡人数同比分别下降45.5%、32.3%和31.9%。与此同时，6～10年驾龄的驾驶人肇事导致的死亡人数同比上升9.5%，驾龄为4年、5年的驾驶人肇事导致的死亡人数同比分别上升5.1%和2.0%。

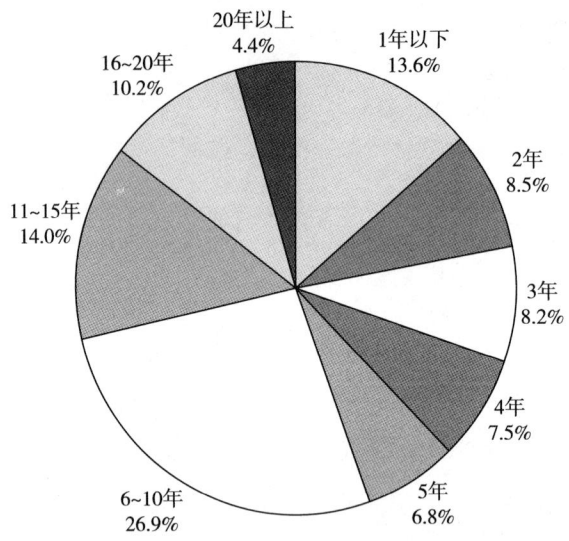

图 6　2013 年不同驾龄驾驶人肇事导致的死亡人数分布

（六）恶劣天气道路交通事故情况

2013 年，雨、雪、雾等恶劣天气条件下发生事故导致死亡人数占总数的 21.3%，所占比例同比下降 2.6 个百分点，死亡人数同比下降 21.3%。2013 年，中国多地爆发大范围雾霾天气，雾天发生交通事故导致的死亡人数同比上升 32.7%，雾天发生的一次死亡 3 人以上事故同比增加 3 起，上升 21.4%。从各区域情况看，东北、华北、华东区域因大雾天气导致的死亡人数同比分别上升 150.0%、57.3% 和 30.1%。沙尘天气导致的死亡人数同比上升 46.7%。

（七）交通事故时间分布情况

2013 年，夜间 18～20 时仍是事故多发时段，导致死亡人数占总数的 13%。此外，深夜 21～22 时、22～23 时发生事故导致的死亡人数同比分别上升 2.3% 和 1.3%，凌晨 0～1 时、4～5 时、6～7 时发生事故导致的死亡人数同比分别上升 1.9%、17.7% 和 0.8%。

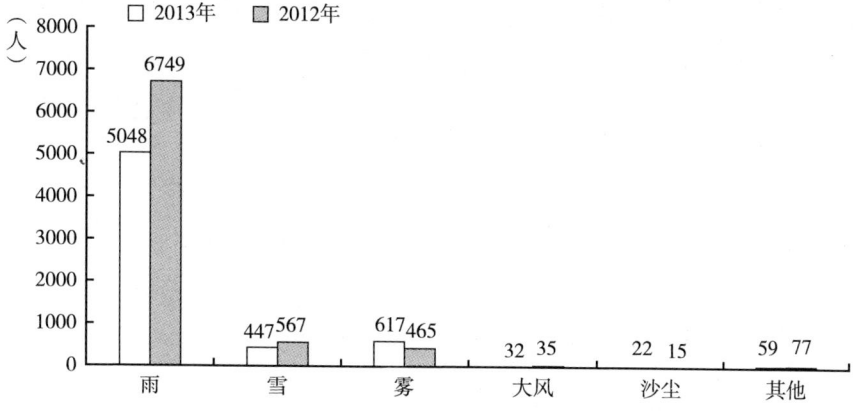

图 7　2012~2013 年恶劣天气条件下事故死亡人数分布

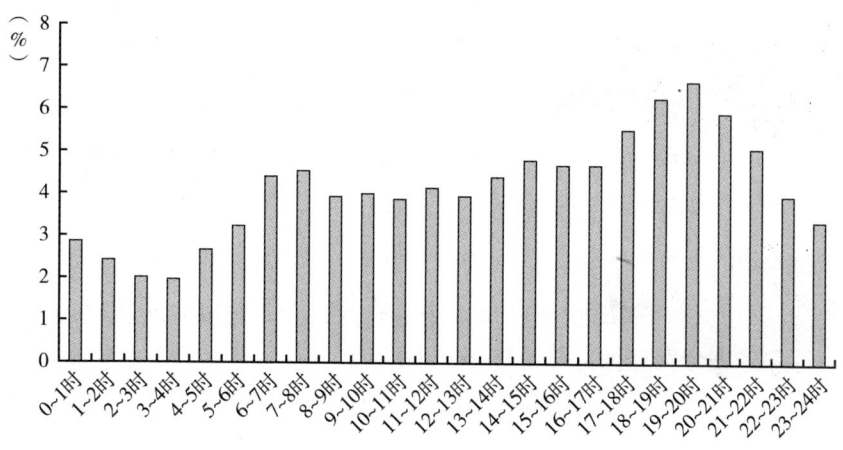

图 8　2013 年事故死亡人数时间分布

（八）重型载货汽车肇事和长下坡、交叉口重大道路交通事故上升

2013 年发生的 16 起重大道路交通事故中，因重型载货汽车肇事而导致的重大道路交通事故 6 起，同比增加 3 起。6 起重型载货汽车肇事事故中，有 4 起存在载货汽车超载违法行为，其中有 3 起事故车辆超载率超过 100%。在 16 起事故中，弯坡路段发生 12 起，占总数的 75%，其中有 5 起

发生在长下坡路段，同比增加4起；5起长下坡路段事故中，4起为翻坠车事故，2起事故因机动车制动失效导致。此外，有2起事故发生在交叉口，同比增加1起，2起交叉口事故均为重型载货汽车与大型客车相撞事故。

三 对车辆安全管理的发展建议

（一）当前车辆安全管理面临的一些问题

1. 低安全性能车辆所占比例仍然偏高

目前，摩托车、三轮车、低速货车和拖拉机等低安全性能车辆占中国机动车保有量的近50%。特别是近年来，一些地方还出现了"老年代步车"等车型，给车辆安全管理及事故预防工作带来一定困难。

2. 车辆生产安全技术标准亟待提高

从事故原因和特征看，中国车辆安全性能还存在一定不足，一些重要安全性能技术标准与国外标准存在差距，其中，客车车身结构强度要求及试验方法与发达国家有明显差距；载货汽车制动、驾驶室乘员防护等安全技术标准偏低；防抱死制动系统（ABS）、缓速器等安全装置使用标准不完善。

3. 车辆安全管理跨部门协作机制不健全

车辆安全管理涉及多个部门，但目前尚未形成联合工作机制，在车辆安全标准制修订、生产企业监管、使用管理及新的安全技术推广应用等方面开展有效的跨部门协作还不顺畅。

4. 车辆非法改装现象严重

随着经济发展和汽车普及，公众对汽车改装的需求日益扩大。一方面，营运车主为满足运输要求对客车、载货汽车改装日益增多，如载货汽车和挂车车厢加宽、加长，出租车油改气，客车增加座位等。另一方面，众多私家车对车灯、音响、内饰、轮毂、行李架等外观和内饰进行改装，有的甚至对悬架、动力、进排气及制动系统进行性能改装。从事故统计数据看，此类非法改装导致的事故数量呈上升趋势。

5. 载货汽车数量大、安全性能差，管理薄弱

据统计，2013年，中国载货汽车保有量约占机动车保有量的8%，但造成的事故死亡人数约为总数的30%。2013年，公安部在全国范围统一部署，开展了为期半年的载货汽车违法行为专项整治，严查载货汽车非法改拼装、使用报废车辆等违法行为。

（二）改善车辆安全管理的建议

当前车辆安全管理面临诸多难题，需要严格执行车辆生产技术标准，在车辆生产、运营等环节进一步加强监察监管，以实现车辆安全性能的进一步提升，进而服务于道路交通的安全、有序、畅通。为此，建议从以下方面努力，逐步完善车辆安全管理体制机制。

1. 开展中国机动化进程发展态势研究

综合考虑当前经济和社会发展不均衡现状，研究中国不同地区机动化所处阶段和存在问题，构建中国机动化进程与经济社会发展的关系模型，研判未来5~10年的机动化发展态势，为制定实施相关管理政策提供支持。

2. 加强中国机动车类型构成政策研究

事故统计数据显示，超标电动自行车、摩托车、三轮汽车、低速汽车、微型"面包车"及卧铺客车等车型事故多发、人员伤亡惨重。应通过预测机动车类型构成变化趋势及对交通安全影响，提出优化中国机动车结构、提高机动车整体安全性能的政策建议，进一步引导生产和使用安全环保车型、厢式载货汽车及适用于农村地区的客运车辆和货运车辆，加快三轮汽车和低速货车、栏板式载货汽车等低性能汽车的淘汰。

3. 建立事故车辆信息采集、分析及应用工作体系

事故车辆安全缺陷研究对分析、改善车辆性能意义重大。因此有必要整合国内科研院所、事故鉴定机构的技术力量、试验设备和数据资源，构建国家事故车辆案例数据库，形成事故车辆信息采集、分析及应用工作机制，推动公安部、工业与信息化部、国家质量监督检验检疫总局等多部门联合开展事故车辆安全性倒查。特别是开展重特大道路交通事故肇事车辆安全性能深

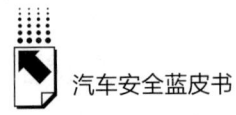

度剖析,并通过新闻媒体向公众发布,推动缺陷车辆召回,推动生产企业改善车辆安全性能。

4. 大力开展违规车辆治理

违规车辆是指安全性能或技术参数不符合国家标准或公告参数的新车。违规车辆信息主要来源于各地公安交管部门的日常车辆查验工作。目前,亟须建立严重违规机动车企业通报、约谈、注册登记预警及社会媒体通报等机制;向工业和信息化部、国家质量监督检验检疫总局等部门通报企业违规信息,推动对相关企业进行整治处理;定期统计发现并约谈违规信息中的主要违规企业,责令其限期整改;提示查验人员加强对违规车型查验,不断完善预警提示数据库;公开向社会通报主要违规车辆品牌、型号及生产企业,对企业形成舆论引导。

5. 实施重点车辆运行安全保障工程

重点车辆运行安全波及面宽、社会影响重大,因此建议全面提高校车安全保障水平;对大、中型客车所有座椅配备安全带及安装限速装置,进一步提高车辆侧倾稳定性;对重中型载货汽车规范侧面、后下部防护装置安装及车身反光标识粘贴使用管理,推广应用限速、限载等装置;推动在校车、客车、载货汽车上全面安装具有行驶记录功能的卫星定位装置,全面完善落实各项动态安全监管制度。

6. 建立完善多部门齐抓共管的安全管理机制

中国机动车安全管理属于典型的"多头"管理,由于职责分工存在模糊地带,同时受制于手段、方法,管理真空不同程度地存在。有必要进一步明晰车辆产品质量监管分工,加强交流与合作;逐步完善公告管理方式,严格执行相关安全标准;建立有效的信息反馈监管途径,确保产品一致性,推动落实车辆生产企业主体责任。

7. 进一步完善重点驾驶人培训、考试和管理模式

加强驾驶人培训、考试体系建设,编写完善更具针对性的安全驾驶培训和考试教材,进一步完善驾驶人培训和考试衔接机制,建立完善重点车辆驾驶人的培训、考试和日常管理办法,使车辆驾驶人充分了解车辆的安全技术性能、正确认识和使用各类车辆安全装置,切实提高车辆运行安全水平。

B.3 汽车安全技术与智能交通系统的集成发展

摘 要： 交通安全问题已经成为世界性的难题。本文介绍了国内外智能交通的发展现状及主要趋势，提出标准化为产业的进步打下了良好的基础。汽车企业已经在以安全为主要目的的合作式智能交通系统领域投入了大量的经费和研发力量。汽车电子控制、汽车运行时的相互协同、汽车与基础设施之间的合作是未来重要的发展方向，汽车产业与智能交通系统的结合也越来越紧密。

关键词： 智能交通系统 汽车安全技术 生态智能交通

一 智能交通系统发展现状和趋势

智能交通系统（ITS）是在较完善的交通基础设施之上，将先进的信息技术、通信技术、控制技术、传感器技术和系统综合技术有效地集成，并应用于地面运输系统，从而建立起大范围内发挥作用的、安全高效的运输系统。它使交通基础设施发挥出最大的效能，提高服务质量，使社会能够高效地使用交通设施和能源。

与传统交通工程相比，ITS 在理念方面有较大的差别。传统交通工程主要通过建设交通安全设施、制定交通法规、采用标志标线信号灯等方式对交通进行约束和管制，达到提高道路的通行能力、减少事故的目的。而 ITS 则是以先进的信息技术为手段，以为出行者服务为主要手段，提高交通运输的

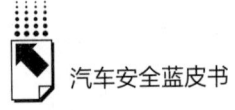

安全性、方便性、快捷性和舒适性,从而达到提高交通设施使用效率、保证出行者安全的目的。

(一)国际智能交通系统发展历程及主要趋势

20世纪80年代,世界主要发达国家和地区,如美国、日本和欧洲等,道路基础设施建设已基本完善,这些国家和地区都建成了四通八达的高密度路网。随着社会经济的发展,出行的需求还在不断地增加,路网通行能力渐渐满足不了日益增长的交通需要,交通拥挤、交通污染及交通事故等问题越来越突出。这些发达国家和地区无法负担进一步增加路网密度所需要的大量土地及巨额资金的投入,因此将重点转到用高新技术来改造现有道路运输系统,达到提高路网通行能力及交通服务质量的目的。

从20世纪60年代起,美国就开始了与ITS相关的技术研发。1991年,美国创立了智能交通协会。该协会由民间企业、学术部门、环保部门及各级政府的相关单位组成,为非营利组织。同年,美国还通过了旨在利用高新技术和合理的交通分配提高路网效率的"综合地面运输效率方案(ISTEA)"。

1994年11月,第一届世界智能系统大会在巴黎举行。在此次会议上,形成了在全球范围内以共同的标准来建立ITS等决议。自此以后,ITS的研究开发及应用在全球各地迅速展开,并朝着智能化、多模式化和全球化的方向发展。

经过20多年的研究与发展,ITS在许多领域已经得到了大规模的应用。

美国率先建立了ITS体系架构,在美国政府的推动下,以高速公路为纽带的城市群综合交通管理、出行信息服务、运营车辆管理等系统发展非常迅速。

在日本,几乎所有的商用车和乘用车均装载了可以提供实时交通信息服务和动态导航(VICS)的车载终端,VICS中心将从高速公路管理部门、交警部门收集来的信息(包括交通管制、停车场、交通拥堵等实时交通信息)精心处理后,通过安装在道路上的信标、FM多路广播等设备传送到车载接收机上。日本的电子不停车收费系统(ETC)普及率高达90%以上,解决了收费道路出入口处的拥堵问题，对提高交通效率起到了积极的作用。

在欧洲各国，ETC、智能公交管理、交通管理系统的集成和互操作体系均得到了大范围的应用。德国采用卫星定位与无线接入的方式，对所有行驶在高速公路上的货运车辆实现了通行费的自动征收。

21世纪以来，世界主要发达国家和地区进入了全面实施ITS的阶段。随着无线通信技术的发展，美国、日本和欧洲不约而同地提出了"第二代ITS"——合作式ITS的概念，其核心为"实现智能型移动信息社会"，通过驾驶员安全驾驶系统和行人安全保护系统来减少交通事故和提高交通效率、舒适性、便利性。美国、日本和欧洲正在加速合作式ITS的开发、测试和标准化工作。

2014年2月3日，美国运输部公布决定，将推进互联车辆的应用，以试验为基础，在轻型车上应用车—车通信，并着手制定新车安装车—车通信装置所需的法规，包括法律要求、行政命令和应用导则等。而日本在此领域则是从车—路通信和车—路合作系统着手，国土交通省主持开发了智能公路，2012年后将路侧设施称为ITS‐Spot。日本在2012年正式开通了车—路合作系统应用后加快了合作式ITS的开发。2014年2月12日，欧盟宣布欧洲的互联车辆标准化工作完成。

移动通信技术的发展带动了智能交通的发展，为高速行驶的车辆实现宽带接入提供了良好的基础条件，ETC、实时导航及安全驾驶均离不开移动通信。车—车通信、自组织的车间组网技术，由于其对保障汽车安全运行有重要的作用，成为现阶段和未来美国、日本和欧洲等发达国家和地区的研发、应用重点。

为实现汽车安全运行，更高频率的雷达技术的开发和应用也是将来的发展趋势。频率应用方面，24GHz主要用于盲区识别，60/70GHz主要用于距离识别，79GHz主要用于精确识别行人。

以绿色节能为目标的生态智能交通将是未来的发展趋势，如运用车队行进管理的方式实现车辆节油。风洞试验的结果表明，当载货汽车采用车队形式行进时，节油率可达50%以上。

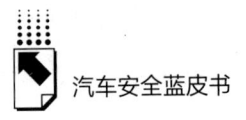

（二）中国智能交通发展历程

中国 ITS 的发展主要经历了整体构想跟踪起步、技术攻关试点应用、集成服务示范应用和大规模应用4个阶段。

1. 第一阶段：整体构想跟踪起步（1995～2000年）

随着国外 ITS 的兴起与发展，中国也开始针对国内具体情况进行比较系统的 ITS 研究。在科技部的支持下，1998 年交通运输部公路科学研究院完成了"智能交通系统发展战略研究"，提出了中国 ITS 发展的近期、中期和远期目标，以及如何从政府部门、法规、资金和教育等方面保障发展目标的实现。

美国及其他国家的 ITS 发展经验表明，制定 ITS 体系框架是 ITS 全面发展不可缺少的基础研究。它是 ITS 结构标准研究的指导性框架，用于明确 ITS 开发目标，避免重复研究和在低水平下的无计划开发，便于成果的应用和 ITS 技术的发展及产业化实施。2000 年，国家科学技术部在国家"九五"科技攻关项目中安排了"中国智能交通系统体系框架"的研究，该项目由国家智能交通系统工程技术研究中心牵头，国内各行业的专家广泛参与了研究工作。

2. 第二阶段：技术攻关试点应用（2001～2005年）

该阶段针对面向特定应用的技术进行攻关，主要攻关方向包括：交通信息共享平台、车辆导航、综合交通信息服务、城市交通管理控制、长途客运智能化、高等级公路综合管理、联网收费和 ETC 等技术。

这些技术的研发成果在北京市、上海市、天津市、重庆市、济南市、青岛市、杭州市、广州市、中山市、深圳市等智能交通示范城市中得到了应用，例如，北京市建成了智能化交通管理、停车诱导、公交区域调度、综合信息平台系统，上海市建成了大都市快速路交通管理，广州市建成了综合交通信息平台。

3. 第三阶段：集成服务示范应用（2006～2010年）

该阶段主要集成应用前期的技术研究成果，为国际大型活动提供交通运输保障，主要的大型事件包括：北京奥运会、上海世博会及广州亚运会。北京奥运会的 ITS 集成了现代化的交通指挥调度系统、交通事件自动检测报警系统、自动识别单双号交通综合监测系统、数字高清的奥运中心区交通综合监测系统、闭环管理的数字化交通执法系统、智能化的区域交通信号控制系统、灵活管控的快速路交通控制系统和公交优先系统，为保障北京奥运期间的交通畅通发挥了重要作用。

在该阶段，具有中国自主知识产权的区域联网 ETC 技术也开始得到应用。交通运输部还组织实施了"省级公路交通信息资源整合工程""区域性道路客运综合信息服务系统"和"公众出行交通信息服务系统"3 项信息化建设示范工程。

4. 第四阶段：大规模应用（2011年至今）

随着 ITS 技术研发的全面展开，ITS 在交通运输的各个领域得到了大规模的应用。在城市交通方面，智能化的交通信号控制系统及公交智能调度管理系统在中国各大中城市得到了广泛应用。公路交通方面，ETC 形成了规模应用，用户超过 1000 万人；区域路网的运行监测与服务几乎覆盖了东部的所有省份；建立了中国重点营运车辆的动态监管系统。交通信息服务在市场的推动下快速发展，便利了公众出行；车载智能终端具备规模应用的条件，动态交通信息和换乘信息服务逐步开始应用。该阶段还初步建立了以密码技术为基础的自主可控的交通网络信任体系。

（三）中国智能交通系统技术发展趋势

尽管在"十二五"期间，中国 ITS 的发展取得了显著的进步，但在实际应用中还存在许多不足，交通运输效率及交通服务水平、交通安全、交通对环境影响、交通拥堵等诸多问题集中出现，成为制约中国社会经济发展的重要问题。中国交通运输行业面临交通运输结构调整和发展方式的转变：应采用新一代信息技术手段，提高行业管理水平，适应人民群众出行的需求；应围绕运输组织和资源配置的优化、安全监管和应急响应能力的提高、群众出行便利性的提升重点开展工作。

中国 ITS 的主要发展趋势和特点包括以下几点。

第一，安全是 ITS 的重中之重。近年来中国对交通安全的重视程度已经超过了对交通效率的关注。通过先进的信息与通信技术，实现对运载工具、交通基础设施、货物和驾驶行为的动态跟踪，可对危险和灾害事件进行预测预警和主动防范，发生突发事件后可以快速响应，为出行者提供安全可靠的交通环境，提高交通运输安全保障和应急处置能力。

第二，随着互联网技术的发展和应用，新型传感器、智能传感网、无线接入等先进的信息采集技术逐渐实用化和商业化，以及智能手机的广泛应用，可以随时随地、多角度、多方位、多方式地动态获取交通运输网络的状态信息技术将是 ITS 的一个发展趋势。应用新的信息采集技术，可监控客流、货流和运载工具运行状态，实现对公路、桥梁、隧道、运输枢纽、场站等基础设施运行状态和交通气象环境的动态感知和实时监测，为交通状态判别与态势预测提供全面、有效、可靠的信息支持，进而促进交通运输管理和服务水平的提升。

第三，综合化也是 ITS 发展的趋势之一。确保道路、水路、铁路及航空等不同运输方式之间的无缝衔接，是提高基础设施使用效率、充分发挥各种运输方式比较优势的重要手段。

通过 ITS 可以优化组织运输过程并提高运输效率，减少因交通拥堵、空载而造成的能源消耗和污染；同时利用交通管理与控制、驾驶员行为提醒等手段，可降低车辆等运载工具的燃油消耗和排放，有效地为改善环境和可持续发展提供技术支撑。

（四）智能交通产业与标准化

标准化的接口可保证设备和系统间的可互联性，有利于实现中国范围内的兼容性。比如，车辆与道路之间的短程通信接口一旦标准化，符合此接口标准的终端将在全国范围内轻松接收路边设施所发出的信息。在生产领域，标准化有助于拓展 ITS 相关产品的提供渠道，创造更大的市场空间。企业按照标准生产的产品不会因接口不匹配而遭受消费者冷落。消费者也不会因购买的产品不符合或无标准而无法在系统中使用,根据标准提供某种产品或服务的企业不会独此一家,消费者有选择的余地,不会因某种产品的特殊性而不得不终生依赖该产品的生产商。

ITS 是一项庞大的系统工程,每项服务功能一般都不是由单个设备独立完成的,接口设备的互联性对系统集成至关重要。在实际工程中,接口标准化可缩短工期、降低造价、提高系统的可靠性。标准化有利于减轻风险,保护投资。

在 ITS 领域,比较活跃的国际、区域或国家标准化组织主要包括:国际标准化组织智能运输系统标准化技术委员会(ISO/TC 204)、国际道路车辆标准化技术委员会(ISO/TC 22)、国际地理信息技术委员会(ISO/TC 211)、信息技术/自动识别和数据获取技术委员会(ISO/IEC JTC1/SC31)、欧洲标准化协会智能运输系统技术委员会(CEN/TC 278)、欧洲电信标准化协会智能运输标准化技术委员会(ETSI/TC ITS)、美国电气和电子工程师协会(IEEE)。

其中,ISO/TC 204 是覆盖领域最广泛的 ITS 标准化组织,在组织形式上分 18 个工作组和成员国,中国是有投票资格的 P 成员国。ETSI/TC ITS 近年来也非常活跃,其成员大部分是通信设备生产商及移动通信运营商,主要从事合作式 ITS 通信及检测道路安全标准,共分应用需求与服务、框架与跨层协调、传输与网络、媒体与媒体相关、信息安全 5 个工作组。

2003 年初,经国家标准化管理委员会批准,由交通运输部牵头成立"中国智能交通系统标准化技术委员会"(以下简称"ITS 标委会"),秘书处设在交通运输部公路科学研究院。2003 年起,ITS 标委会完成了 ITS 标准体系制定工作,并随着 ITS 研究和发展,不断地修改标准体系,形成了 2014 版 ITS 标准体系框架(见图 1)。

2014 版 ITS 标准体系中共有 176 项标准(见图 2)。

标准化为产业的进步打下了良好的基础。以 ETC 为例,针对中国高安全性、低成本应用需求,在国内外首次提出了双片式双界面组合式电子收费技术方案,制定了《电子收费 专用短程通信 物理层》等系列国家标准,

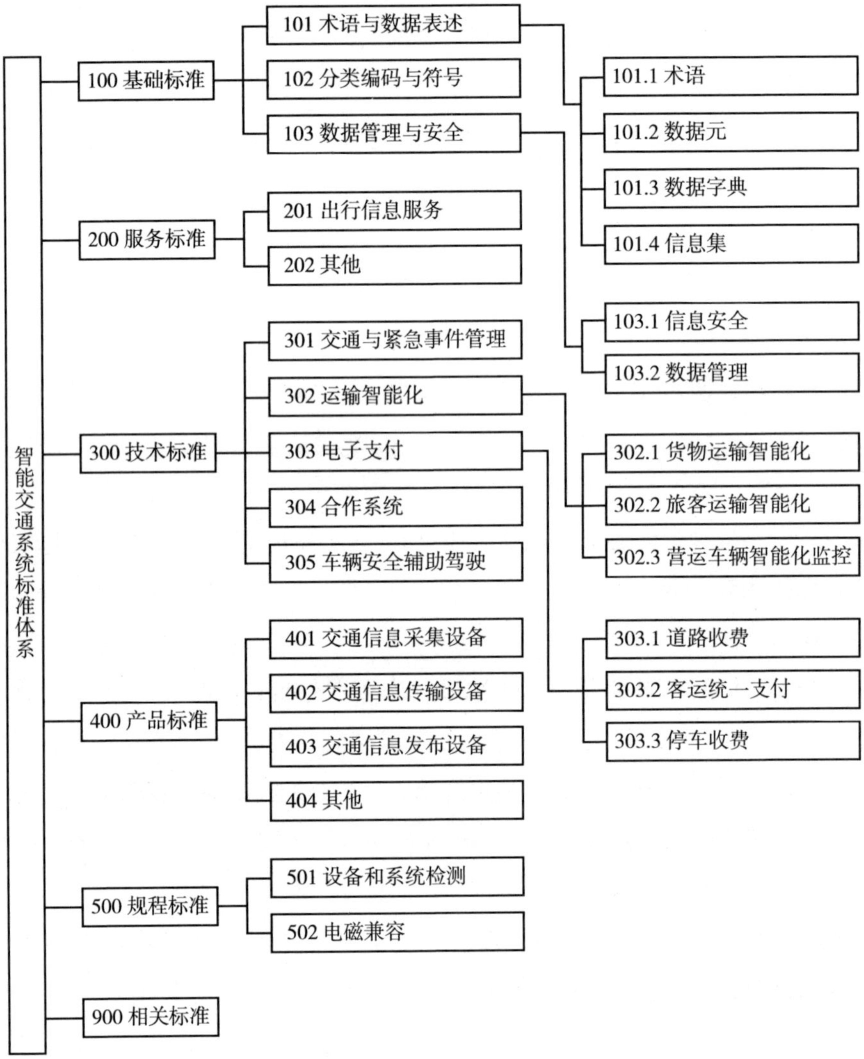

图1 2014版ITS标准体系框架结构

标准采用的技术具有完全的自主知识产权。为保证各类产品切实符合标准，研制开发了交通专用短程通信协议（DSRC）物理层参数和协议测试系统。目前，中国已有20多家企业、70多个型号的产品依据相关标准规范开发，并通过了检测。28个省（自治区、直辖市）均安装了ETC，开通ETC车道

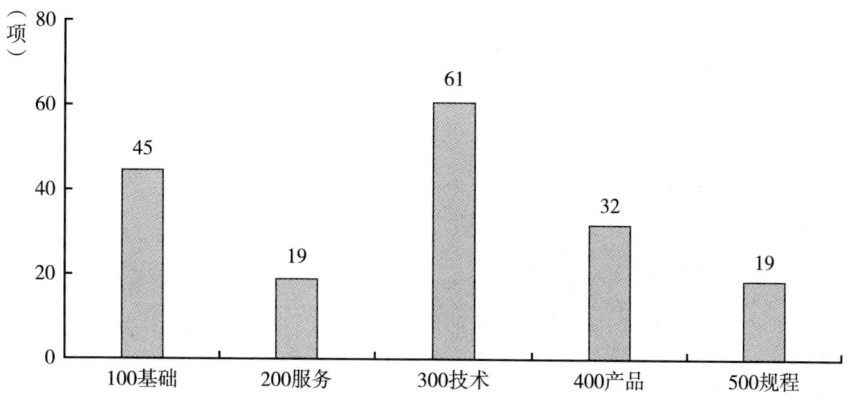

图 2　2014 版 ITS 标准体系的标准数量分布

6000 多条，ETC 用户达到 1000 万人。北京市使用 ETC 后一年可节约燃油消耗约 6594 吨。具有自主知识产权 ETC 标准的制定和应用保证了相关智能化设备的接口互联性，促使更多的厂商加入产品提供者行列中，使得产品更丰富、解决方案更多样化、服务功能更完善。

综合分析中国 ITS 发展状况及需求，近期标准化主要围绕如下两个方向。

方向一：研究制定中国现实 ITS 领域建设及营运中急需的标准，主要包括运输智能化、ETC 扩展应用、交通运输信息安全等领域。

方向二：瞄准未来 ITS 发展的新技术领域，推动具有中国自主知识产权的新技术应用，主要包括合作式 ITS、车辆安全辅助驾驶等领域。

二　基于智能交通的汽车安全技术

（一）基于智能交通系统的汽车安全概况

运用车辆安全辅助驾驶技术，通过安装在车辆及道路上的各种传感器掌握车辆、道路及周边车辆的状况等信息，为驾驶员提供劝告或预警信号，并在一定条件下对车辆实施控制，成为国际汽车企业研究和开发的热点。这些车辆安全辅助驾驶技术包括自主紧急制动系统（AEB）、车道偏离预警系统（LDW）、车辆前后侧面防撞、倒车安全辅助、低速跟随、碰撞减轻等技术。欧洲规定，自2012年起生产的新车都必须强制安装LDW。在各大国际汽车企业的支持与推动下，ISO/TC 204制定了一系列相关国际标准。美国谷歌公司推出开放汽车联盟（OAA），美国AT&T公司建立Drive Studio。2014年，主流厂商在欧洲、美国投放的新品绝大部分均支持联网及基于APPs的车载开放平台，许多车型已通过LTE网络联入服务平台。与国外相比，中国汽车安全辅助驾驶技术发展和应用还有一定的差距，但广阔的前景不言而喻。

（二）以交通安全为目标的合作式智能交通系统

合作式ITS指通过人、车、路的信息交互，实现车辆和基础设施之间、车辆与车辆之间、车辆与人之间的智能协同与配合，从而提高道路交通安全、优化利用交通系统资源。

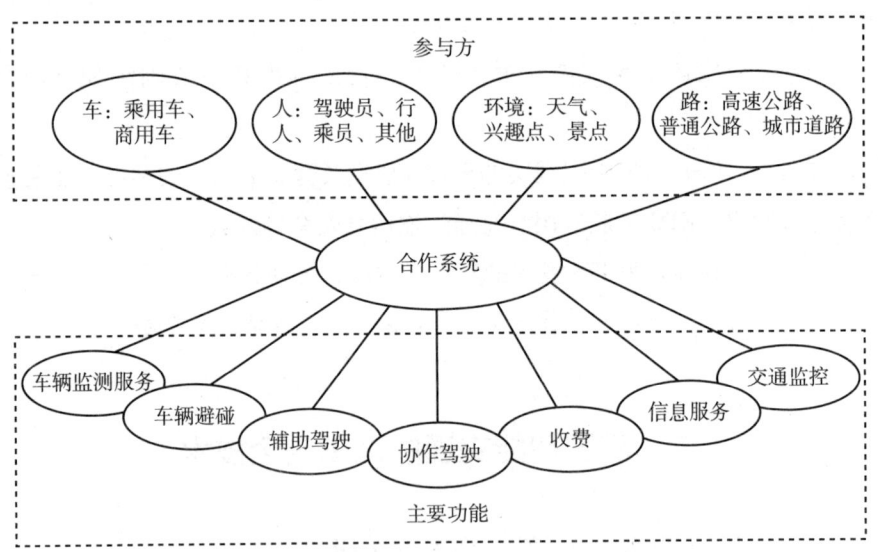

图3　合作式ITS的参与方及主要功能

在合作式ITS安全领域，需要的通信手段有低时延、高可靠性、高带宽的特点，目前基于交换的无线移动通信网络（如3G网络）难以满足要求，因此 DSRC 的研发和应用成为世界各发达国家和地区的共同趋势。合作式 ITS 的不同对象之间的通信关系如图 4 所示，DSRC 如图 4 中的虚框所示。DSRC 车—路通信的路边单元最大覆盖半径大于 1 公里，车—车通信单跳距离可达 300 米，支持车辆的最大运动速度不小于 120km/h。

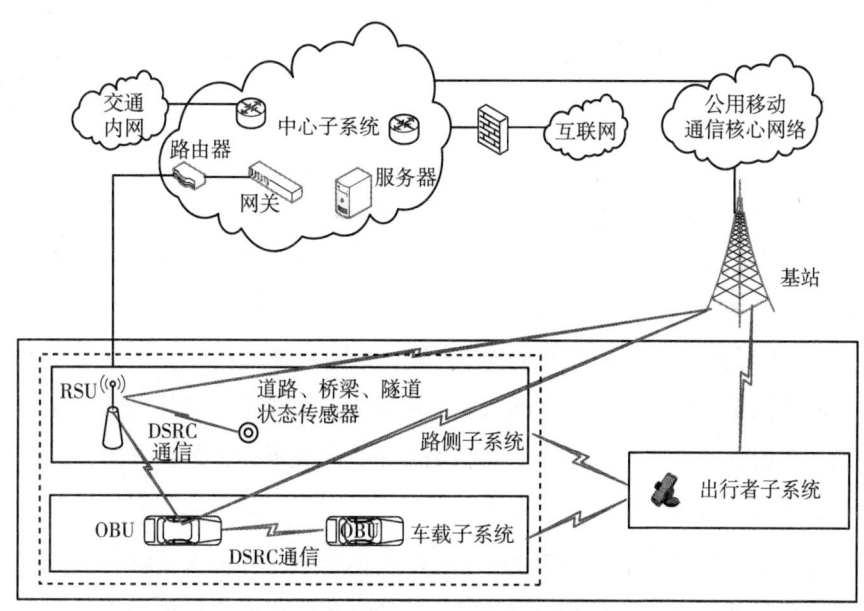

图 4　合作式 ITS 不同对象间的通信关系架构

合作式 ITS DSRC 可支持的主要交通运输安全业务如下。

1. 汽车辅助驾驶

包括辅助驾驶和道路基础设施状态警告。辅助驾驶包括碰撞风险预警（尤其是路口碰撞预警）、错误驾驶方式的警示、信号违规警告、慢速车辆指示、摩托车接近指示、车辆远程服务、行人监测和协作式自动车队。道路基础设施状态警告包括车辆事故警告、道路工程警告、交通条件警告、气象状态及预警和基础设施状态异常警告。

2. 交通运输安全

包括紧急救援请求及响应、紧急事件通告、紧急车辆调度与优先通行、运输车辆及驾驶员的安全监控、超载超限管理和交通弱势群体安全保护。

3. 交通管理

包括交通法规告知、交通执法、信号优先、交通灯最佳的速度指引和停车场管理。

4. 运输管理

包括运政稽查、特种运输监测、车队管理和场站区管理等。

(三)中国智能交通系统与汽车安全协同发展策略

新一代汽车安全技术的发展,将对汽车市场的供给和需求、汽车和交通的产业组织产生重要影响,联网、智能、安全的汽车的发展将会极大地改变现有汽车产品的形态和生产方式。

ITS不仅使道路状况的实时信息系统、车辆防碰撞系统得到应用,还将使孤立的汽车智能化产品向联网智能产品升级;通过车内和外界的无缝信息交流,提高驾驶员与外界的安全互动是汽车技术发展的一个新方向,也是汽车产业新的价值增长点和创新点所在。

在产业组织形式方面,新一代车联网不仅使得汽车企业通过与信息通信业、金融保险业及新的交通服务业合作而将汽车产业链条拉长,还形成了新的协同关系。以"安全""效能"为目标的合作式ITS,需要智能交通与汽车产业推动汽车企业、信息通信企业、交通安全管理部门等共同参与技术的开发、平台构建和运营,形成协同的、可持续发展的汽车安全产业发展环境。

打破现阶段产业链数据封闭、市场碎片化的格局,由专属的汽车安全信息服务平台向开放、实时和综合的大数据平台转变,构建汽车运营安全综合服务平台,使产业链各方通过平台实现信息数据共享,实现跨产业的协同创新。

对联网车辆须实现的功能和服务做出规定,明确准入条件和监管规制;修改车辆登记、车检制度、道路交通运输与交通执法的相关法规。相关主管部门应以政策机制推动新一代车联网的应用与信息共享。汽车企业则需将具备新一代车联网功能及安全性能纳入整车规划和设计的标准和规范中。

B.4 汽车安全性对汽车消费者消费行为的影响分析

摘　要： 汽车安全性作为消费者进行汽车消费的重要评价指标之一，对汽车消费者进行购买决策和产品使用评价起到重要的影响。依照消费特征对消费群体进行划分，综合城市级别、地域、年龄、性别等消费者特征属性对消费者群体进一步细分，可以得出不同属性特征的消费者对汽车安全性的评价及不同需求。另外，本文还分析了消费者对于汽车品牌与汽车安全性的理解以及消费者用车时关注的汽车安全技术。

关键词： 汽车安全性　消费者　消费特征

一　汽车消费者与汽车安全性概述

中国汽车产业自20世纪50年代起步，至今已经发展成为全球第一大汽车消费市场。2015年1月23日，工业和信息化部发布的2014年全年汽车工业经济运行情况数据显示，2014年中国累计生产汽车2372.29万辆，同比增长7.3%；销售汽车2349.19万辆，同比增长6.9%，产销量位居世界第一。随着汽车保有量的持续增长，中国汽车交通安全问题逐步凸显，受到社会各界的关注。为降低汽车交通事故伤亡率、提升驾乘人员的乘车安全性，汽车安全技术已经成为中国汽车产业重要的研究方向之一。

对于消费者而言，汽车安全性已经成为其选择购买一款新车时所关注的重要因素。根据中国汽车技术研究中心对汽车产品满意度调研数据的分析

（见图1、图2），2014年消费者对汽车产品指标的关注度较2013年有所增加，且在产品各项评价指标中排在第一位。

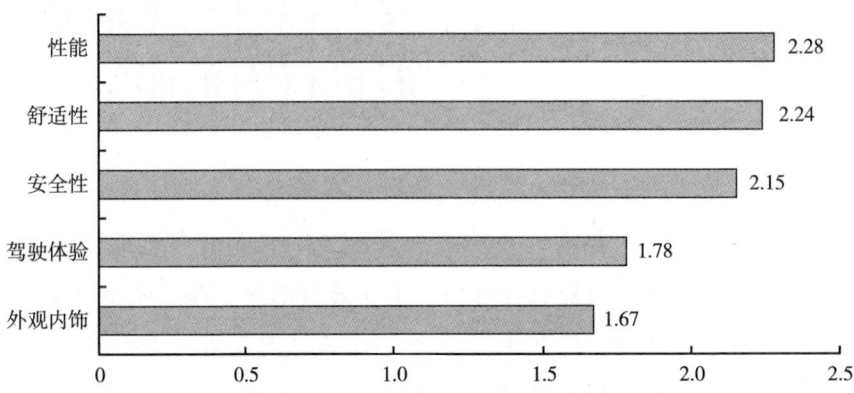

图1　2013年消费者对产品指标关注度系数

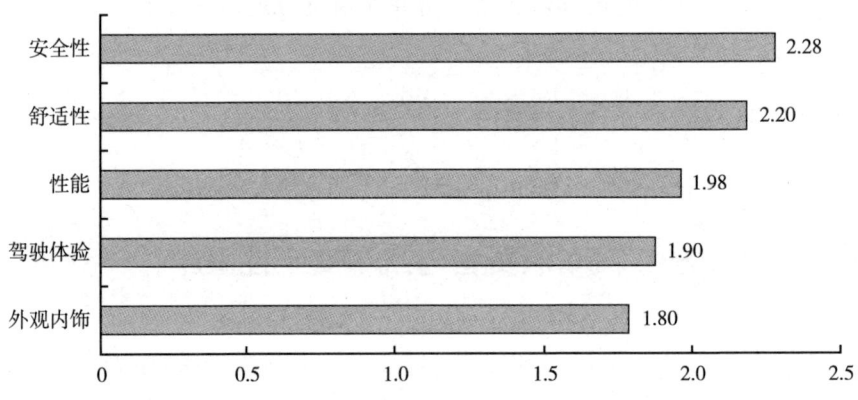

图2　2014年消费者对产品指标关注度系数

根据调研显示，消费者对于汽车安全主要关注以下5个方面：车身强度（车身的抗扭曲能力）、制动表现（制动反应灵敏度）、轮胎表现（轮胎在行驶过程中的抓地力强度）、安全配置（车辆的基本安全配置表现，如安全带、安全气囊等）和自动化程度（电子制动力分配系统、牵引力控制系统、制动辅助系统、坡道辅助控制系统等自动化安全辅助系统）。

2014年在汽车安全性各细项指标中，消费者最关注的是主动安全配置，满意度得分最低的是车身感知强度（见图3）。中国汽车主动安全技术的推广才刚刚起步，受限于技术能力和制造成本，主动安全技术并没有应用至中低端车型。消费者在对产品进行评价时，考虑了购车成本和产品性价比后就会对主动安全配置方面的要求有所降低，相应的满意度评价也处于安全性各指标的中游水平。但从汽车产品竞争力趋势来看，由于消费者对汽车主动安全方面的关注度很高，说明其对主动安全方面的需求非常强烈。但是，从汽车安全性关注度的结果中可以发现，随着消费者对汽车安全认知和意识的逐步提高，其对主动安全配置的需求将会越来越强烈，未来，汽车主动安全技术的应用在中国将会迎来一个快速增长期。与此同时，2018年中国C-NCAP对相关主动安全系统的评分项目，无疑会推动中国汽车安全性能迈入一个新的发展阶段。

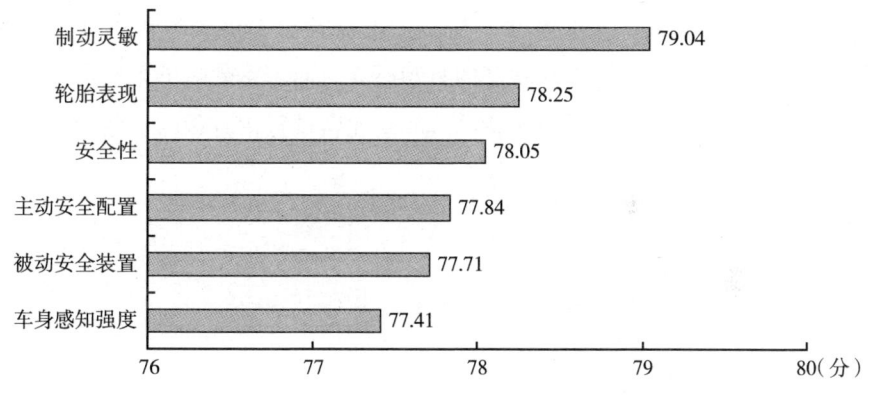

图3 消费者对汽车安全性不同指标的满意度得分

现阶段消费者最不满意的方面是汽车车身感知强度。大多数消费者在购车时评价汽车安全性主要查看汽车安全配置和感受车身强度，一般直观的车身强度感受会对其影响较大。

消费者在使用汽车时会依靠一些车辆事故（如车辆磕碰、刮擦、追尾等小型事故）后车辆的外观状态来评价其车身感知强度。调研中大多数有过车辆事故经历的车主在车身感知强度方面的打分高于无事故经历的消费者（见图5），说明事故后比较容易显现的车辆外在状态（车身是否凹陷、是否

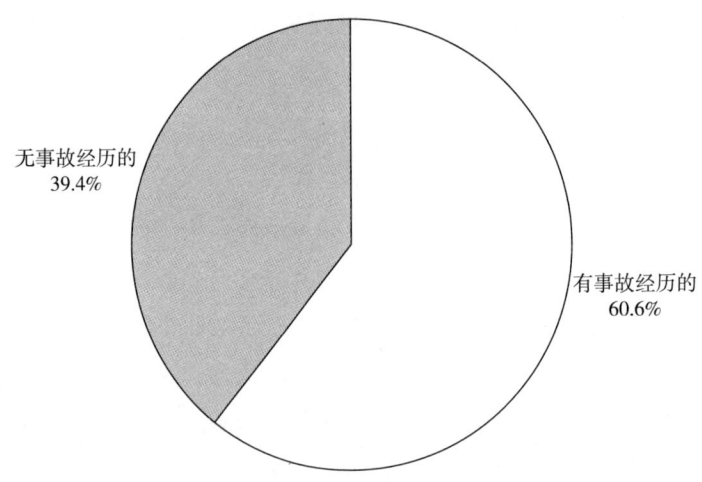

图 4　有/无事故经历的消费者占比

损坏）对消费者的影响更为积极。所以，消费者对于车身感知强度打分偏低的原因主要是其对车辆外在状态的直观感受，而该感受除了车辆自身视感和触感方面的因素外，也受到车辆品牌和企业营销宣传方面的一些影响。

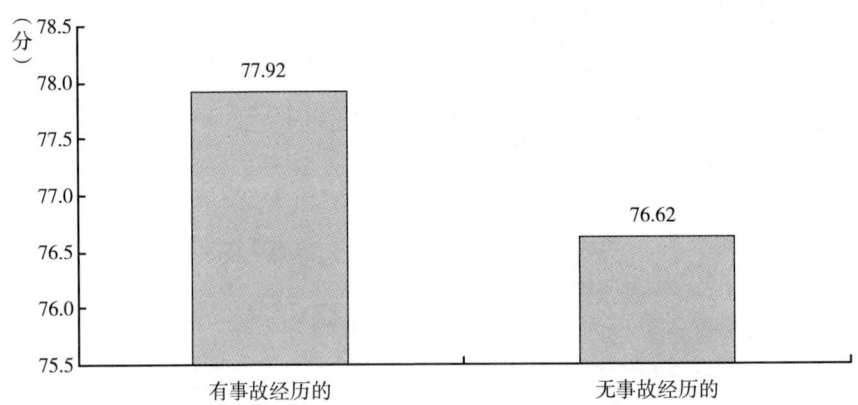

图 5　有/无事故经历的消费者对车身感知强度打分

虽然中国消费者在汽车消费能力方面较过去有了较大的提升，但其在汽车安全认知和道路安全意识方面并没有达到国际化水平，想要改变中国现阶段消费者对汽车安全方面的消费观念，不仅要靠汽车企业在安全技术上的提升来保障汽车安全性能，还需要全面的汽车安全宣传来引导科学理性的汽车消费。

二 汽车消费者属性特征与汽车安全性的关系

现阶段，丰富的生产资料和高度发达的生产力为商品市场注入了大量的、不同种类的商品供消费者选择，消费者的需求也会受到文化因素、社会因素、地域因素和个人因素等的影响而发生变化。在如此变动和复杂的供需关系下，汽车作为在购买时需要再三考虑的大宗消费品，其商品特性应针对不同的消费者，满足不同的消费需求。依照消费特征对消费群体进行划分，综合地域、年龄和性别等消费者特征属性对消费者群体进一步细分，可以得出不同属性特征的消费者对汽车安全性的不同需求。

（一）不同城市级别消费者对汽车安全性的评价情况

由于不同级别城市的经济实力、城市规模的不同，该城市消费者的消费能力和消费特征也会大不相同。调研发现，虽然其他城市的消费者在汽车消费观念和消费特征（购买时的关注度、使用时的满意度等）方面与一线城市的消费者有很大不同，但其消费趋势有逐步向一线城市靠拢的现象。当然，这一现象在消费者对汽车安全性上的态度也不例外。

虽然一线城市的消费者对汽车安全性的关注度一直高于其他城市，但二、三线城市消费者对汽车安全性关注度的增长率上升得非常迅猛，并逐渐接近一线城市的水平。一直以来，中国的城市建设结构及方向基本一致，尤其是二、三线城市的发展模式与以往一线城市发展模式并无较大差异，所以二、三线城市消费者在消费特征和观念上的升级也紧跟一线城市的步伐。如果四、五线城市未来的发展模式如果依然沿袭二、三线城市，该级别城市未来的消费趋势也会逐渐偏向高级别城市，但现阶段四、五线城市的消费者在汽车消费方面的差异还较为明显。

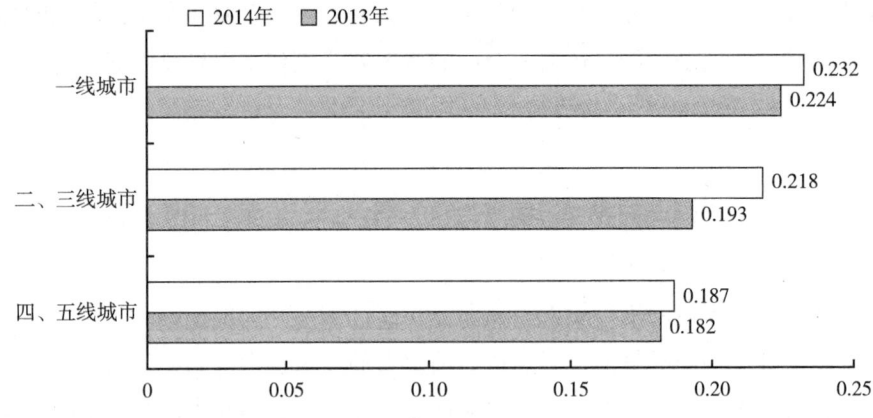

图6 不同城市级别消费者对汽车安全性的关注度

一线城市与二、三线城市在汽车安全性各细项指标上的满意度情况基本相似,两个级别城市的消费者最不满意的都是车身感知强度(见图7)。而四、五线城市消费者对汽车安全性最不满意的是轮胎表现。与一、二线城市的基础建设相比,四、五线城市的行车道路质量、交通便捷能力还有待提升。考虑到该类城市的消费者的用车路况较差、轮胎易磨损,所以消费者对轮胎方面的不满也可以理解。

(二)不同区域消费者对汽车安全性的评价情况

从城市规模来推断消费者的消费观念和行为特征,考虑更多的是经济因素;不同地域消费者的消费趋势分析则依托更多的地理环境及受地理环境影响的当地消费文化因素。

同一地域的消费者对汽车产品特征的关注反映了其地域消费观念和行为特征。比如,东北区域的消费者在购买汽车时,对发动机性能比其他城市的消费者关注得更多,这是因为东北区域冬天温度较低,发动机不易启动或启动后不稳定的现象非常普遍,所以当地消费者对发动机的要求就更高。同样,在起伏路较多的"山城"重庆,当地消费者对汽车的制动表现非常重视。在北部沿海、东部沿海等道路建设发达的区域,当地消费者对汽车安全性的评价较高,但在西南、南部沿海等多山路区域,当地消费者对汽车安全性的评价相对偏低。

汽车安全性对汽车消费者消费行为的影响分析

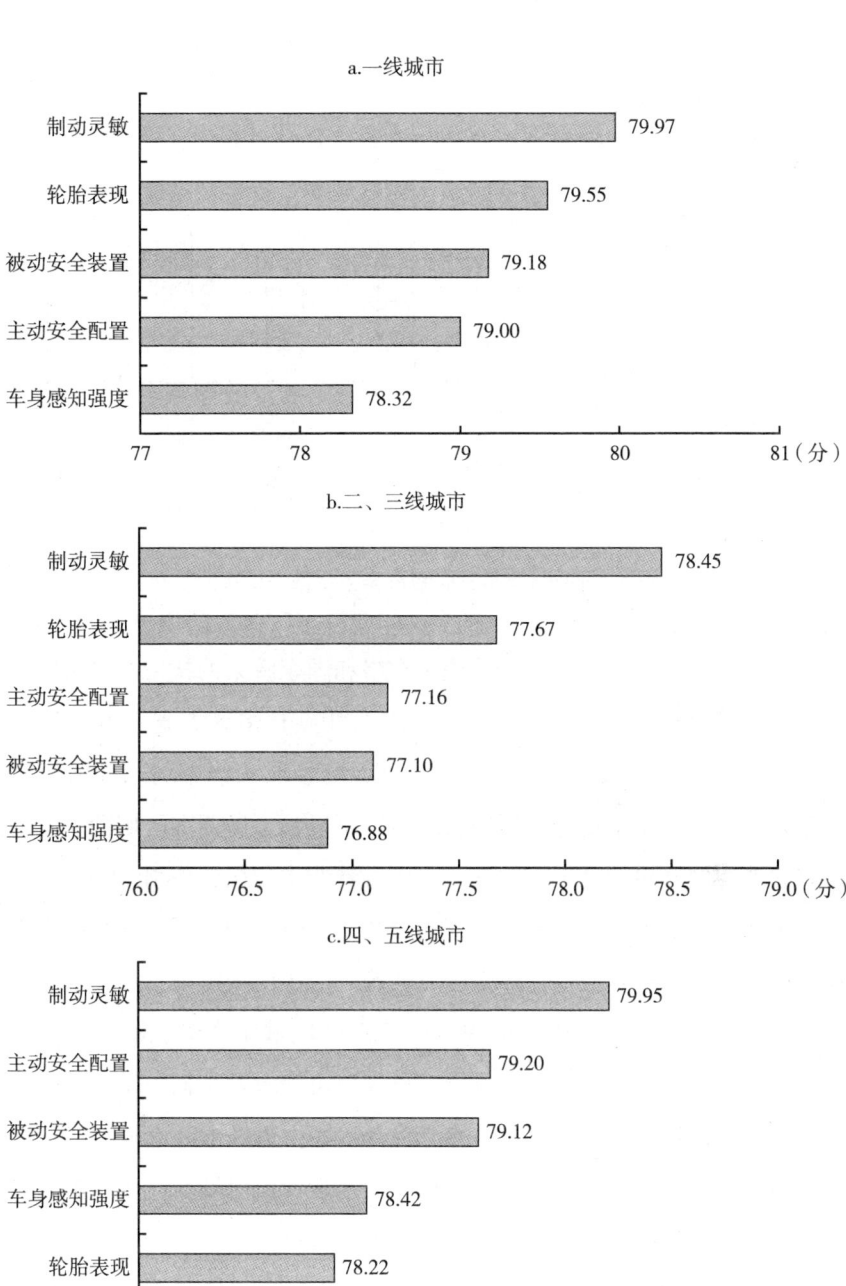

图7 不同城市级别消费者对汽车安全性各细项指标打分

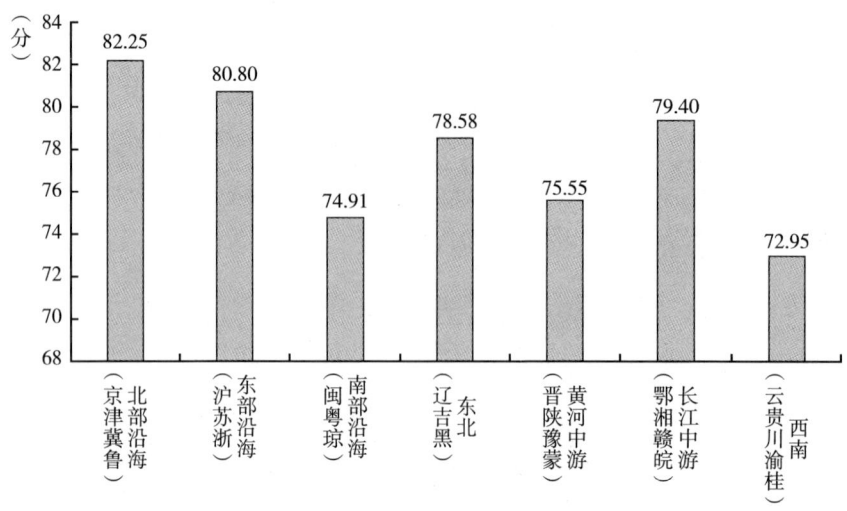

图 8　不同区域消费者对汽车安全性评价打分

近年来，随着西南区域经济的快速发展和国家政策的扶持，以重庆市为核心，包括四川省、贵州省、云南省和广西壮族自治区 5 省（自治区、直辖市）在内的西南区域汽车市场增长显著，已经成为继中国东部沿海和南部沿海区域之后汽车市场的重要增长区域。所以，了解西南区域消费者的消费观念和消费偏好对把握未来的汽车市场有着非常积极的作用。

与东部、南部区域消费者对汽车安全性的评价不同，西南区域的消费者对安全性的评价普遍偏低。在西南区域被调研的 3 座城市中，重庆市的消费者对汽车安全性的打分是所有被调研的西南区域城市中最低的（见图 9）。在对汽车安全性各细项指标的评价中，重庆市消费者对车辆的轮胎和制动表现最不满意（见图 10）。根据被访的消费者叙述，重庆市区依山而建，汽车行驶道路高低不平、起伏较大，又有长江、嘉陵江流过城区，所以市区居民出行往往需通过跨江大桥。在这样的路况上，大量的汽车在上坡、下坡或桥上需要频繁启停且驻车，这种驾驶行为对车胎、制动方面的损耗就相对较大，所以消费者对此就会比较关注，但同样的问题可能在其他城市并不明显。

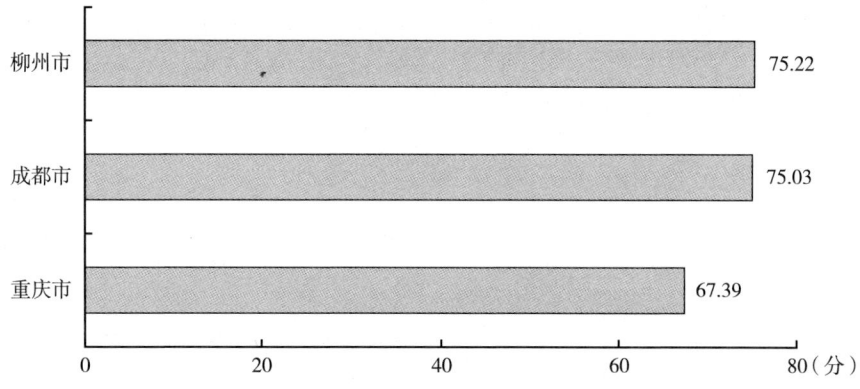

图9　西南区域各城市消费者对汽车安全性打分

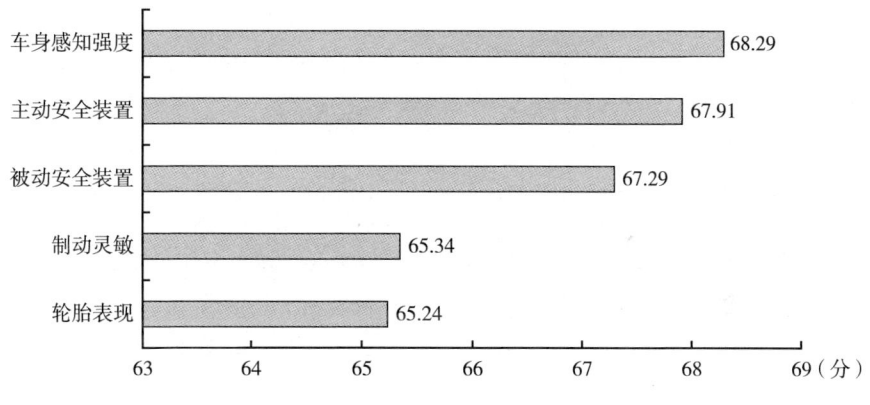

图10　重庆市消费者对汽车安全性细项指标打分

汽车安全性整体评价较高的北部沿海和东部沿海区域在安全性细项指标上的评价就比较类似，消费者的不满和关注点主要集中在汽车的安全配置方面（见图11、图12）。

北部沿海和东部沿海区域，在经济、城市规模、地理地貌等方面均有较高的一致性，该区域消费者在汽车的消费观念上也比较相同。再加上沿海城市信息资讯开放，其消费者对汽车安全性知识的理解也更为全面。有别于其他城市，这两个区域的消费者对汽车主动安全配置、被动安全装置等更为关

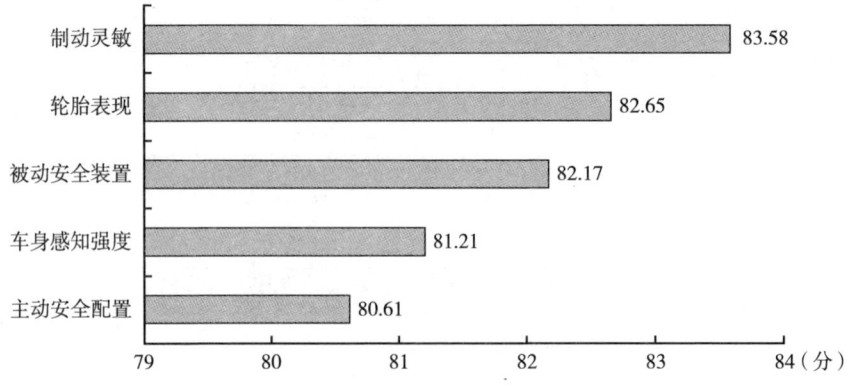

图11 北部沿海区域消费者对汽车安全性细项指标打分

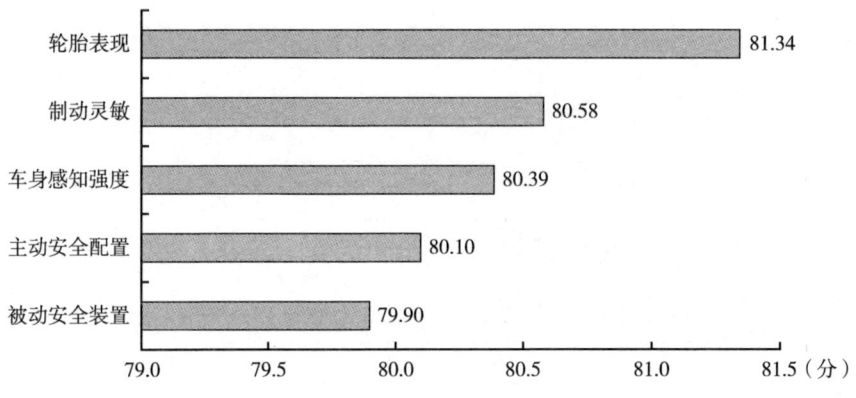

图12 东部沿海区域消费者对汽车安全性细项指标打分

注。尤其在主动安全方面,很多被访的消费者非常了解现阶段主动安全技术,也希望汽车主动安全技术能尽快普及并应用到中低端车型上,以提升国内整体汽车安全水平。

东北区域的消费者在购买产品时比较喜欢征求朋友的意见,尤其是汽车这样的耐用消费品,口碑和品牌效应尤为明显。在购买汽车时,该地区的消费者更重视车辆外在形象,很多被访的当地消费者认为车身厚重感较强、车身钢板厚实的汽车安全性更高。

汽车安全性对汽车消费者消费行为的影响分析

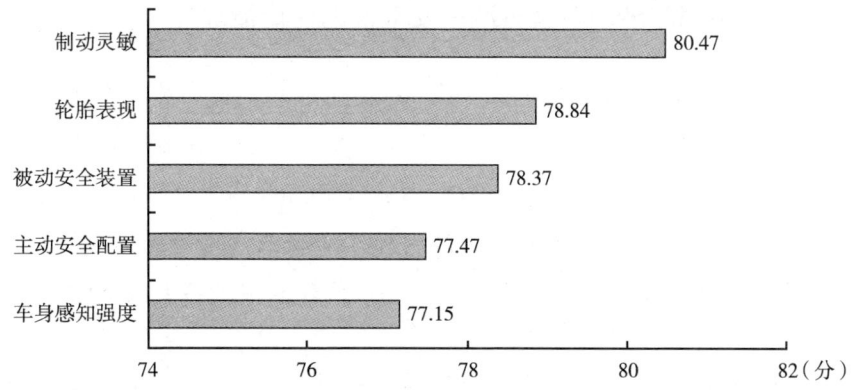

图13 东北区域消费者对汽车安全性细项指标打分

此外，虽然东北区域的经济水平尚未赶上沿海发达地区，但其消费者的消费意识比较超前。与其他地区相比，东北区域的消费者在购买车辆时花费的金额占其年收入总额的比例最高（见图14）。此外，该地区的消费者对安全配置方面也非常重视，如果车辆配备更丰富的安全配置，消费者也愿意提高购买金额以选择更加安全的车辆。

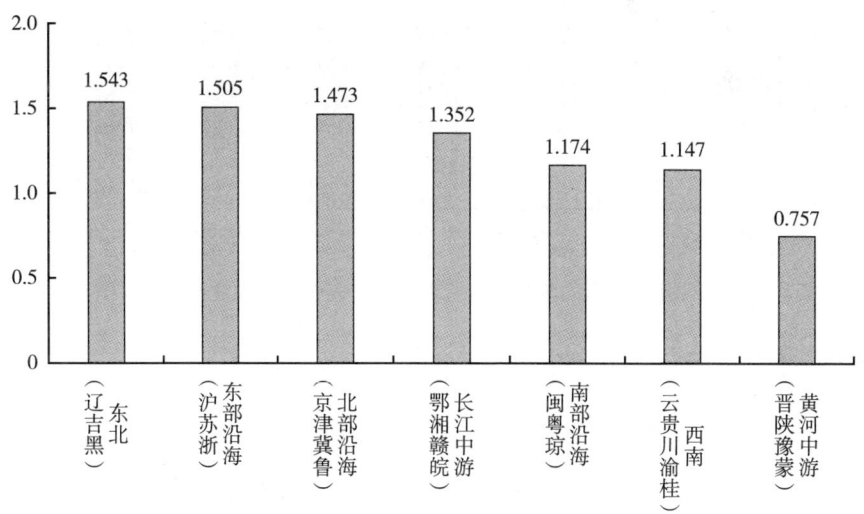

图14 不同区域消费者购车价格与年收入的比值

（三）不同年龄消费者对汽车安全性的评价情况

从年龄来看，不同年龄阶段的消费者由于成长的社会环境不同，形成了不同的价值观与消费行为方式。在调研过程中，差异比较明显的是汽车产品的外观、内饰方面，年长的消费者比较偏好中庸、大气的造型设计，内饰方面喜欢稳重的深色调及柔软的材质。年轻的消费者则更喜好时尚、运动感强的车型。同样，在安全性方面，不同年龄段消费者的关注度也不尽相同。

年轻的消费者对汽车安全性关注得更多，尤其是26~30岁的消费者对汽车安全性的关注度最高（见图15）。但随着年龄的增加，消费者对汽车安全的关注度逐渐下降，主要是因为年长的消费者还是比较偏重汽车性价比方面，包括油耗和一些基本配置。

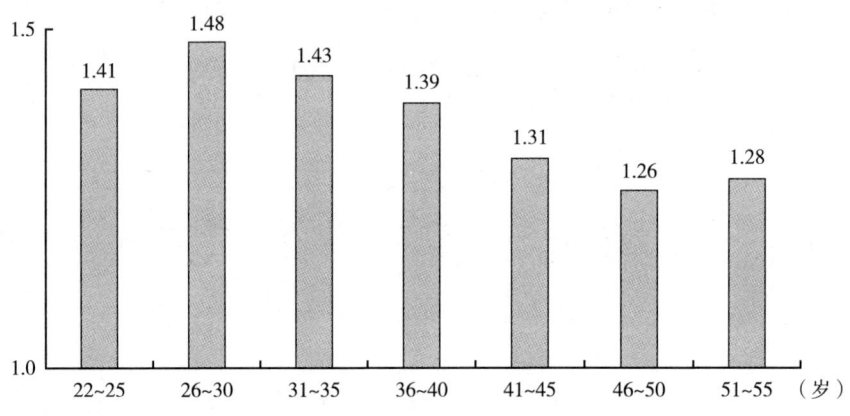

图15　不同年龄段消费者对汽车安全性的关注度

对比来看，30岁以下的消费者在汽车安全性各细项指标上对车身感知强度和制动灵敏的满意度较低，40岁以上的消费者则比较注重主动安全配置。在驾驶习惯上，年轻的消费者在行驶过程中比较追求驾驶感受，在制动方面应用会更加频繁，所以也会比较看重。年长的消费者在安全性上更重视预防，开车相对平稳，所以更多的是关注安全配置。

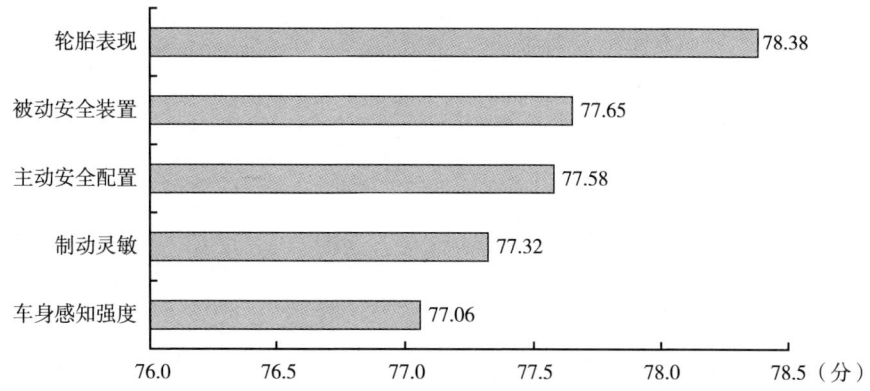

图16 30岁以下消费者对汽车安全性打分

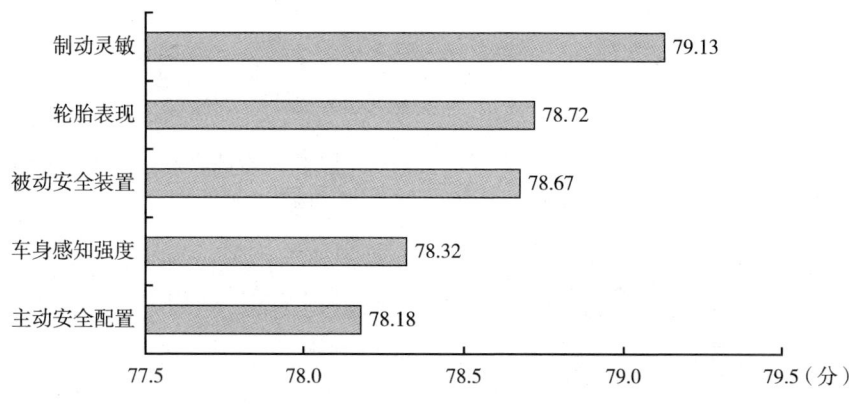

图17 40岁以上消费者对汽车安全性打分

此外,对于各阶段消费者都比较看重的车身感知强度方面,40岁以下的消费者普遍对该指标不满意,尤其是36~40岁年龄段的消费者对该项指标的满意度打分最低。相对而言,40岁以上的消费者普遍对车身感知强度的评价较高,该年龄段的消费者消费能力较强,购车上比较倾向价格较高的车型,所以在产品品质上包括车身强度方面的评价也会较高。

目前中国汽车消费的主力军已经逐步过渡到"80后""90后"消费者。从汽车企业未来布局的角度来看,刚刚步入社会的"90后"是最具有潜力的消费者。经过职场收入的一定积累,再加上家庭支持,该年龄段的部分消

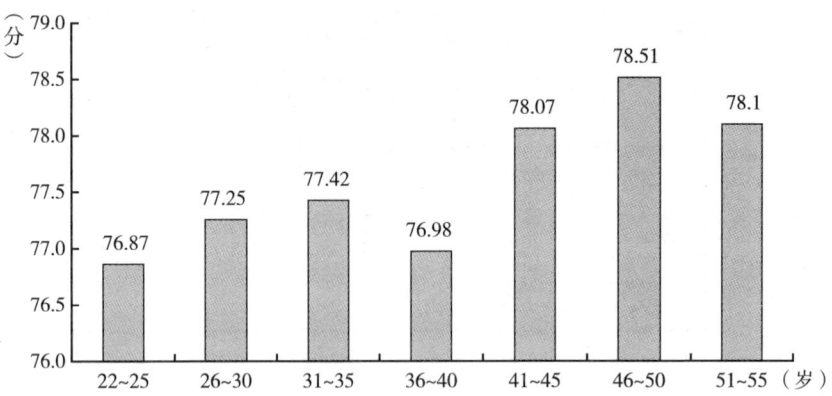

图18 不同年龄段消费者对车身感知强度打分

费者已经具备汽车消费的能力。从汽车安全性角度分析,"90后"消费者和"80后"消费者并没有明显差异,车身感知强度都是满意度评价较低的方面。虽然社会上普遍认为"90后"群体在消费意识上更加独立和个性,但在汽车消费的观念方面,年轻消费者对汽车的理解还是趋于一致的。

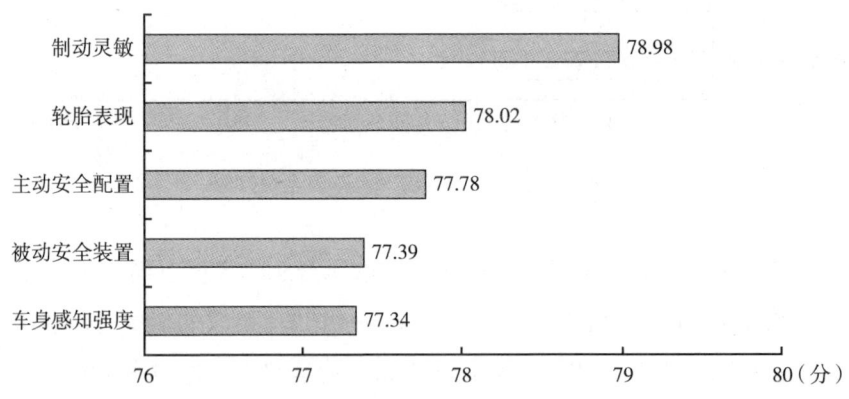

图19 "80后"消费者对汽车安全性打分

从汽车安全性的关注指标来看,"90后"消费者最看重车身厚重感所带来的安全感。有足够的安全气囊、制动性能好和行车视野好等安全指标也是该年龄段消费者比较重视的方面。

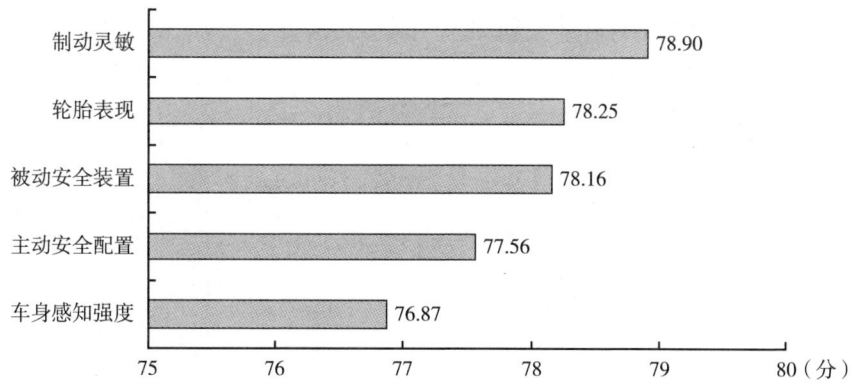

图 20 "90 后"消费者对汽车安全性打分

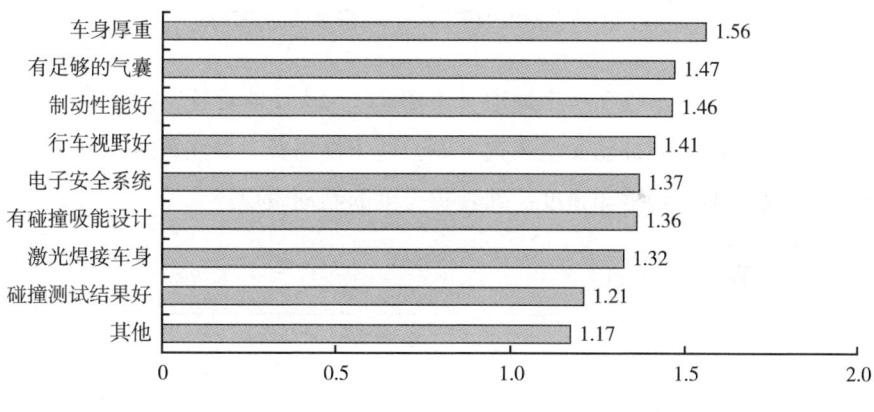

图 21 "90 后"消费者对汽车安全技术的关注度

（四）不同性别消费者对汽车安全性的评价情况

在消费者分析中，男性和女性的消费差异及不同的消费趋势一直是消费者分析中的焦点。汽车购买的决策权已经由以往的男性消费者占主导地位逐渐转变为家庭成员共享。结婚 3 年内的夫妻在购买汽车时，主要决策者中女性比例高达 64%，这侧面反映了女性的家庭及社会地位的提升。与 2013 年相比，虽然男性和女性消费者对汽车安全性的关注度都有所提升，但女性消费者的提升速度更加明显（见图22）。

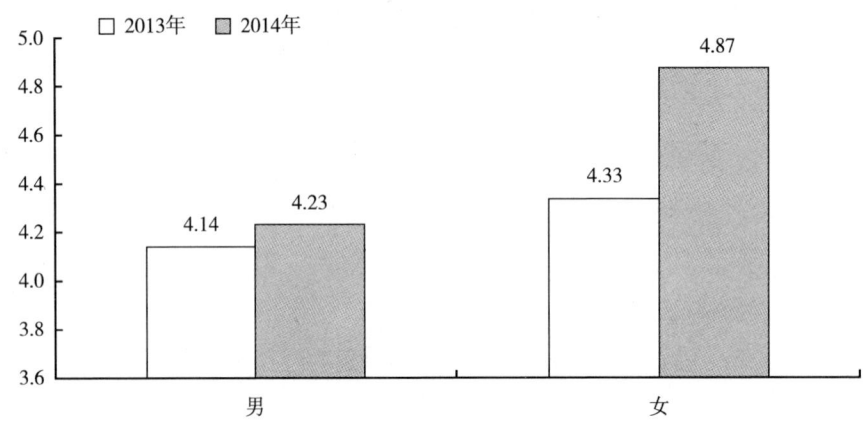

图22 不同性别消费者对于汽车安全性的关注度

此外，在安全性各细项指标中（见图23），女性消费者比男性消费者更关注主动安全配置和被动安全装置方面。而男性消费者更注重感官方面的感受，如视感上的车身感知强度、驾驶感受上的制动表现。

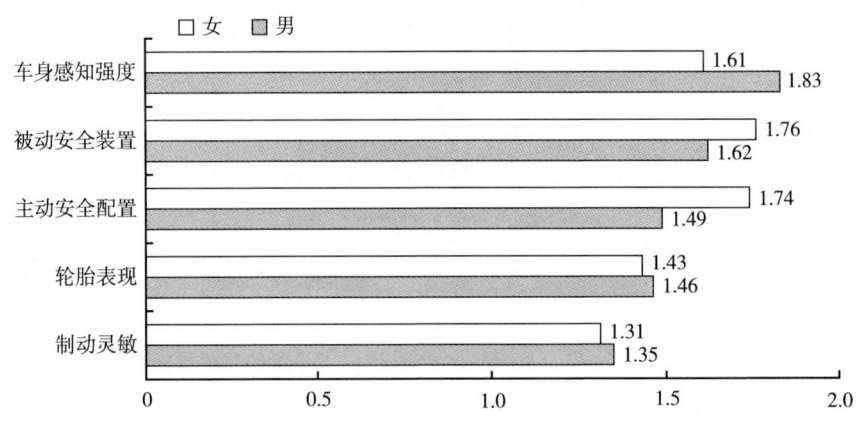

图23 不同性别消费者对汽车安全性各细项指标的关注度

三 汽车消费者汽车消费特征与汽车安全性的关系

(一)消费者对品牌与汽车安全性的理解

中国汽车产业发展初期阶段,由于自主品牌汽车企业并不具备生产制造、质量控制、管理体系和营销策略等优势,为了避免在汽车市场上与合资品牌竞争,生产了大量成本相对低廉、品质较差的经济型轿车,使得后来在品牌建设时举步维艰。虽然近期很多自主品牌汽车企业做了相当大的努力,在产品品质和技术水平方面提升了很多,但要得到消费者的认可仍需要一段时间。所以,无论从汽车产品自身问题上,还是消费者的口碑和感知方面,自主品牌汽车都缺乏一定的市场竞争力。这也导致消费者对自主品牌汽车的安全性打分远低于其他系别的品牌(见图24)。但随着中国汽车消费结构的升级,消费者对汽车产品的要求将更为苛刻。自主品牌汽车企业需要及时发现自身产品与其他品牌在各方面的差距,找出最需要改进的地方,尽快提升产品竞争力,以扭转其在消费者心中的品牌形象。

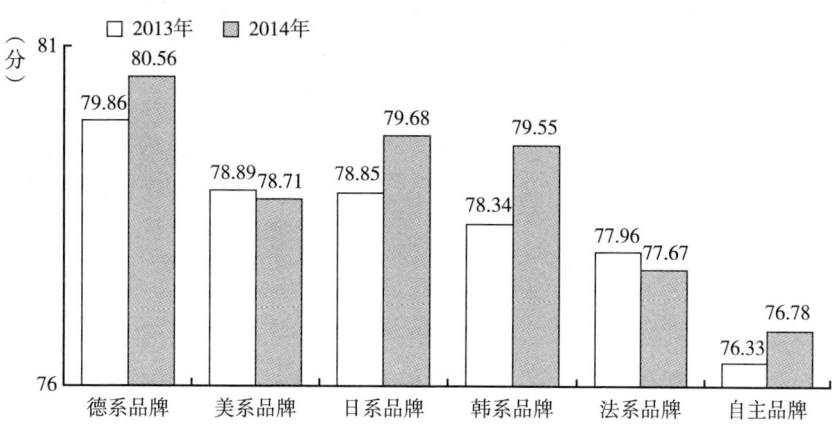

图 24 不同系别消费者对汽车安全性打分

从近两年的调研数据来看，德系品牌汽车安全性得分排在首位，但与2013年的调研结果相比有明显下降。相比之下，消费者对美系品牌汽车和法系品牌汽车的安全性评价则比2013年调研结果有所提升。尽管德系品牌汽车的口碑略有下滑，但是在安全性的各项指标的得分上还是领先于其他品牌汽车。在消费者最关注的车身感知强度方面，德系品牌汽车依然排在首位（见图25）。

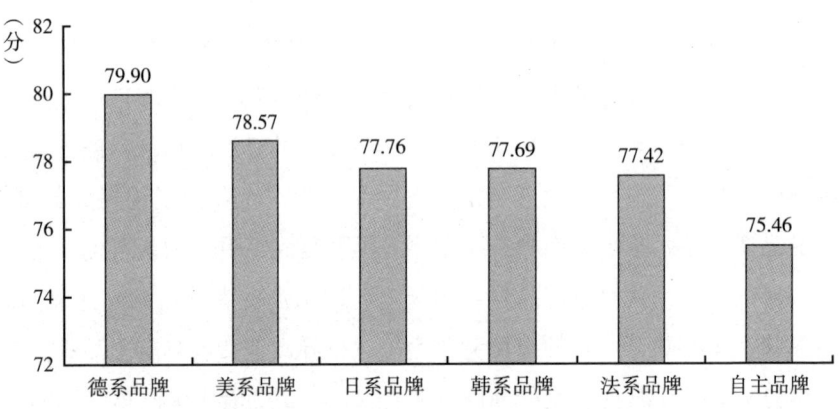

图25 不同系别消费者对车身感知强度打分

将消费者进行分类，一类为没有经历过一些汽车安全事故（如汽车刮擦、追尾、磕碰等）的消费者，该类消费者评价车身感知强度主要靠直观印象和口碑；另一类为经历过汽车安全事故的消费者，该类消费者评价车身感知强度会加入自己以往的事故经历。通过分析可以发现，除法系品牌汽车的消费者外，其他品牌发生过事故的消费者给予车身感知强度的打分都高于没有发生过事故的消费者，说明发生事故的车辆其事后车况优于消费者自身的期望。而且德系品牌汽车在有过事故经历的消费者中得分最高，说明德系品牌汽车确实在车身感知强度方面表现优异。

（二）消费者用车时关注的汽车安全性技术

与之前大部分消费者对汽车安全性的分析一致，车身厚重在汽车安全技术各项指标中最重要（见图27）。此外，消费者对电子安全系统也较为关注。

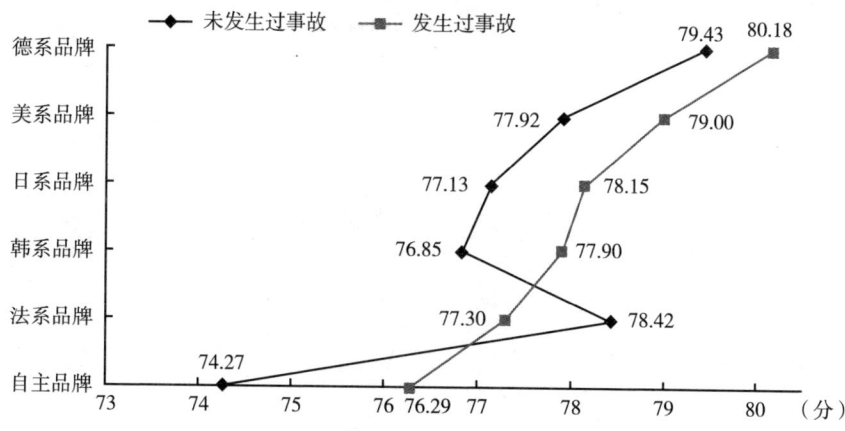

图 26　不同系别消费者对车身感知强度得分比较

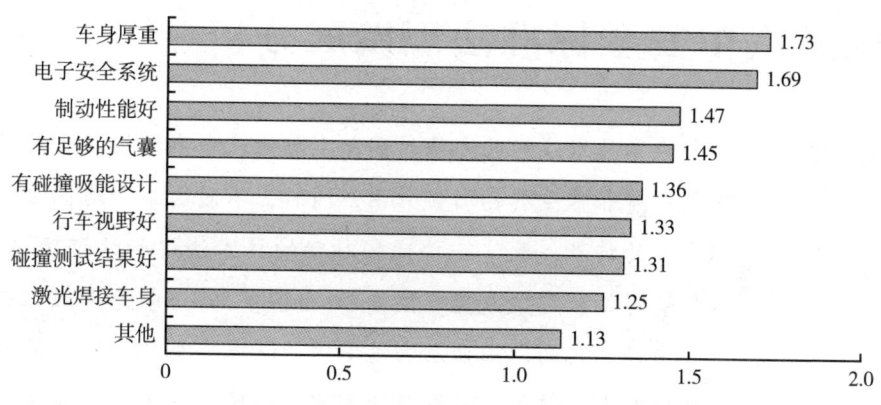

图 27　消费者对汽车安全技术的关注度

未来，主动安全技术将会成为汽车安全技术发展的重要方向，在已有的被动安全及行驶安全配置趋于稳定、成熟的基础上，发展并应用主动安全技术可以提前避免事故的发生，确保驾驶员生命安全的同时更加迎合行人保护的理念。

在汽车行业竞争加剧的当下，中国汽车工业必须顺应汽车安全整体发展的潮流。

标准法规篇

Standard and Regulation Report

B.5
国外汽车安全标准法规发展分析

摘　要： 欧盟汽车技术法规的发展对国际上其他汽车市场技术法规的发展有着非常重要的引领作用；同时，不同国家和地区会根据自身的特点，制定一些比较独特的技术法规和认证项目。本报告详细介绍了欧盟、俄罗斯/白俄罗斯/哈萨克斯坦三国统一市场、巴西、东盟及海湾七国的汽车安全技术法规的发展情况及未来趋势，世界其他国家和地区的汽车标准和技术法规的发展路径将对中国汽车标准和技术法规的制修订起到借鉴作用。

关键词： 汽车技术法规　欧盟　三国统一市场

一 欧盟汽车安全技术法规发展

（一）EC 661/2009新安全装置和要求

2009年7月13日，欧盟议会和理事会正式发布法规EC 661/2009《机动车辆及其挂车所使用的系统、部件和单独技术单元的一般安全性的型式核准要求》。该法规的制定和发布是欧盟在汽车产品技术指令体系和型式核准制度上的一次重大变革。在相当长的一段时间内，对汽车产品进入欧盟市场产生了巨大的影响，其主要变化有以下几个方面。

一是简化了现行的欧盟整车型式核准体系，撤销了现行的欧盟汽车产品型式核准制度中的50项安全和环保零部件单项技术指令，直接用相应的联合国ECE汽车技术法规来代替，以适应欧盟进一步融入国际化的进程。在50项被撤销的欧盟技术指令中，只有EEC 92/23《机动车辆及其挂车轮胎及其安装》时间段为2015~2020年，自2017年11月1日起被撤销，其余的49项技术指令则全部自2014年11月1日起被撤销。

二是进一步提高车辆的安全要求，增加了具有先进安全技术的部件和装备，对车辆提出新的技术指标和要求。涉及乘用车的安全部件包括：M、N、O类车辆装用电子稳定性控制系统（ESC）；M_1类车辆装用轮胎气压监测系统（TPMS）；M_1类车辆装用换挡指示器；对M、N、O类车辆轮胎（C1、C2、C3类轮胎）增加滚动阻力要求；对M、N、O类车辆轮胎（C1、C2、C3类轮胎）增加滚动噪声要求；对C1类轮胎（即M_1类车辆和O_1、O_2类车辆使用的轮胎）增加湿路面抓着力要求。

在新的车辆安全技术和装备要求中，大部分都要求新申请型式核准的车辆自2012年11月1日起满足，所有在产车自2014年11月1日起满足。有少部分要求规定在2015~2020年满足，主要包括以下内容。

1. 轮胎的滚动阻力要求

EC 661/2009规定欧盟车辆轮胎的滚动阻力要求分为两个阶段实施，其中第1阶段只有C3类轮胎的实施日期是在2015～2020年，要求新申请型式核准的车辆和轮胎自2012年11月1日开始实施，所有新生产车辆和轮胎自2016年11月1日起实施。其余类别（C1和C2类轮胎）则分别于2012年11月1日和2014年11月1日开始实施。欧盟车辆轮胎滚动阻力限值和实施时间要求（第1阶段）如表1所示。

表1 欧盟车辆轮胎滚动阻力限值和实施时间要求（第一阶段）

轮胎类型	轮胎类型的划分及定义	轮胎滚动阻力（kg/tonne）	实施日期
C3	用于3.5t以上的M_1、M_2、M_3、N_2、N_3、O_3和O_4类车辆的轮胎，轮胎负荷能力指数为以下两者之一： ——轮胎单组负荷能力指数≤121、速度级别代号≤M ——轮胎单组负荷能力指数≥122	8.0	新申请型式核准的车辆和轮胎：2012年11月1日；所有新生产的车辆和轮胎：2016年11月1日

对于第二阶段欧盟车辆轮胎滚动阻力要求，全部在2015～2020年实施，具体限值和实施日期要求如表2所示。

表2 欧盟车辆轮胎滚动阻力限值和实施时间要求（第二阶段）

轮胎类型	轮胎滚动阻力（kg/tonne）	实施日期
C1	10.5	新申请型式核准的车辆和轮胎：2016年11月1日；所有新生产的车辆和轮胎：2018年11月1日
C2	9	新申请型式核准的车辆和轮胎：2016年11月1日；所有新生产的车辆和轮胎：2018年11月1日
C3	6.5	新申请型式核准的车辆和轮胎：2016年11月1日；所有新生产的车辆和轮胎：2020年11月1日

2. 轮胎的滚动噪声要求

EC 661/2009中对不同种类的轮胎规定了滚动噪声限值（见表3）。轮胎滚动噪声限值要求对所有新生产车辆和轮胎的实施时间为2015～2020年。

表3 欧盟车辆轮胎滚动噪声限值要求

轮胎分类		基准断面宽度（mm）	滚动噪声限值［dB(A)］
C1	C1A	≤185	70
	C1B	>185且≤215	71
	C1C	>215且≤245	71
	C1D	>245且≤275	72
	C1E	>275	74
C2		基准轮胎	72
		牵引轮胎（即安装在车辆驱动轴上的雪地轮胎）	73
C3		基准轮胎	73
		牵引轮胎	75

轮胎滚动噪声要求的实施日期为：新申请型式核准的车辆和轮胎为2012年11月1日，所有新生产的车辆和轮胎为2016年11月1日。

针对以上轮胎的各种要求，在2012年6月20日发布的欧盟法规EU 523/2012中，明确规定对不同类型轮胎的滚动阻力、滚动噪声和湿路面抓着力要求和实施时间，将强制采用ECE R117的02系列修正本对应的具体内容。ECE R117的02系列修正本在2010年6月的联合国欧洲经济委员会世界车辆规章协调论坛（WP29）第151次会议上通过并正式发布。该法规的名称为《就滚动噪声排放和湿路面附着力和/或滚动阻力方面批准轮胎的统一规定》。目前该法规的最新修订状态为2014年10月17日发布的02系列修正本的增补件6。

（二）欧盟未来可能采用新的儿童约束系统，提高儿童乘车安全性

针对儿童乘员的安全性，WP29已经制定并实施了一项ECE法规——ECE R44《关于批准机动车儿童约束系统的统一规定》。目前该法规最新的版本为04系列修正本。中国在这方面的强制性标准GB 27887-2011《机动车儿童乘员用约束系统》，是修改采用ECE R44的最新版本（第2修订版）

制定。欧盟同样也制定了相应的汽车技术指令：EEC 77/541《机动车辆安全带及约束系统》，其后续修订本包括：EEC 81/576、EEC 82/319、EEC 87/354、EEC 90/628、EC 36/96、EC 3/2000、EC 40/2005、EC 96/2006。该欧盟技术指令针对汽车安全带和儿童约束系统，分别对应于 ECE R16 和 ECE R44。根据 EC 661/2009 的规定，EEC 77/541 属于被撤销、直接采用相应的 ECE 法规替代的项目。

需要注意的是，EEC 77/541 主要规定汽车安全带和儿童约束系统的各种性能要求和试验方法。对于各类车辆强制安装和使用汽车安全带和儿童约束系统的要求则在欧盟的另一项技术指令 EEC 91/671 及其修订本 EC 20/2003 中予以规定。EC 20/2003 规定高度低于 1.5m 或 1.35m（各成员国自行选择，德国、意大利、奥地利、冰岛、卢森堡、希腊、匈牙利、波兰和葡萄牙选择 1.5m），年龄 12 岁以下的儿童必须使用儿童约束系统。

以 ECE R44 为代表的欧盟儿童约束系统技术法规自发布实施以来，经过实际事故调查发现，儿童约束系统在保护儿童乘员的安全方面仍存在缺陷。为了进一步提高儿童乘员的安全性，改进儿童约束系统的安全保护性能，WP29 近年来又重新起草制定了一个全新的儿童约束系统 ECE 法规，该法规已于 2012 年 11 月召开的 WP29 第 158 次会议上获得批准并发布，法规编号和名称为：ECE R129《关于批准机动车辆上装用的改进型儿童约束系统的统一规定》。ECE R129 在一段时间内将与 ECE R44 同时并存，由各个主权国家（市场）自主选择采用。

与 ECE R44 相比，ECE R129 有了较大的改进和提升，主要包括以下几点：

（1）在动态试验和要求中，增加了侧面碰撞试验和保护要求。ECE R44 只有前碰撞和后碰撞试验及其相关的保护要求，新增加的侧面碰撞势必影响儿童约束系统以及车辆的布置和设计；

（2）对儿童约束系统引入新的分类体系，称为 i 尺寸（i-Size）；

（3）引入新的假人系族——Q 族假人。

在 ECE R129 下，儿童的身高将作为唯一确定使用哪种儿童约束系统的指标（目前现行的 ECE R44 法规使用儿童体重作为判断指标）。此外，ECE R129 明确规定 15 个月以下的儿童必须放置在后向的儿童约束系统中。

ECE R129 第 1 阶段只包括 0~3 岁的儿童约束系统，以后还将针对年龄更大的儿童制定之后阶段的儿童约束系统法规。由于欧盟在 WP29 对 ECE R129 的讨论表决阶段投了赞成票，预计欧盟有可能在 2015~2020 年采用 ECE R129。

（三）在整车型式核准中，贯彻落实 EC 661/2009，以 ECE 法规替代现有的欧盟技术指令

为了贯彻落实 EC 661/2009 中关于撤销现行欧盟整车型式核准制度中原有 50 项安全和环保零部件单项技术指令，以直接用相应的 ECE 汽车技术法规代替的相关规定，欧盟于 2012 年 12 月 10 日发布了法规 EU 1229/2012，修订欧盟整车型式核准框架指令 EC 46/2007 中针对大批量（正常批量）和小批量生产的车辆获取整车型式核准应满足的单项技术指令（法规）项目和适用的车型。由于该法规对获取欧盟整车型式核准和进入欧盟市场具有非常重要的意义，进行欧盟汽车产品认证的中国出口企业应重点应对此法规项目。

EU 1229/2012 修订了车辆获取欧盟整车型式核准应满足的各项法规和适用车型的清单，其中被修订的 EC 46/2007 附件 4 为大批量（正常批量）生产的车辆应满足的各项法规和适用车型清单，被修订的附件 12 为小批量生产的车辆应满足的各项法规和适用车型清单。该法规另一项重大的变革是对 N_1 类车辆也建立起全欧盟统一的小批量型式核准制度，同 M_1 类车辆一样，只要每一车型每年在整个欧盟境内的注册、销售或使用的车辆数量不超过 1000 辆为小批量。此外，该法规还修改在单个欧盟成员国进行小批量认证的数量限额，M_1 类车辆由原来的 75 辆改为 100 辆；N_1 类车辆原为 500 辆，自 2016 年 11 月 1 日起改为 250 辆。对于中重型载货汽车，目前欧盟还

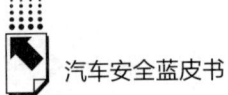

没有建立统一的小批量型式核准制度,仍是欧盟各成员国自行批准,中国出口企业应对车辆小批量认证的数量限额及具体相关要求予以密切关注,以节省认证的时间成本。

整车型式核准需要注意的是,欧盟使用ECE法规替代原有的EC单项技术指令的这一要求只能在ECE法规现有的条件下予以满足,即:对于目前已有ECE法规的,尽可能直接用ECE法规替代原有的EC技术指令;对于目前尚没有ECE法规的,只能由欧盟起草发布新的欧盟技术指令(法规)来替换原有的技术指令。具体的项目和内容在EU 1229/2012中都有明确的规定。

(四)其他已制定技术法规的安全新技术或装置

随着汽车技术和产品的不断发展,近年来出现了一些新的安全技术和装置,尽管没有被要求强制安装,仅是作为企业自愿选择装用,但这类技术和装置的市场使用率呈越来越高的趋势,国际社会对此也制定了相关的技术法规。预计2015~2020年,这类技术和装置会越来越广泛地用于车辆上。

1. 自适应前照明系统

自适应前照明系统(AFS)是一种能更好地适应各种速度、路的类型和天气条件等各种不同条件的变化,提高驾驶安全性的新的前照灯系统。AFS可以使视野更宽广,因此,比起传统前照灯,驾驶员可以更容易看到其他的道路使用者。AFS近几年发展迅速,其在适应不同的汽车行驶环境方面有显著优点,因此得到了迅速的推广和普及。目前,欧盟对安装这种新的灯具并没有做任何强制性要求,车辆是否装用AFS主要由车辆生产企业根据市场需要自行决定。

早在2007年,WP29专门针对所有M和N类车辆装备的AFS制定发布了一项ECE法规,即ECE R123《关于批准机动车辆自适应前照明系统的统一规定》,对AFS系统本身的性能要求(如颜色和配光性能要求)、试验方法和生产一致性等都做出了明确规定。ECE R123发布后,除了哈萨克斯坦、澳大利亚和泰国外,其他所有 WP29《1958 年协定书》的缔约方[①]都已采用该技术法规。这就意味着,对于进入采用 ECE R123 的缔约方市场的企业来说,如果车辆装备 AFS 系统,就应满足 ECE R123 的要求,按照 ECE R123 对 AFS 所做的型式核准在这些缔约方都能得到认可。随着 AFS 产品本身及其使用的不断发展,ECE R123 不断被修订,目前最新的版本为 2013 年 10 月 21 日发布的修订版 2(Revision 2),最新修订状态为 2014 年 10 月 20 日发布的 01 系列修正本的增补件 6。

欧盟型式核准 EC 46/2007 的最新修订本 EU 1229/2012,车辆应满足的各项单项技术法规要求中,ECE R123 列入其中,因此所有进入欧盟市场的车辆,如果车辆装备了 AFS,则一定要按照 ECE R123 获得认证批准。

中国在 AFS 方面的标准化工作进展较快,国家推荐性标准 GB/T 30036 - 2013《汽车用自适应前照明系统》已于 2013 年 11 月 27 日发布,该标准参照采用 ECE R123 的相关内容。

2. LED 灯具

LED 灯具是指灯具产品采用发光二极管技术作为主要的发光源。LED 灯具具有节能、环保、耐用、体积小和质量轻等诸多优势,在国际上已越来越多地被用于汽车灯具。由于 LED 灯具所使用的技术及产品属性已与传统灯具大不相同,现行的传统汽车灯具的技术法规和标准显然已不适用,为此 WP29 近年来专门针对汽车 LED 灯具制定发布了一份新的 ECE 法规:ECE

[①] 截至 2015 年 2 月,《1958 年协定书》的正式缔约方为 51 个,即:德国(E1)、法国(E2)、意大利(E3)、荷兰(E4)、瑞典(E5)、比利时(E6)、匈牙利(E7)、捷克(E8)、西班牙(E9)、塞尔维亚和黑山(E10)、英国(E11)、奥地利(E12)、卢森堡(E13)、瑞士(E14)、挪威(E16)、芬兰(E17)、丹麦(E18)、罗马尼亚(E19)、波兰(E20)、葡萄牙(E21)、俄罗斯(E22)、希腊(E23)、爱尔兰(E24)、克罗地亚(E25)、斯洛文尼亚(E26)、斯洛伐克(E27)、白俄罗斯(E28)、爱沙尼亚(E29)、波斯尼亚及黑塞哥维那(E31)、拉脱维亚(E32)、保加利亚(E34)、哈萨克斯坦(E35)、土耳其(E37)、立陶宛(E36)、阿塞拜疆(E39)、马其顿共和国(E40)、欧洲联盟(E42)、日本(E43)、澳大利亚(E45)、乌克兰(E46)、南非(E47)、新西兰(E48)、塞浦路斯(E49)、马耳他(E50)、韩国(E51)、马来西亚(E52)、泰国(E53)、阿尔巴尼亚(E54)、黑山(E56)、突尼斯(E58)、埃及(E62)。其中埃及为最新加入该协定书的国家(2013 年 2 月 3 日)。

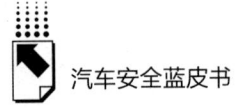

R128《关于批准用于机动车及其挂车的已获批准灯具的发光二极管（LED）光源的统一规定》。该法规对机动车辆及其挂车的各种信号灯中所用的LED灯具的分类、电气和光学特性、试验方法、企业的质量控制规程和生产一致性监督抽查等都做了明确的规定。

除了在车辆各种信号灯中使用的LED灯具外，WP29今后还会考虑就车辆的LED前照灯制定相关的技术法规。

在汽车LED灯具方面，中国的标准化工作进展在国际上比较靠前。2011年1月10日，中国汽车用LED前照灯国家强制性标准GB 25991-2010发布，于2012年1月1日实施。该标准在配光性能方面参照采用了ECE R112《关于批准发射不对称远光和/或近光并装用灯丝灯泡和/或LED光源的机动车前照灯的统一规定》中的相关技术内容。

（五）全欧盟统一的车辆卫星定位系统

目前，车辆安装卫星定位系统已成为全球各个汽车市场的发展趋势之一，许多市场已开始制定或发布相应的法律法规要求车辆产品安装卫星定位系统，以便对车辆的使用进行追踪和监管，进一步提高车辆的安全性。如早在2006年，针对车辆和车内货物盗抢事故频发，巴西政府就颁布了法律，建立国家SIMRAV系统（防止、控制和减少车辆和货物盗抢国家体系），2007年又依据该法律要求，制定并实施巴西的汽车技术法规CONTRAN Res. 245/2007，要求所有车辆安装基于卫星定位的车辆卫星定位和防盗追踪系统。该项法规受到巴西汽车消费者的抵触，许多车主认为其侵犯个人隐私，因此法规CONTRAN Res. 245/2007颁布后，其实施日期一拖再拖。

针对车辆在发生重大的交通事故时，为保证车辆事故的相关信息如位置、车辆自身信息（VIN号、车型等）能立即通过卫星定位和通信系统传送至管理控制部门，使得管理部门能及时派出救护车辆赶赴事故现场抢救受伤司乘人员，最大限度地利用抢救的"黄金时间"，俄罗斯特制定相应的法规要求，要求车辆强制安装基于俄罗斯GLONASS卫星定位系统的车辆卫星定位和紧急呼叫系统。俄罗斯要求商用乘客车、运送6~16岁孩子的车辆、运输危险物品和废物的 N 类车辆、用于公共服务作业的车辆首先安装卫星定位系统，具体时间为：M_2 类、M_3 类车辆和 N 类车辆自 2013 年 1 月 1 日起实施；M_1 类车辆自 2014 年 1 月 1 日起实施。

除俄罗斯本国外，由于俄罗斯、白俄罗斯和哈萨克斯坦三国结成统一的汽车市场（海关同盟）①，该统一市场同样要求车辆安装紧急追踪和呼叫系统。首先要求总重大于 2.5t 的 M_1 类车辆和 N_1 类车辆、运送乘员的 M_2 和 M_3 类车辆、运输危险物品的 N_2 和 N_3 类车辆安装。自 2014 年 10 月 1 日起，新申请型式核准的车辆强制安装；2016 年 1 月 1 日起，所有上述类别的新生产车强制安装。自 2015 年 1 月 1 日起，所有 M 和 N 类新申请型式核准的车辆强制安装；2017 年 1 月 1 日，所有新生产的车辆强制安装。

对于中国市场，政府相关部门已发文要求某些车辆安装卫星定位系统。2012 年 7 月 22 日，国务院以国发〔2012〕30 号文，向各省、自治区、直辖市人民政府，国务院各部委、各直属机构发布《国务院关于加强道路交通安全工作的意见》，其中的第六条明确规定，"加强运输车辆动态监管。抓紧制定道路运输车辆动态监督管理办法，规范卫星定位装置安装、使用行为。旅游包车、三类以上班线客车、危险品运输车和校车应严格按规定安装使用具有行驶记录功能的卫星定位装置，卧铺客车应同时安装车载视频装置，鼓励农村客运车辆安装使用卫星定位装置。重型载货汽车和半挂牵引车应在出厂前安装卫星定位装置，并接入道路货运车辆公共监管与服务平台"。为贯彻落实国务院关于加强道路交通安全工作的意见，国务院办公厅于 2012 年 12 月 13 日以国办函〔2012〕211 号文，向各省、自治区、直辖市人民政府，国务院各部委、各直属机构发布《贯彻落实国务院关于加强道路交通安全工作意见重点工作分工方案》，对旅游包车、三类以上班线客车、危险品运输车、校车、重型载货汽车和半挂牵引车等运输车辆要求安装卫星定位装置。由此可见，中国对卫星定位系统的安装要求不适用于 M_1 类

---

① 除了俄罗斯、白俄罗斯和哈萨克斯坦外，亚美尼亚于 2015 年 1 月 2 日加入该统一市场，吉尔吉斯斯坦将于 2015 年 5 月 1 日加入。

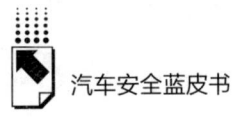

车辆。

对于欧盟，同样是针对车辆事故及时通知和救援，积极建设全欧盟统一的卫星定位和联络通信系统，称为"欧盟统一的电子呼叫系统（E-Call）"，该系统与俄罗斯的 GLONASS 卫星定位系统具有大致相同的系统构成和要求。正是由于有了这样的基础，WP29 正在就该议题制定统一的全球技术法规或 ECE 法规。欧盟在 2013 年 6 月 13 日发布了新的技术法规草案 COM 2013 316《对 E-Call 车内系统布置型式核准的要求和修改 EC 46/2007 的欧盟议会和理事会法规》，该法规草案对车辆安装 E-Call，及该系统应满足的性能要求和试验方法均做出了明确的规定，主要采用相应的欧洲 EN 标准。但需要注意的是，该法规草案目前只强制要求该系统在 M_1 和 N_1 类车辆上安装，具体要求为自 2015 年 10 月 1 日起，轿车和轻型车辆必须装备符合法规和相应的欧洲标准要求的 E-Call，才能获得整车型式核准，实施日期可能延后。中重型商用汽车没有要求安装。欧盟的车辆卫星定位系统与中国和国际上其他市场（如巴西、俄罗斯要求包括中重型商用车辆在内的所有车辆必须安装，中国现阶段主要也是要求中重型载货汽车和大客车安装）形成完全不同的格局。其原因是，欧盟 28 个成员国在车辆卫星定位系统上采取统一的要求和行动，目前只在 M_1 和 N_1 类车辆上形成了较好的条件和基础，因此首先立法在 M_1 和 N_1 类车辆上强制实施，至于何时将此要求扩展到中重型载货汽车，中国汽车行业应始终予以密切关注。

（六）未来将要立法的其他新的安全技术和装置

为进一步提高安全性，今后欧盟将大量采用先进的安全技术和装置，主要是先进的驾驶员辅助系统（ADAS）。预计在 2015～2020 年，将在技术法规中要求车辆装用先进安全技术和装置，具体包括自适应巡航控制系统（ACC）、行人识别系统、智能车速辅助装置（ISA）、酒精互锁装置、驾驶员非警醒状态监视系统。下面重点介绍欧盟的酒精互锁装置。

目前已有部分欧盟成员国单独立法，要求在某些车辆上装用酒精互锁装置，如法国要求部分公共服务大客车（ClassⅡ、Ⅲ、B）强制安装酒精互锁装置；芬兰要求校车安装酒精互锁系统，系统必须经认证，满足 SFS - EN 50436 - 1 和 SFS - EN 50436 - 2 的要求。根据欧盟《2011~2020 年的欧洲道路安全政策方针》，酒精互锁装置将在全欧盟强制安装，但开始会只要求在某些特殊、专业用途的车辆上安装，如校车等。

对于酒精互锁装置，欧洲已有系列标准，SFS - EN 50436 为芬兰采用欧标 EN 50436 系列标准后的双编号标准。不仅是芬兰，其他许多欧洲国家，如德国、法国、英国和瑞典等国也都通过双编号标准，将欧标 EN 50436 引入本国的标准体系中。针对酒精互锁装置，德国的标准为 DIN EN 50436，法国的标准为 NF EN 50436，英国的标准为 BS EN 50436，瑞典的标准为 SS EN 50436。

EN 50436 系列标准是欧洲电子技术标准化委员会（CENELEC）专门针对酒精互锁装置制定的欧洲标准，目前已批准发布的标准包括：EN 50436 - 1（2005）《酒精互锁——试验方法和性能要求 第 1 部分：用于酒驾违规者的仪器》、EN 50436 - 2（2007）《酒精互锁——试验方法和性能要求 第 2 部分：用于一般预防的、具有吹嘴和能测量呼气酒精含量的仪器》、EN 50436 第 3 部分的标准 PD CLC TR 50436 - 3（2010）《酒精互锁——试验方法和性能要求 第 3 部分：对决策者、购买者和用户的指南》、EN 50436 - 4《酒精互锁——试验方法和性能要求 第 4 部分：酒精互锁装置和车辆之间的电气连接件》。

（七）2011~2020 年的欧洲的道路安全政策方针

2010 年 7 月 20 日，欧盟发布《2011~2020 年的欧洲道路安全政策方针》，对未来 10 年道路交通安全的目标和实现的措施做出了阐述。欧盟提出到 2020 年，要将因道路交通事故导致的人员死亡总人数降低一半[1]。为实现这一目标，要对道路交通参与人员进行教育和培训、改善和建设道路基

---

[1] 因发布此政策方针时，2010 年的道路交通事故数据还没有统计，因此欧盟比照 2009 年的数据，2009 年全欧盟因道路交通事故死亡的人数为 35000 人，另外有 150 万人因道路交通事故导致伤残。

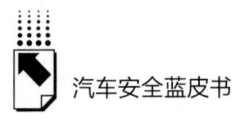

础设施、制定和实施相关法律法规、提高车辆安全性能、采用车辆新的安全技术和装置等。

根据《2011~2020年的欧洲道路安全政策方针》，未来5~10年，M_1类车辆需要满足新的技术法规，安全性能指标和安全技术装置将包括以下内容。

1. 智能交通系统

严格来讲，智能交通系统（ITS）早已不是新提出的概念或技术，欧盟一直致力于推广ITS的建设和使用。2008年12月，欧盟发布ITS行动计划；2010年7月7日，欧盟议会和理事会批准发布EU 40/2010《在道路运输领域部署智能交通系统以及与其他运输模式关联的框架指令》。EU 40/2010是欧盟针对ITS建设和应用的首部法规，但目前该指令只是原则上要求欧盟各成员国在道路交通领域以相互协调的方式部署ITS，同时提出了采用ITS的重点领域，以及ITS规范和部署的原则。根据指令EU 40/2010确定的相关原则，欧盟就ITS和功能、技术、组织和服务等内容制定具体的技术规范，欧盟各成员国在道路交通领域部署和应用ITS时，必须满足这些技术规范的要求。

2011年2月15日，欧盟以决定的形式发布了具体落实技术指令EU 40/2010的工作计划，主要包括2011~2014年在6个重点工作领域完成相关技术规范的制定工作。在这6个重点工作领域中，具体涉及车辆的技术和装置的有3个：全欧盟协调并可通用的E-Call；针对载货汽车和商用车辆安全并且牢固的停车位置的、基于ITS的信息服务；针对载货汽车和商用车辆安全并且牢固的停车位置的、基于ITS的预订服务。其他3个领域为：全欧盟的多式旅行信息服务；全欧盟的实时交通信息服务；用户可免费获取的、与道路安全相关的最基本通用交通数据，这些都与中重型车辆有关系。

首批6个重点领域的技术规范制定出台后，欧盟各成员国在部署和采用ITS时，应遵守符合相关技术规范的要求，需要按照技术规范的要求，在车辆上装备ITS所要求车辆装置，如各种信息的接收、处理、发送以及呼叫装置、人机界面等。

2. 全欧盟通用的道路电子收费系统

电子收费系统（ETC）在许多场合也被算作 ITS 的一部分。目前欧盟大部分成员国对于道路基础设施的使用收费都已安装使用 ETC，大部分成员国使用短程微波技术，频率接近 5.8GHz，但不同国家的系统还不能完全兼容。早在 2004 年 4 月 29 日，欧盟议会和理事会发布技术指令 EC 52/2004《欧共体内道路电子收费系统的通用性》，对全欧盟通用的 ETC 的建设和特点、技术措施等做了规定。

根据指令 EC 52/2004 的规定和要求，欧盟于 2009 年 10 月 6 日发布了 EC 750/2009《欧洲电子收费服务及其技术元素的决定》，对全欧盟通用的 ETC 及其技术元素的要求做了详细规定。

按照欧盟的计划，欧盟 EC 750/2009 实施后的 3 年内，即到 2012 年 10 月，对于中重型商用车辆，即 3.5t 以上的载货汽车和 9 座以上（包括驾驶员）客车建立 ETC；EC 750/2009 实施后的 5 年内，对所有类型车辆建立 ETC。欧盟政府根据具体工作情况，对指令 EC 52/2004 的实施和 ETC 的委员会决定中的相关内容做了进一步的完善。

在 ETC 中，涉及车辆的为 ETC 系统中的车载装置（OBE），包括全套的硬件和软件，以接收、储存、处理和发送相关的缴费数据（远程接收/发送数据）。就 OBE 而言，涉及 OBE 与固定或移动的路边收费装置之间的通用数据的互换；OBE 与 ETC 供应商的后台系统之间的数据互换。OBE 及数据交换都应满足 EC 52/2004 和 EC 750/2009 中的相关要求。

二 其他国家和地区汽车安全技术法规发展

（一）俄罗斯/白俄罗斯/哈萨克斯坦三国统一市场

俄罗斯作为一个欧洲国家，其汽车技术法规体系本身比较简单，但在其基本技术法规中，大量引用 WP29 制修订的 ECE 法规及俄罗斯自身的 GOST 标准。

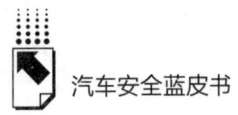

由于俄罗斯、白俄罗斯和哈萨克斯坦结成了统一的汽车市场（海关联盟），这三个国家建立了统一的汽车技术法规体系和产品准入制度，中国汽车出口企业应将这三国市场统一考虑，同时密切关注海关联盟吸收新成员的发展情况。

表4 俄罗斯和三国统一市场的汽车技术法规项目清单

单位：页

序号	法规编号	法规名称	原文页数
		俄罗斯汽车技术法规	
1	俄罗斯联邦政府第720号命令	用于批准轮式车辆安全性技术规程（该法规为俄罗斯汽车产品市场准入认证和批准的框架性技术法规，其中的附件2为车辆应满足的项目）	235
2.	俄罗斯联邦政府第609号命令（后又被第718号和第965号命令修订）	在俄罗斯联邦境内流通的汽车技术装置排放、有害物（污染物）要求的技术规程	16
3	俄罗斯联邦政府第118号命令	汽车和航空燃油、柴油，船用燃油，反作用式发动机用燃油和加热油要求的技术法规	15
		三国统一市场汽车技术法规	
1	TP TC 018/2011	轮式车辆安全技术法规	465
		该法规的2013年1月修订本，为车辆装用卫星定位和紧急呼叫系统的法规要求	11
2	TP TC 013/2011	车用和航空汽油、柴油，船用燃油，喷气式发动机用燃油和重油的要求	22
3	TP TC 00/2011	道路车辆回收利用安全要求	58

在以上汽车技术法规清单中，三国统一市场的主体汽车技术法规TP TC 018/2011已于2015年1月1日起正式实施，因此中国出口企业也应重点关注三国统一市场技术法规的具体要求及其发展。

1. 车辆强制安装卫星定位和紧急呼叫系统

车辆卫星定位和紧急呼叫系统，是三国统一市场的一个新的重点，企业对其法规和相关标准应予以密切关注。中国企业应遵照三国统一市场的技术法规和标准要求，对车辆安装三国统一的卫星定位和紧急呼叫系统。

表5　三国统一市场的车辆卫星定位和紧急呼叫系统技术法规清单

序号	法规编号	法规名称
1	TP TC 018－2011	TP TC 018－2011 的 2013 年 1 月修订本
2	GOST 32450－2013	全球卫星导航系统——汽车运输导航设备——技术要求
3	GOST R 52456－2005	用于汽车运输的单个接收器装置——技术要求
4	GOST R 53703－2009	用于汽车安全的追踪和防盗系统：通用技术要求和试验方法
5	GOST R 54721－2011	全球卫星导航系统——道路事故紧急回应系统——基本服务描述
6	GOST R 54618－2011（2014 年修订）	车载紧急呼叫系统——电磁兼容、耐环境和耐机械力要求符合性试验方法
7	GOST R 54619－2011（2014 年修订）	车载紧急呼叫系统与紧急回应系统基础设施的数据传输协议
8	GOST R 54620－2011（2014 年修订）	车载紧急呼叫系统——一般技术要求
9	GOST R 54621－2011（2014 年修订）	信息技术——用于项目管理的无线电频率识别——实施指南 第 1 部分：支持 ISO/IEC 18000－6C 的 RFID 标签和包装
10	GOST R 55530－2013	车内紧急呼叫系统功能试验方法和数据传输协议
11	GOST R 55531－2013	车内紧急呼叫系统——车内话筒和扬声器品质要求的符合性试验
12	GOST R 55532－2013	对车内系统碰撞探知功能的试验方法
13	GOST R 55533－2013	车内紧急呼叫系统——无线通信模块的试验
14	GOST R 55534－2013	车内紧急呼叫系统——导航模块的试验方法
15	GOST R 56053－2014	全球卫星导航系统——城市乘客运输分派控制系统——针对乘客运输安全子系统的结构和有待解决的问题
16	GOST R 56052－2014	全球卫星导航系统——城市乘客运输分派控制系统——提供乘员运输安全性的车载远程信息控制装置的功能、结构和特性
17	GOST R 56051－2014	全球卫星导航系统——带有信息辅助模式的导航模块——技术要求
18	GOST R 56083－2014	全球卫星导航系统——事故应急响应系统——术语和定义
19	GOST R 56048－2014	全球卫星导航系统——道路事故应急响应系统——一般规定

2. 三国统一市场未来实施的安全技术法规动向

由于 2015 年 1 月 1 日起三国统一市场汽车技术法规 TP TC 018/2011 正式生效，中国企业应重点研究并分析该法规。重点研究、消化该法规的附件 2，即车辆认证应满足的技术法规项目清单。附件 2 中明确规定了，除了

2014年开始应满足的法规项目和要求，如 ESC 和制动辅助系统（BAS）（ECE R13-H）、油耗和 CO_2 排放测量（ECE R101）、白天行车灯（ECE R48 和 R87）、防飞溅系统（TP TC 018/2011 中自身的法规要求：附件3第9章）等外，自 2015 年开始 M_1 类乘用车辆应满足的安全法规项目包括：轮胎湿地抓着力要求（2015年）、TPMS（2016年）、行人安全性（2016年）和轮胎滚动阻力（2017年）。

（二）巴西

巴西作为拉丁美洲最大的国家和汽车市场，其汽车技术法规体系最为庞大和复杂，下面对未来几年巴西乘用车应满足的安全技术法规要求进行介绍。

1. 巴西卫星定位和防盗追踪系统技术法规及其实施

针对巴西车辆及其货物的盗抢十分猖獗，巴西政府为加强车辆防盗管理，于 2006 年 2 月 9 日发布法律，建立国家 SIMRAV 系统（防止、控制和减少车辆和货物盗抢国家体系）。依据该法要求，巴西国家运输部下属的运输委员会（CONTRAN）制定并实施技术法规 CONTRAN Res. 245/2007，要求所有车辆强制安装车辆卫星定位和防盗追踪系统。在该法规的具体实施上，巴西政府参照了美国汽车技术法规的实施特点，即采用企业对进入巴西市场的车辆按比例分阶段实施的方式，为此 CONTRAN 就 CONTRAN Res. 245/2007 的具体实施又制定发布了单独的技术法规，对实施的时间要求不断修改推迟，因此到目前为止该项法规要求并没有真正强制实施。究其原因，其中一个重要的因素是许多消费者认为该项法规要求侵犯了个人的隐私权，因此进行抵制。为此巴西政府不断推迟该法规的强制实施日期。但实际情况是目前进入巴西市场的许多国际跨国公司生产的车辆都已按照法规要求安装了该系统，未来中国企业进入巴西市场也应积极应对，以切实满足该法规要求。

目前该系统最新的实施法规为 CONTRAN Res. 485/2014（2014 年 5 月 7 日发布），要求所有巴西境内销售的各种类型新车按照表6的百分比和时间进度分阶段安装卫星定位和防盗追踪系统。

国外汽车安全标准法规发展分析

表6 巴西卫星定位和防盗追踪系统安装百分比与时间进度

单位：%

适用车辆类型	应达到的最小比例	截止时间
轿车、厢式载货汽车、皮卡、多功能车辆、载货汽车、客车和微型客车	20	2015 年 12 月 31 日
	50	2016 年 8 月 30 日
	100	2016 年 12 月 31 日
牵引车、挂车和半挂车	100	2016 年 6 月 30 日

2. 巴西汽车零部件技术法规和认证

巴西的汽车技术法规体系是全球最为复杂和庞大的法规体系之一，除了针对整车产品的技术法规和认证制度外，还建立了专门针对汽车零部件的技术法规体系和认证制度，该体系主要由巴西发展、工业和外贸部下属的巴西国家计量、质量和技术院（INMETRO）负责，因此针对汽车零部件的技术法规和产品认证就相应地称为 INMETRO 技术法规和 INMETRO 认证。

巴西政府最近几年针对汽车零部件发布新的 INMETRO 技术法规包括 Port. INMETRO 301/2011，历次的修订本包括 Port. INMETRO 275/2012、Port. INMETRO 299/2012、Port. INMETRO 16/2013、Port. INMETRO 268/2013 和 Port. INMETRO 55/2014。Port. INMETRO 301/2011 涉及多项汽车零部件项目，具体包括：汽车悬架的减震装置（法规 Port. INMETRO 301/2011 附件1）；奥托循环发动机的燃油泵（法规 Port. INMETRO 301/2011 附件2）；道路车辆用喇叭或类似装置（法规 Port. INMETRO 301/2011 附件3）；铝合金活塞、活塞和锁止环（法规 Port. INMETRO 301/2011 附件4）；活塞环（法规 Port. INMETRO 301/2011 附件5）；轴承（法规 Port. INMETRO 301/2011 附件6）；汽车灯具（法规 Port. INMETRO 301/2011 附件7）；汽车用铅酸蓄电池（Port. INMETRO 299/2012 修改法规 Port. INMETRO 301/2011，增加新的附件8）；转向末端、转向杆、连杆和转向轴末端（Port. INMETRO 268/2013[①] 修改法规 Port. INMETRO 301/2011，增加新的附件9）；道路车辆制动

---

① Port. INMETRO 268/2013 最近被 Port. INMETRO 29/2015（2015 年 1 月 21 日发布）所修改。

摩擦材料（Port. INMETRO 55/2014 修改法规 Port. INMETRO 301/2011，增加新的附件10）。

除了以 Port. INMETRO 301/2011 为首的上述汽车零部件技术法规外，INMETRO 最近发布的技术法规还包括表7的内容。

表7 巴西 INMETRO 最近发布的技术法规

序号	法规编号	法规名称
1	Port. INMETRO 544/2014	汽车车速的测量方法
2	Port. INMETRO 472/2014	小批量车辆零部件符合性认证要求
3	Port. INMETRO 308/2014	CNG 车辆燃料罐符合性认证要求
4	Port. INMETRO 309/2014	CNG 车辆燃料罐质量技术法规
5	Port. INMETRO 257/2014	对铅酸蓄电池符合性评价的增补要求
6	Port. INMETRO 17/2014	道路车辆用制动摩擦材料质量技术法规
7	Port. INMETRO 13/2014	车轴的符合性认证
8	Port. INMETRO 420/2013	车轴质量技术法规
9	Port. INMETRO 522/2013	修改巴西汽车能耗标识技术法规 Port. INMETRO 377/2011
10	Port. INMETRO 247/2013	转向末端、转向杆、连杆和转向轴末端质量技术法规（目前该法规和 INMETRO 301/2011 正在做局部修订）
11	Port. INMETRO 239/2013	汽车和摩托车用铅酸蓄电池质量技术法规
12	Port. INMETRO 17/2013	修订汽车车轮技术法规 Portarias INMETRO 445/2010、Portarias INMETRO 362/2011、Portarias INMETRO 381/2011，并撤销 Portarias INMETRO 421/2012
13	Port. INMETRO 538/2013	修订汽车轮胎技术法规 Port. INMETRO 544/2012
14	Port. INMETRO 642/2012	车辆举升平台符合性认证要求
15	Port. INMETRO 588/2012	车辆举升平台质量技术法规
16	Port. INMETRO 401/2012	修订汽车安全玻璃技术法规 Portarias INMETRO 156/2009 和 Portarias INMETRO 157/2009

此外，表8的 INMETRO 技术仍处于草案阶段，这些法规同样是未来几年内企业应满足的项目。

表8 巴西 INMETRO 技术法规草案

序号	名称
1	作为配件的车辆催化转化器符合性认证要求
2	儿童约束系统的符合性认证要求

（三）东盟

为了适应汽车市场一体化和提升汽车安全环保水平的需要，近年来，整个东南亚联盟（以下简称"东盟"）正在建设统一的汽车市场，即对汽车产品实施统一的关税、统一的市场准入管理制度和配套的汽车技术法规体系。对于统一的市场准入管理制度和技术法规体系，东盟将在2015年完成这一工作，届时，各成员国都将对汽车产品统一采用ECE法规，实施国际通行的型式核准制度。目前东盟已就首批将采用的ECE法规项目达成一致，共计19项（见表9）。

表9　东盟2015年将统一采用的ECE汽车技术法规项目

序号	单项法规涉及的汽车零部件或系统	ECE法规号	序号	单项法规涉及的汽车零部件或系统	ECE法规号
1	商用车的制动系统	R13	11	商用车排放	R49
2	轿车制动系统	R13H	12	汽车噪声	R51
3	安全带固定点	R14	13	商用车气压轮胎	R54
4	安全带	R16	14	转向装置	R79
5	座椅	R17	15	轿车排放	R83
6	头枕	R25	16	L类车辆排放	R40
7	轿车气压轮胎	R30	17	L类车辆噪声	R41
8	车速表	R39	18	L类车辆轮胎	R75
9	安全玻璃	R43	19	声响报警装置	R28
10	后视镜	R46			

东盟各国的发展情况差距较大，因此其市场一体化建设也比较复杂，在统一的汽车产品认证和技术法规体系的建设上还面临许多不确定的因素，2015年能否实现既定的目标，实现到什么程度，都还不明确。出口企业应密切关注这一发展动态，尤其是难度较大的车辆制动项目，因为这涉及整车项目，同时涉及ESC和BAS等高水平的安全装置。

中国出口企业对于其他安全技术法规项目，由于都是零部件项目，在控制整车成本的基础上，尽量考虑进来，在选择零部件配套商或供应商的过程

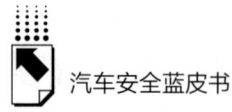

中，尽可能选择满足相应的 ECE 法规，并已获得 ECE 认证（即 E-mark 认证）的零部件。

（四）海湾七国

海湾七国包括沙特阿拉伯、科威特、阿联酋、卡塔尔、阿曼、巴林和也门 7 个国家，由于这些国家已结成统一的汽车市场，其技术法规也成为统一的法规体系，即海湾合作委员会（GCC）汽车技术法规体系。

GCC 汽车技术法规定期更新，一般提前两年公布新的车辆准入应满足的技术法规项目清单，如针对 2015 年 GCC 市场车辆准入的技术法规项目清单于 2013 年公布。

相对于 2014 年，GCC 对 2015 年车辆准入应满足的技术法规项目进行的更新和增补有：轿车和 MPV 制动技术法规实施 2012 年版的 GSO‑ECE‑13H、GSO‑ECE‑13H‑1 至 GSO‑ECE‑13H‑6（见表 10）。

表 10 GCC 于 2015 年开始实施的制动技术法规

序号	法规编号	法规名称
1	GSO‑ECE‑13H:2012	机动车辆—乘用车和多功能车辆制动系统
2	GSO‑ECE‑13H‑1:2012	机动车辆—制动系统试验方法—第 1 部分:制动性能
3	GSO‑ECE‑13H‑2:2012	机动车辆—制动系统试验方法—第 2 部分:储能装置能力的测定
4	GSO‑ECE‑13H‑3:2012	机动车辆—制动系统试验方法—第 3 部分:制动力在车轴间分配的确定
5	GSO‑ECE‑13H‑4:2012	机动车辆—制动系统试验方法—第 4 部分:ABS 功能的确定
6	GSO‑ECE‑13H‑5:2012	机动车辆—制动系统试验方法—第 5 部分:使用惯性测功机对制动衬片性能的确定
7	GSO‑ECE‑13H‑6:2012	机动车辆—制动系统试验方法—第 6 部分:附着系数的确定

2015 年开始，进入 GCC 市场的车辆如果进入沙特市场，则还需要满足额外新的技术法规有：SASO/CITC RI 054：2013《非特定短距离装置和附属装置技术规范》、SASO/CITC RI 109：2013《DAB、DVB 和 DRM 广播接收器技术规范》、SASO 2440：2005《道路车辆—制动衬片—热对盘式制动蹄

片尺寸和形状的影响—试验规程》、SASO 4020：2007《道路车辆—柴油机燃油滤清器试验方法》、SASO GSO 2112：2012《汽车—载货汽车前下部防护装置及其试验方法》、SASO GSO 2113：2012《汽车—载货汽车及其挂车侧面防护及其试验方法》、SASO GSO 2114：2012《汽车—载货汽车及其挂车后下部防护装置及其试验方法》。由于沙特是 GCC 最大的汽车市场，以上内容也同样构成准备进入 GCC 市场的强制性项目。

B.6
C-NCAP 当前研究重点
——主动安全技术综述

摘　要： 中国是道路交通环境最复杂、世界上交通事故发生情况最严重的国家之一，在亟须推广主动安全技术应用的同时，也对主动安全技术的本土化研发提出了严格的技术要求。如何合理利用主动安全技术提升中国道路交通安全性是整个中国汽车行业共同关注的问题。本文首先从主动安全技术在中国的应用环境入手，分析了现阶段中国的人、车、路对主动安全技术推广和普及产生的影响；其次，简要介绍了国际 NCAP 组织针对主动安全系统的相关导入和评价手段；最后，针对中国道路交通实际情况，阐述了纳入 C-NCAP 研究范畴的主动安全技术，提出了 C-NCAP 主动安全评价的路线图，整体梳理了 C-NCAP 对主动安全技术的推广手段和工作方法。

关键词： 道路交通安全　C-NCAP　主动安全技术

一　主动安全技术在中国的应用环境

2014 年是主动安全技术发展历程中特殊的一年，一是 Euro NCAP 等 NCAP 组织将自主紧急制动系统（AEB）和车道保持辅助系统（LKA）等具有自主控制功能的主动安全技术引入其测试评价体系，这极大地促使新技术由工程研究进入产品应用；二是以美国谷歌公司为代表的互联网企业独立推出了自动驾驶原型车，互联网企业特有的激情充分勾起了汽车行业人士和普通消费者对主动安全技术未来的憧憬。

中国作为全球最大的汽车市场，同时也是世界上道路交通环境最复杂、事故发生情况最严重的国家之一。迫切需要主动安全技术对普通驾驶员给予有效的辅助，如何合理利用主动安全技术提升中国道路交通安全性，是整个中国汽车行业共同关注的问题。

主动安全技术是在"人—车—路"构成的综合道路交通环境中应用的，人的因素主观上决定了对主动安全技术的接受程度，车的因素决定了主动安全技术是否具备普及条件，路的因素对主动安全技术提出了明确的技术要求。

（一）人的因素

驾驶员规范驾驶意识的提升和新驾驶员数量的增长对主动安全的普及具有促进作用。2013年，虽然交通事故情况依然十分严重，但超速行驶、违法占道行驶等重点违法行为导致的交通事故降幅明显，死亡人数下降，同比分别下降59.2%和40.4%，这从侧面说明了中国一般驾驶员规范驾驶意识有明显的提升，整体道路交通环境朝安全、有序的汽车社会方向发展，全民交通安全意识的提升对主动安全技术的普及和应用有着基础性的促进作用。

同时，中国新驾驶员数量的爆发式增长对主动安全技术也有着重要意义。新驾驶员的特点是安全驾驶技术不高，对道路交通危险情况的识别能力差，客观上需要先进主动安全技术在日常驾驶中给予适当的辅助，同时新驾驶员不良驾驶习惯较少，可塑性较强，主观上对主动安全技术的接受难度小，有利于主动安全产品的推广。

（二）车的因素

消费者收入水平和NCAP汽车安全性要求的提高促进了主动安全技术的应用。随着中国普通消费者收入水平的提升和对汽车产品认识的加深，消费者对汽车的要求也在逐渐提高，在20世纪90年代汽车刚进入普通家庭的阶段，消费者对汽车的要求仅是基本的代步工具，但现在，消费者已经形成了较为成熟的汽车消费观念，对汽车的安全性、性能和品牌等都有着明确的要

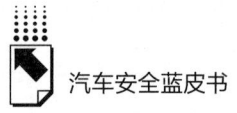

求,这一方面为汽车企业营造了引入主动安全技术的成本空间,另一方面也对汽车企业的技术升级、加强主动安全技术的应用有着直接的要求。

除消费者因素外,汽车产业本身也在积极寻求汽车安全技术水平的进步,各国的 NCAP 组织陆续在其测试评价规范中增加了对车辆主动安全系统的安装要求。以电子稳定性控制系统(ESC)为例,由于 ESC 可以极大地降低车辆单车事故发生概率,汽车工业先进国家一直致力于以标准法规和 NCAP 的手段来推广 ESC 的普及应用,截至 2011 年美国、欧盟、日本和韩国都已经将 ESC 列入本国或地区的 NCAP 评价规程,但同年中国市场 ESC 的装备率仅为 17%。为应对这种情况,C-NCAP 于 2012 年在其测试评价规程中加入了对 ESC 的安装要求。截至 2014 年,据德国博世公司的数据统计,中国乘用车市场的 ESC 装备率已经达到 30%。ESC 的逐步普及对其他主动安全系统的应用有着重要意义,一方面,ESC 是极具代表性的主动安全产品,此项技术的普及已经受到了汽车企业和消费者的欢迎和肯定,这为后续主动安全技术的导入创造了良好的市场环境;另一方面,ESC 在技术上是主动安全系统的核心执行机构,是 AEB 等具备自主控制功能的主动安全系统的应用基础和必要前提。ESC 的普及降低了后续主动安全技术的导入成本,为技术的逐步普及筑建了合理的梯度。

(三)路的因素

中国复杂的道路交通环境需要适合中国国情的主动安全系统。中国道路交通环境较为恶劣,一是由于汽车保有量的快速提升,公路规划、建设和管理相对滞后,城市道路拥堵情况极为严重,交通冲突和交通事故高发,主动安全系统如果匹配不当,则可能引发高频次的误报警、误作用;二是公路建设存在只建设、不养护的问题,仅以道路标线为例,由于日常维护不及时,大量标线模糊难以识别甚至完全消失,这对基于车道识别的主动安全系统的应用极为不利;三是由于经济发展不均衡,运输工具种类繁多,汽车、电动车、自行车、畜力车与行人混行,车辆行驶纵向干扰大,需主动安全系统归类识别的目标类型复杂,易引发系统的误工作和漏工作;四是道路交通软环境恶劣，机动车和非机动车遵守道路交通秩序的意识差，非机动车、机动车和行人之间争道抢行，恶意超车并线情况严重，主动安全系统需应对的工况复杂多变。综合以上四点因素，中国道路交通环境对主动安全系统的研究和开发提出了特殊的苛刻要求，简单地将适用于发达国家道路交通环境的主动安全系统直接导入中国可能引发严重的适应性不良问题。因而各汽车和零部件厂商有必要因地制宜，开发真正适用于中国道路交通环境的主动安全系统。

二 国际 NCAP 组织的导入情况及评价方法

NCAP 是最早在美国开展并已经在欧洲、日本等发达国家和地区运行多年的新车评价规程，由政府或具有权威性的组织机构执行，按照比国家法规更严格的方法对市场上销售的车型进行车辆安全性能测试、评分和划分星级，向社会公开评价结果。NCAP 的主旨是提升车辆安全性、维护消费者利益，因而在新技术的导入上较法规更为前瞻，基于主动安全技术突出的安全提升作用，各大 NCAP 组织近年来纷纷在其测试评价规程中纳入主动安全技术，下面以典型的 US NCAP、Euro NCAP 为例，介绍 NCAP 组织是如何鼓励主动安全技术应用并对其性能进行测试评价的。

（一）US NCAP

US NCAP 已将 ESC、前方碰撞预警系统（FCW）和车道偏离预警系统（LDW）3 项主动安全技术纳入其评价规程，整体归属碰撞避免技术，US NCAP 目前主要针对预警类主动安全系统进行推广鼓励。

针对 ESC 的测试评价，美国国家公路交通安全管理局（NHTSA）采用了国际通用的正弦停滞方法，此方法已成熟应用于美国联邦机动车安全法规（FMVSS）126，并通过全球统一汽车技术法规（GTR）8 推广至全球范围，目前欧盟、日本、韩国和中国都采用相同的方法对 ESC 进行 NCAP 评价。

针对 FCW，US NCAP 使用 SV 和 POV 代表试验车和前方目标车（真

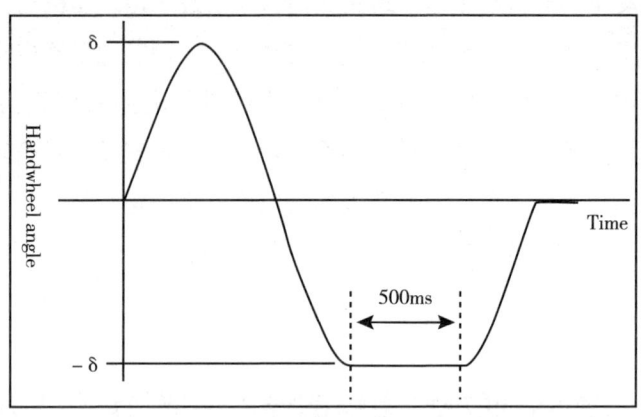

图1 US NCAP 正弦停滞 ESC 试验方法

实的三厢车辆）。其测试评价规程包含以下3个工况，并使用距离碰撞发生时间（TTC）参数指标进行评价：前方目标车停止，试验车辆以72km/h的速度驶向目标车辆的尾部，FCW需要在TTC＝2.1s前发出预警；试验车和目标车皆以72km/h速度行驶，间距30m，在目标车突然以0.3g的强度进行制动时，FCW需要在TTC＝2.4s前发出预警；目标车（32km/h）在试验车（72km/h）前方缓速慢行，FCW需要在TTC＝2.0s前发出预警。

针对LDW，US NCAP指定了直线行驶工况对系统进行测试评价，在试验中，车辆以72km/h的速度沿道路中心线匀速行驶，而后进行方向调节，使车辆具有0.1～0.6m/s的侧向速度，US NCAP要求LDW在车辆偏离车道线0.3m之前发出警示，但同时报警不能出现得太早，在车辆距离车道线大于0.75m（越线前）时LDW不应发出警报。

依照NHTSA现有的管理规则，车辆所装配的ESC、FCW和LDW只有符合上述性能要求，才能在广告中使用"车辆装配有符合NHTSA性能要求的ESC、FCW、LDW"等，这对市场规范、竞争充分的美国汽车市场具有相当的约束作用。

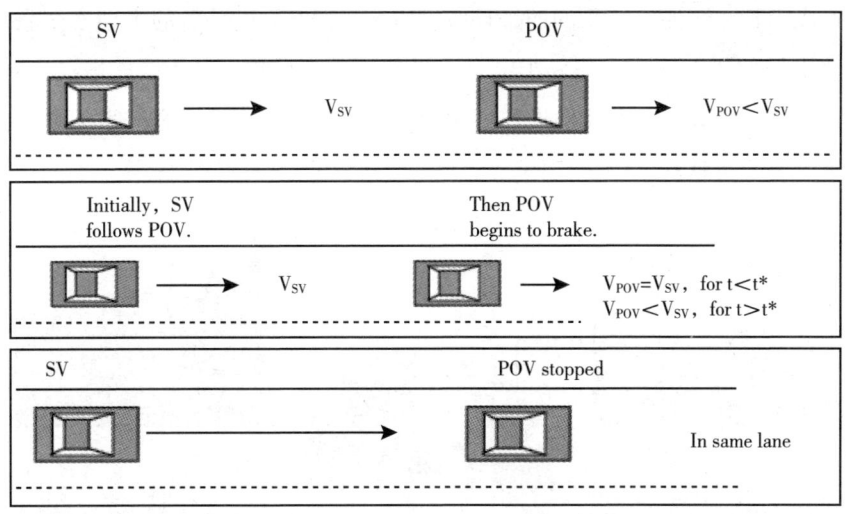

图 2　US NCAP FCW 试验方法

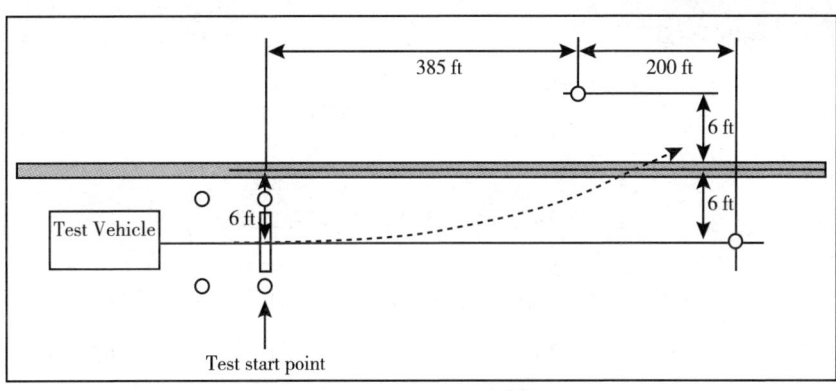

图 3　US NCAP LDW 试验方法

（二）Euro NCAP

Euro NCAP 针对的是主动安全技术应用最广泛的欧盟市场，因而其在技术的导入上具有相当的前瞻性。目前已经在 2014 版 Euro NCAP 中引入了 ESC、AEB、车道保持辅助系统（LKS）、LDW 和速度辅助系统（SAS）5 项主动安全技术，组成安全辅助类评价组，与乘员保护、儿童保护和行人保护并列成为其测试评价体系的四个环节，Euro NCAP 鼓励装备的主动安全系统自动化程度更高。从 2013～2014 年的欧盟汽车市场技术应用调查情况来看，Euro NCAP 的举措极大地促进了技术的应用，为先进主动安全技术的普及做出了巨大的贡献。

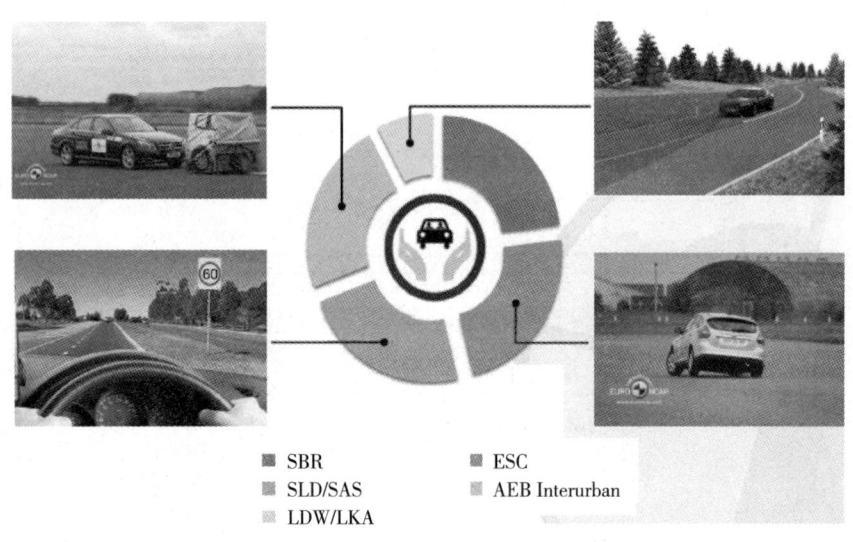

图 4　2014 版 Euro NCAP 安全辅助类要求

针对 ESC 和 LDW 的性能测试，Euro NCAP 与 US NCAP 基本保持一致，但针对 AEB，Euro NCAP 独立设计了试验工况，并在国际范围内产生了较大的影响，具体包含了前方车辆静止（CCRs）、低速行驶（CCRm）和突然制动（CCRb）3 种工况，对 AEB 中的 FCW、制动力辅助系统（DBS）和 AEB 功能进行综合评价，如果车辆能完全避免碰撞则可得到满分；如果仅起到缓解碰撞的效果则根据碰撞时的剩余相对速度对试验分数进行相应的折算（见图 5）。

在未来 5 年的计划中，Euro NCAP 将陆续引入针对行人、自行车的 AEB 要求，并将现有针对车辆的 AEB 性能要求进一步提高，这一系列的举措将进一步巩固其在主动安全技术领域的引领地位。

图 5　Euro NCAP AEB 测试评价方法

年份	2015	2016	2017	2018	2019	2020	2021
	Front & Side impact test update			Far-side occupant protection		Mobile frontal test THOR	
		Q6 and Q10					
	Upper Leg test	AEB VRU (Pedestrian)		AEB VRU (Cyclists)			
		LKA，SAS SBR+		AEB Ph2 Road departure			

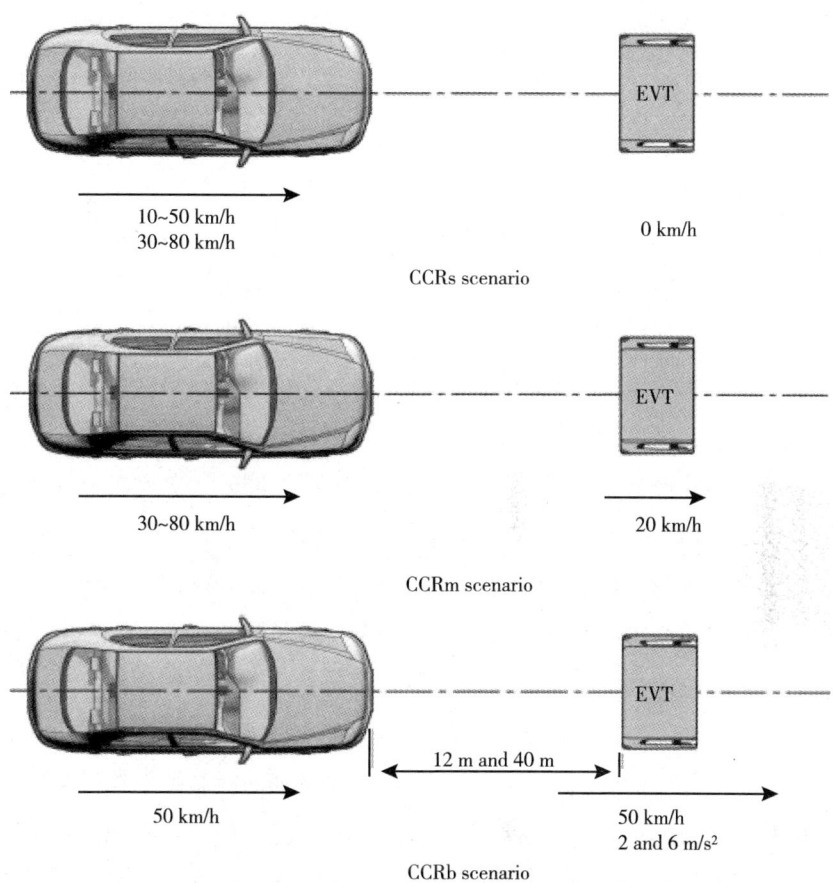

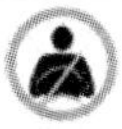

图 6　Euro NCAP 未来发展规划

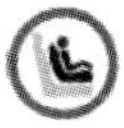

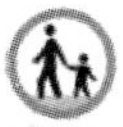

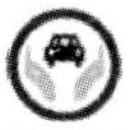

三 C-NCAP 主动安全技术研究范畴

随着汽车工业的技术进步和消费者对车辆要求的提高，近年来汽车企业开发出了各种类型的新技术和新应用，在推广和鼓励方面国际各 NCAP 组织也存在一定的差别。

从根本定义上讲，主动安全系统是指以避免事故发生为目标的汽车安全系统，虽然根据功能和性能的不同，实际表现既可能只是驾驶员提醒，也可能是介入控制实现事故概率降低甚至避免，但对车辆和车外环境的状态识别缺一不可。在此定义的基础上，C-NCAP 将以下主动安全技术列入重点研究范畴：FCW、LDW、盲点监测系统（BSD）、车辆后视/环视系统、ESC、制动力辅助系统（DBS）、AEB、自适应巡航控制系统（ACC）、LKS、SAS 和自动驾驶技术。系统的作用方式由紧急情况下给予驾驶员适当的警示，逐渐过渡到介入适当的控制来辅助驾驶，最终实现完全的无人驾驶技术。随着技术的成熟，主动安全系统的集成化和智能化程度也在不断提升，在此种情况下，继续采用传统的底盘主动控制技术和驾驶员辅助控制技术等分类方法已经难以实现有效的梳理，更难以在人机交互和功能安全上对不同类别、等级的系统进行有针对性的要求。因而建议按照 NHTSA 在 2013 年对自动汽车的定义，依照车辆自动化程度对主动安全系统进行划分，共包含 5 个等级：0级、1级、2级、3级、4级。

0级：车辆主动安全系统给予警示，但不具备自动化功能。车辆的主要控制机构（转向、制动、油门和动力）都是由驾驶员进行完整而独立的控制，同时驾驶员要对道路交通情况进行实时监控并在遇到危险时对车辆进行控制。此等级下的主动安全系统所起到的作用是在必要时给予驾驶员危险警示，但并没有转向、制动和油门的控制权（见表1）。

1级：主动安全系统在特定功能上实现自动化。在此级别下，车辆的主动安全系统已经包含了一种或多种特定的控制功能，但功能之间仍然保持独立工作，驾驶员可以选择将转向、制动和油门中的一项控制权移交主动安全系统，主动安全系统也可以在必要时自动取得其中一项功能的有限控制权，此时驾驶员既需要时刻监视路面情况，也不能同时将转向和制动或油门移交主动安全系统自动控制。由于现阶段进入工程应用程度的多数主动安全系统都将在较长时间内保持在此级别，本文建议在原有级别划分的基础上将其细化为1-1级和1-2级，1-1级的主动安全系统虽然介入了车辆的控制，但更多的是以驾驶员操作为先导，而后根据车辆实际状态进行辅助控制（见表2）。

表1 自动化程度0级主动安全系统及主要功能

主动安全系统名称	功能
FCW	使用摄像头和/或雷达识别前方车辆，根据相对距离和相对车速计算距离发生碰撞剩余的时间，存在危险时给予驾驶员预警
LDW	使用摄像头识别车道线，在驾驶员未操作转向灯的情况下，车辆偏离车道致使车轮越线或达到阈值，则给予驾驶员预警
BSD	通过雷达和/或摄像头等对车辆两侧的盲区进行探测。如果有其他车辆进入盲区，会在后视镜或其他位置对驾驶员进行提示
车辆后视/环视系统	在车辆后部或四周布设车载摄像头，实现驾驶员在车内通过视频影像来监控车辆后部或四周情况的驾驶员辅助系统

表2 自动化程度1-1级主动安全系统及主要功能

主动安全系统名称	功能
ESC	通过监控驾驶员方向盘输入和车辆实时状态，在发生转向过度或转向不足时，通过对某一或多个车轮独立施加制动力和发动机扭矩控制使车辆恢复稳定
DBS	通过监控驾驶员制动踏板输入，当感知到车辆进入紧急制动工况时，主动增加轮缸压力直至达到车辆最大减速度。部分系统更结合了雷达和/或摄像头用以识别前方危险工况，对踏板力进行更有针对性的辅助控制，从而减免事故的发生

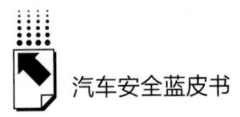

在此基础上的1-2级与1-1级主动安全系统相比较，不仅具备辅助控制能力，更可以通过对外部环境识别而自主介入控制（见表3）。

表3 自动化程度1-2级主动安全系统及主要功能

主动安全系统名称	功能
AEB	通过雷达和/或摄像头识别前方车辆、行人及其他危险工况，在驾驶员未进行有效操作的情况下，自主介入制动控制，避免事故发生或减免事故严重程度
ACC	通过雷达和/或摄像头测量前方车辆信息，自动调整车速，依照驾驶员设定保持和前车之间的距离。如果前车减速，ACC会自动降低车速，甚至完全停止，极大地提高安全性
LKS	通过摄像头识别车道线，当车辆发生偏航时，LKS会通过振动提示驾驶者，然后自动修正方向，辅助回正使车辆一直保持在路中间行驶
SAS	通过摄像头识别道路限速标示或通过导航地图获取道路限速信息，对驾驶员进行提醒，并依照限速或驾驶员预先设定对车速进行控制

2级：主动安全系统具备组合式控制功能的自动化。此级别的主动安全系统可以至少同时对车辆转向、制动和油门中的两种进行控制，此时车辆主动安全系统可以在特定环境下，受到驾驶员许可后分享对车辆的控制权，进而驾驶员可以获得操作上的解放（手离开方向盘，脚离开踏板），但是必须时刻关注道路状况，并随时准备恢复至正常驾驶。此级别的主动安全系统目前已经在豪华车上有成熟的应用，最具有代表性的是沃尔沃汽车集团开发的Adaptive Cruise Control with Steer Assist系统，在具备ACC的基础上自动保持车辆沿车道中心线行驶，降低了驾驶员在高速公路上进行长途驾车旅行的劳动强度。

3级：主动安全系统达到有限的自动驾驶功能。在此级别下，驾驶员已经可以在某些道路交通环境下将车辆的控制权全部移交主动安全系统，依靠主动安全系统来识别外部环境的变化并判断是否需要将控制权交还给驾驶员。驾驶员虽然在特殊情况下还需要介入控制，但系统已经为其留有充分的转换时间，与2级相比，驾驶员已经不需要对道路交通情况进行时刻监控。目前多个汽车公司及互联网公司都发布了各自的无人驾驶试验车，部分优秀车型已经达到 3 级的自动化,其中美国谷歌公司年内发布的"Beta One"型无人驾驶车辆的自动化程度最高,但其最高车速不能超过 40km/h,且在工作机理上依赖先进的激光扫描雷达,由于成本的考虑,将很难普及量产车。沃尔沃汽车集团的 Drive Me 项目最为接近量产状态,仅在具有 Adaptive Cruise Control with Steer Assist 系统的原型车上增加了部分常规传感器,由于瑞典政府的大力支持,目前已经有部分无人驾驶车辆在哥德堡市进行路试,预计 2017 年试验车将增加至 100 辆。

4 级:主动安全系统达到完全的自动驾驶。主动安全系统负责监控道路交通情况并对车辆进行控制,驾驶员只需进行目的地的选择,车辆可以在有乘员或无乘员的情况下独立运行,据目前已公开资料,尚无达到此自动化级别的主动安全系统。

随着主动安全技术的平台化、集成化发展,汽车工程师不应再将车辆上应用的主动安全产品视作功能的堆砌,而是应该以系统化的视角看待主动安全技术的应用,尤其关注主动安全系统所达到的自动化程度,从而在功能安全、故障处理、人机交互等方面提出有针对性的要求,方能保证主动安全系统可以在不干扰驾驶员的前提下切实提高车辆安全性。

四 C-NCAP 主动安全评价的路线图

C-NCAP 作为中国汽车安全技术发展的助推器,一直在不懈地进行主动安全技术的推广,继 2012 年将 ESC 正式纳入测试评价规程后,C-NCAP 又制定了以下技术路线图,以稳步推进主动安全技术在中国的推广和应用。

(一)开展针对中国道路交通情况的基础研究工作

中国已经进入汽车社会初级阶段,道路交通参与者复杂多样,电动车、三轮车和自行车掺杂混行;道路交通基础设施不完备,车道标线模糊、交通标示混乱;交通秩序混乱,恶意抢行频现、人车争道严重,因而事故形态和车辆使用环境都与国外先进国家存在较大的差异。在此情况下,

C-NCAP将继续加强与中国交通事故深入研究（CIDAS）工作组的合作，对中国道路交通事故进行深入调查、分析和研究，同时与整车和零部件企业共同开展研究，对与主动安全技术应用相关的中国特殊道路交通情况进行统计和分析，扎实开展基础研究工作，并将其积极应用于C-NCAP评价规程的制定。

（二）制订主动安全测试评价技术研究的中长期计划

随着主动安全系统智能化和复杂程度的提高，系统的研发和匹配皆有着较长的产品周期，因而针对主动安全系统制订中长期的研究计划对企业车型的开发有着指导性作用。现阶段根据公安部交通管理局《道路交通事故统计年报（2013年度）》数据，2013年内由于追尾碰撞和碰撞静止车辆事故共造成9280人死亡、25855人受伤，刮碰行人事故造成12554人死亡、36614人受伤，两项加权共占全年总死亡人数的37.3%和总受伤人数的29.2%。因而C-NCAP将系统功能主要针对此两种事故的车辆AEB列为优先研究重点，而针对驾驶员辅助功能的LDW和BSD，也已被纳入C-NCAP的中远期研究计划。

（三）吸纳国内外相关研究成果

在坚持以中国道路交通实际情况开展基础研究的同时，有效利用国内外汽车和零部件企业、NHTSA等研究机构针对主动安全系统取得的大量研究成果。针对共性问题，如分析方法、测试设备等的研究成果，在基于中国实际道路交通情况的前提下可以借鉴使用已有研究成果，从而节省重复性资金和人力投入，加快C-NCAP研究进程。

（四）评价方案的制订和实车验证

C-NCAP将充分利用已掌握的中国道路交通数据、中国汽车产业技术水平，结合已有的国内外研究成果，综合考虑制定测试评价方法，开展多车型的实车验证，确定星级评价权重。

（五）公示和企业交流

在正式出台前，C-NCAP 将测试评价方案及相关研究成果在行业内公示，充分听取企业意见和建议，适当地对测试评价方案进行完善和修订。

（六）出台测试评价规程

根据现阶段技术发展水平，C-NCAP 对主动安全系统在中国的研究和开发提出以下三点建议。

第一，明确主动安全系统所属的自动化级别，并依据 ISO 26262 标准对系统的功能安全性提出明确的要求。

第二，开发过程中要辅以大量的实车道路验证，加大对 NDS 和 FOT 的研究力度，如欧盟已经在 2008~2012 年使用 8 个厂家的 972 辆试验车进行了 3486 万公里的大规模 FOT 试验，为后续的主动安全技术开发和导入积累了关键的实践经验。中国的道路交通环境较欧洲差异性明显，也更为复杂，整车和零部件厂商有必要在此领域增进合作。

第三，对误工作、漏工作和正工作性能有清晰的认识，不应片面地追求正工作性能，而应扎实地以降低甚至消除误工作几率为基础，逐步增强系统性能，能开发出真正安全可靠且适用于中国情况的主动安全系统。

B.7
防挥鞭伤害标准最新进展与未来动向分析

摘　要： 挥鞭伤害主要对乘员颈椎神经、软组织等重要部位造成伤害，其损伤持续时间长。挥鞭伤害保护受到了各国的重视。本文主要介绍了美国 FMVSS 202a 和全球 GTR 7 在头枕几何性能、头枕能量吸收性能、头枕静强度、头枕动态性能和鞭打试验加速度波形等方面的要求，分析了 GTR 7 在防挥鞭伤害标准方面的最新进展，指出从鞭打伤害国际标准法规的发展趋势看，BioRID Ⅱ假人将成为国际通行的鞭打伤害试验评价假人，加速式台车动态试验将成为主要的评价手段。

关键词： 防挥鞭伤害　头枕动态性能　鞭打试验　加速度波形

一　防挥鞭伤害标准对比分析

挥鞭伤害是在车辆静止或处于低速行驶时，受到追尾碰撞时车内乘员受到的伤害。挥鞭伤害是后撞交通事故中一种最常见的颈部伤害，该伤害是因追尾碰撞所产生的头部和颈部的相对运动差而造成的。当汽车追尾碰撞时，车辆骤停，由于乘员人体的质量运动惯性，车辆内的乘员将会向后仰倒，但由于身体受到座椅靠背的支撑，后仰运动将集中在头颈部，这将对颈部产生突然的过伸或过屈的作用力，使其组织承受过度应力而造成损伤。受伤的运动形式类似于软鞭的甩动，故通常称为挥鞭伤害或鞭打伤害。挥鞭伤害主要对乘员颈椎神经、软组织等重要部位造成伤害，其损伤持续时间长。挥鞭伤害保护受到了各国主管部门的重视。

能够有效减少和降低挥鞭伤害的主要设施是乘员座椅及头枕，因此针对座椅及头枕的、用于评价后碰撞颈部保护性能的低速台车动态试验项目逐渐被世界各国所重视。2009 年 9 月 1 日美国联邦机动车安全法规（FMVSS）202a 开始实施，主要是针对座椅及头枕的颈部保护性能而升级和设立的法规。该法规主要对头枕几何性能、头枕能量吸收性能、头枕静强度、头枕动态性能、鞭打试验加速度波形 5 个方面进行了规定。

在头枕几何性能要求方面，头枕高度的要求为：前排外侧座椅头枕高度通常不小于 800mm；后排外侧座椅头枕高度通常不小于 750mm。头枕宽度的要求为：头枕顶点向下 65±3mm 处，头枕宽度不小于 170mm。头后间隙的要求为：前排外侧座椅的头后间隙不大于 55mm。头枕内间隙的要求为：使用直径为 165mm 的球体测量头枕内间隙不大于 60mm；使用直径为 25mm 的圆柱体测量头枕内间隙不大于 25mm。

在头枕能量吸收性能要求方面，要求头型以不小于 24.1km/h 的速度冲击座椅头枕前表面，头型减速度 3ms 不超过 80g。

在头枕静强度要求方面，主要包括头枕高度保持性要求和头后间隙要求。头枕高度保持性要求为：用圆柱体试验装置施加在头枕上 500N 的载荷，头枕塑性变形不超过 13mm；施加在头枕上 50N 的载荷时，头枕弹性变形不超过 25mm（见图 1）。

在头后间隙保持性、移动量和强度要求方面（见图 2），头型施加在头枕上 37Nm 的力矩初始载荷，头后间隙位移不超过 25mm；用背板施加在座椅靠背上 373Nm 的力矩载荷，头后间隙位移不超过 102mm；头型施加在头枕上 373Nm 的力矩载荷，头后间隙位移不超过 13mm；头枕应能承受通过头型施加 890N 的载荷，持续时间为 5s。

在头枕动态性能要求方面，对前向外侧座椅头枕，要求 Hybrid Ⅲ 五十百分位男性假人头部相对躯干向后转角不大于 12°，HIC15 不大于 500；对于可折叠或收起以及可拆卸的头枕，要求头枕高度不小于 750mm。在车辆使用说明书中对头枕的使用方法也有相应的规定。

 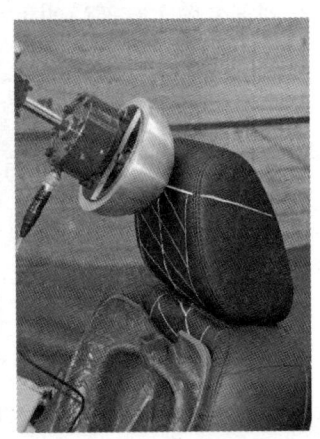

图 1　头枕高度保持加载示意　　图 2　头后间隙试验示意

2002年3月，WP29同意建立一个全球统一汽车技术法规（GTR）来减少在追尾碰撞事故中人体颈部的挥鞭伤害。2008年6月4日，关于头枕的GTR 7正式发布。头枕GTR 7的技术要求基本与FMVSS 202a的技术要求相同，但对于头枕动态性能要求有所不同，头枕GTR 7是允许使用Hybrid Ⅲ五十百分位男性假人或者BioRID Ⅱ五十百分位男性假人。BioRID Ⅱ假人是目前被Euro NCAP和C-NCAP指定用于汽车安全星级评定的防挥鞭伤害假人。

国际标准化组织（ISO）于2005年9月1日发布了ISO 17373 - 2005《保护乘员头颈部的头枕低速后碰撞台车试验程序》，该国际标准由国际道路车辆标准化技术委员会（ISO/TC 22）的分技术委员会——碰撞试验方法分技术委员会（SC10）起草完成。ISO提出了挥鞭样损伤相关疾患（WAD）这个概念，指的是车辆行驶中遭受后面或侧面撞击，致使驾驶员和乘客颈部突然经历加速—减速惯性变化所造成骨骼或软组织损伤的各种临床表现。

ISO 17373 - 2005规定了采用加速式台车来完成动态试验。在假人的使用方面，提供了BioRID Ⅱ五十百分位男性假人、RID Ⅱ五十百分位男性假人、Hybrid Ⅲ五十百分位男性假人3种假人的试验设定位置的方法（见表1）。由于假人结构和类型的不同，假人姿态主要设定参数之间的差异很大，这必然直接影响试验结果。

防挥鞭伤害标准最新进展与未来动向分析

表1 假人姿态主要设定参数对比

设定参数 \ 假人类型	BioRID Ⅱ假人	RID Ⅱ假人	Hybrid Ⅲ假人
假人H点X轴	20mm	0mm	12.7mm
假人H点Y轴	6mm	25mm	12.7mm
假人臀部角度	26.5°±2.5°	0°±1°绕X轴	22.5°±2.5°
		22.5°±5°绕Y轴	
假人头部角度	0°±1°	0°(−1°~0°)	0°±0.5°
假人头部间隙	HRMD+15mm	65mm±25mm	HRMD+15mm

鞭打试验加速度波形方面，ISO 17373-2005 规定的台车 Δv 是 15.5km/h±0.7km/h。

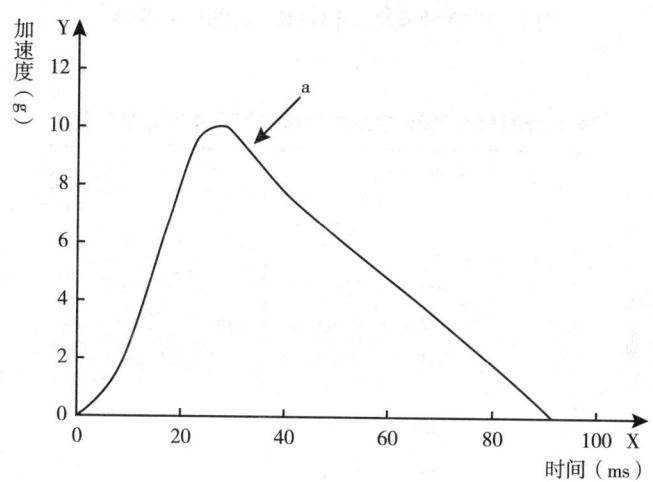

图3 ISO 17373-2005 规定的加速度时间曲线图

表2 ISO 17373-2005 规定的速度变化值

时间(ms)	加速度(g)	Δv(km/h)
27	10±0.5	15.5±0.7
91±3	0	

FMVSS 202a 与 GTR 7 采用的加速度波形大致相同（见图4），并且加速式或减速式台车 Δv 是 17.3km/h±0.6km/h。

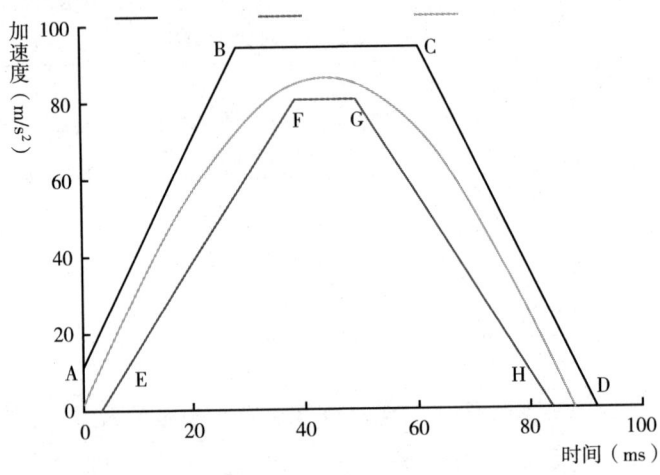

图4 FMVSS 202a 与 GTR 7 的加速度波形

表3 FMVSS 202a 规定的台车加速度基准点坐标值

基准点	时间(ms)	加速度(m/s²)
A	0	10
B	28	94
C	60	94
D	92	0
E	4	0
F	38.5	80
G	49.5	80
H	84	0

二 防挥鞭伤害标准最新进展

GTR 7 第1阶段包括头枕静态试验和动态试验，并允许汽车企业二选一。头枕静态试验要求 H 点间隙≤55mm 或 R 点间隙≤45mm；动态试验使用 Hybrid Ⅲ 五十百分位假人，头部相对躯干转角≤12°以及头部 HIC≤500；或使用 BioRID Ⅱ 假人。GTR 7 第2阶段要求只有动态试验，并代表了颈部运动的全部过程，测量指标包括 Fx、Fz、My、头部加速度和 T1 加速度等。GTR 7 第一阶段 ΔV = 16km/h；第二阶段 ΔV = 20km/h，加速度 = 5 ~ 6g。

GTR 7 第 2 阶段是非正式工作组。第 2 阶段主要工作包括调整头枕高度以及在低速后碰撞试验中鞭打伤害研究（MAIS 1，Δν ≤ 18km/h）、在高速后碰撞试验中鞭打严重伤害研究（MAIS 2 和 MAIS 3，Δν ≥ 18km/h）；确定适当的动态试验（包括试验规程、伤害指标以及 BioRID Ⅱ 假人的测量通道等），Hybrid Ⅲ 假人改为 BioRID Ⅱ 五十百分位男性假人；鞭打伤害的机理、假人评价与人体伤害的对应关系以及颈部伤害减小的效果分析和成本效益分析。

从鞭打伤害国际标准法规的发展趋势看，BioRID Ⅱ 假人将成为国际通行的鞭打伤害试验评价假人，加速式台车动态试验将成为主要的评价手段。

B.8 汽车正面碰撞乘员保护标准解读及影响分析

摘 要： GB 11551-2003《乘用车正面碰撞的乘员保护》已实施十余年，不再适应中国汽车整车企业的技术开发要求，尤其是微型载货汽车和轻型载货汽车的正面碰撞安全性能有待提高和改善。GB 11551-2014版根据前期验证试验结果和各方面反馈意见，进一步扩大了标准适用范围，与GB 11551-2003版相比，除了7条主要变化外，乘员保护技术指标变化较大。未来，如何改善和优化车身结构将是微型载货汽车和轻型载货汽车企业所面临的主要挑战，标准将有效提升微型载货汽车和轻型载货汽车产品的碰撞安全性。

关键词： 微型载货汽车 轻型载货汽车 正面碰撞 乘员保护技术

一 国内外碰撞标准概况

在美国、日本、欧洲等汽车工业发达国家和地区，已将汽车正面碰撞、侧面碰撞和追尾碰撞等常见的事故形态列入汽车安全法规体系中。1999年10月28日，原国家机械工业局以国机管〔1999〕567号文发布了中国第一个汽车碰撞安全方面的法规CMVDR 294《关于正面碰撞乘员保护的设计规则》；2000年1月1日，新申请型式核准车辆应符合CMVDR 294要求；2002年7月1日，所有车型应符合CMVDR 294要求。CMVDR 294的发布和实施，使实车碰撞安全技术进入了中国，中国汽车生产企业开始面对碰撞安全问题。

2002 年，中国开始修订 GB/T 11551-1989《汽车乘员碰撞保护》标准。2003 年 11 月 27 日，国家质量监督检验检疫总局发布了 GB 11551-2003《乘用车正面碰撞的乘员保护》并代替 GB/T 11551-1989。规定 2004 年 6 月 1 日，所有车型应符合 GB 11551-2003 要求，同时代替了 CMVDR 294。GB 11551-2003《乘用车正面碰撞的乘员保护》标准的颁布和实施推动了中国汽车工业在汽车碰撞安全技术方面的进步和发展。

截至 2014 年 12 月，GB 11551-2003《乘用车正面碰撞的乘员保护》已实施十余年，随着汽车碰撞安全技术的提升，其已不适应中国汽车整车企业的技术开发要求。GB 11551-2003 技术内容参照 ECE R94/00 版，属于欧洲正面碰撞法规的早期版本，标准规定的检验项目较少；所涉及乘员保护项目，假人伤害评价部位和指标需要进一步完善；对于车辆重要约束系统部件的变更和替换，缺少台车动态模拟评价的简化试验程序，需要全部进行实车碰撞试验验证，增加了汽车企业的碰撞安全技术开发成本和周期。

微型载货汽车和轻型载货汽车的正面碰撞安全性能有待提高和改善。由于在碰撞安全方面缺乏设计考虑，一些微型载货汽车和轻型载货汽车发生碰撞事故时，车内乘员无法获得足够的生存空间，直接造成车内乘员死亡或重伤。修订 GB 11551-2003《乘用车正面碰撞的乘员保护》标准、研究和制定适合中国汽车发展的正面碰撞安全标准，将进一步改善和提高汽车的碰撞安全性，促进汽车安全技术进一步发展，满足广大消费者对汽车安全的需求，降低汽车交通事故中的人员伤亡。

二 标准研究历程

2009 年，国家标准化管理委员会下达了 GB 11551-2003《乘用车正面碰撞的乘员保护》国家标准修订任务，项目编号为 20091182-Q-339。同年，全国汽车标准化技术委员会秘书处组织部分整车企业、零部件企业、科研机构及高校等机构组成起草组，开展了长达 5 年的标准研究和修订工作。

2009年5月，起草组主要研究和确定了GB 11551-2003标准修订的总体技术框架，扩展到N_1类车辆；增加正面安全气囊airbag信息的标注，包括驾驶员、乘员正面安全气囊，后向儿童座椅的警告标签；正面碰撞试验形式可以选择，GB 11551规定的正面碰撞试验形式和评价指标，或GB/T 20913规定的正面偏置碰撞试验形式和评价指标；增加颈部评价指标，改善大腿力评价指标；增加台车试验程序，座椅、安全带等重要部件更换所应进行的简化试验，车辆的型式变更和扩展等内容。

2009年12月，起草组成员汇报了关于N_1类车进行正面碰撞试验验证的情况，问题主要集中在燃油泄漏、座椅固定点、无安全气囊车型的颈部伤害指标等方面。确定了N_1类汽车纳入正面碰撞标准的具体方案，考虑到除了对自身驾驶员和乘员的保护，还要考虑对其他车辆的碰撞相容性，N_1类车实施正面碰撞的车型适用范围限制在最大设计总质量在2.5t以下的车辆；N_1类车纳入标准分阶段进行，要有一定的过渡期限，使试验条件和评价指标逐步达到要求；研究与GB 26512《商用车驾驶室乘员保护》的协调问题，分析其与GB 11551标准的关系，满足GB 11551标准的N_1类车，可以免除商用车驾驶室乘员保护试验。

2010年7月，部分N_1类车型生产企业及中机车辆技术服务中心的专家就N_1类车型生产企业对现有车型状况及对应标准情况进行了说明，总体认为现有N_1类车型经过改型和增加适当的配置能够达到标准要求，标准应给予充分的过渡准备期。通过GB 11551标准与GB/T 20913标准的内容协调、N_1类车型的现有技术状况分析以及与政府主管部门的交流等，保证标准修订内容的可实施性。

2010年10月，全国汽车标准化技术委员会秘书处组织召开了GB 11551标准修订工作的N_1类企业研讨会，工业和信息化部产业政策司、国内主要N_1类汽车生产企业、汽车检测中心等机构代表参加了会议。由于N_1类车中的1030系列车型提升和改进难度较大，形成了适用范围控制在最大设计总质量2.5t以下的车辆，适当延长标准的实施过渡期，暂缓执行假人颈部伤害指标等方面的决议。

2010年11月，由全国汽车标准化技术委员会秘书处组织，哈飞汽车股份有限公司承担和实施了4辆不同型式的N_1类汽车碰撞验证试验，试验结果表明2.5t以下的载货汽车采用必要的改进措施，完全能够满足标准修订后的技术要求，但对于假人颈部伤害指标限值，现有技术无法达标。

2011年1月，由全国汽车标准化技术委员会秘书处组织，上汽通用五菱汽车股份有限公司承担和实施了两辆不同型式的N_1汽车正面碰撞验证试验，试验结果表明老款车型由于在其设计和结构上没有考虑碰撞安全性能，无法通过试验。

2011年3月，由全国汽车标准化技术委员会秘书处组织，北汽福田汽车股份有限公司分别进行了2.5t以下和2.5t以上两种型式N_1汽车的碰撞验证试验。2.5t以上的载货汽车前部基本都是板簧结构，无法提供有效的生存空间。对于多用途载货汽车，由于前部有足够的吸能空间，经过一定的技术改进，可以满足GB 11551碰撞试验的要求。

2011年4月，根据前期验证试验结果和各方面反馈意见，进一步修改了标准适用范围，由"M_1类车"扩展为"M_1类汽车和最大设计总质量不大于2.5t的N_1类汽车，以及多用途载货汽车"；参考GB/T 3730.1《汽车和半挂车的术语和定义》中2.1.2.3.2关于多用途载货汽车的规定和中机车辆技术服务中心2011-75号文《关于规范皮卡车产品有关事项的通知》中多用途载货汽车的技术特征，增加了多用途载货汽车的定义。

2011年5月，GB 11551《汽车正面碰撞的乘员保护》在汽车行业内及政府主管部门公开征求意见。至此，GB 11551《汽车正面碰撞的乘员保护》标准修订的研究工作结束。

三 新旧版标准对比分析

目前汽车正面碰撞试验法规中有两种典型的正面碰撞试验评价方法：100%重叠率刚性固定壁障碰撞试验（100% RB）和40%重叠率的偏置变形壁障碰撞试验（40% ODB）。美国在20世纪60年代制定的美国联邦机动车安全法规（FMVSS）208 法规是世界上第一个汽车碰撞安全法规，采用的是车速为48.3km/h 的刚性固定壁障碰撞试验，要求在前方左、右30°范围内发生的碰撞事故都满足乘员保护要求。通常使用0°、左30°和右30°三种碰撞试验形式验证车辆的正面碰撞安全性。欧洲在研究正面碰撞安全法规时比较重视实际的交通事故形态，提出了与实际交通事故最接近的偏置变形壁障碰撞试验方法。但是由于偏置变形壁障碰撞试验方法对碰撞试验条件的控制十分苛刻，当时的碰撞试验设备无法满足该试验要求，故此在1995 年颁布ECE R94/00 版时先采用了车速为50km/h 的30°斜角碰撞方法作为过渡。到1998 年，ECE R94/01 中采用了车速为56km/h 的40% 偏置变形壁障碰撞试验方法。因此，在GB 11551 - 2014《汽车正面碰撞的乘员保护》标准中引入了40% 重叠率的偏置变形壁障碰撞试验方法（见图1）。

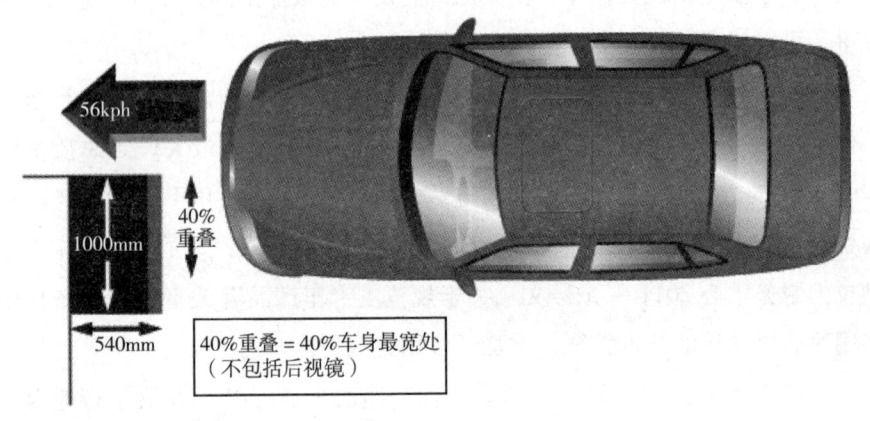

图1　40% 重叠率的偏置变形壁障碰撞试验

GB 11551 - 2003 版与GB 11551 - 2014 版的主要差异有以下几个方面。

——更改了标准名称："乘用车"改为"汽车"。

——增加了"多用途载货汽车"的定义：多用途载货汽车——设计和结构上主要用于载运货物，具有长头车身和驾驶室结构（一半以上的发动机长度位于车辆前风窗玻璃最前点之前，或转向盘的中心位于车辆总长的前四分之一部分之后），具有敞开式载货汽车车厢，载客不多于5 人（含驾驶员），最大设计总质量不大于3.5t的载货汽车。

——增加了安全气囊的提示信息和在具有安全气囊的座位上使用后向儿童约束系统的警告信息；对于装备了安全气囊的座位，应具有安全气囊的提示信息；装备了一个或多个正面安全气囊的车辆，应具有提示在有安全气囊的座位上使用后向儿童约束系统而产生极端危险的信息。

——增加了若车辆按照GB/T 20913的规定进行试验，且符合GB/T 20913中4.2的规定，则认为该车辆符合GB 11551－2014版的技术要求。对于N_1类汽车以及多用途载货汽车，暂不执行假人颈部伤害指标（NIC）、假人颈部对Y轴弯矩及假人胸部粘性指标的规定。

——增加了试验车的质量规定，对于M_1类车辆，仍然是整车整备质量；对于N_1类车辆，试验的车辆质量是整备质量加上136kg或其额定载货量的质量（取其中较小的）作为配重，配重在其载重区域内加载。

——增加了车辆型式的变更和扩展，影响车辆结构基本型式或车辆质量变化大于8%的任何变更，根据检测机构的判定，认为对试验结果产生明显影响，需要重新进行碰撞试验；若变更仅涉及内部装备、质量变化不大于8%，且车辆上最初提供的前排座位数保持不变，可以进行简化试验。

——增加了台车试验程序。

除了上述7条主要变化外，技术指标也存在差异（见表1）。

表1 GB 11551－2003与GB 11551－2014指标差异

序号	评价项目		GB 11551－2003	GB 11551－2014
1	乘员保护技术指标	假人头部性能指标（HPC）	不大于1000	不大于1000
		假人头部合成加速度	—	不大于80g(3ms)
		假人颈部伤害指标（NIC）	—	颈部伸张和剪切限值曲线
		假人颈部对Y轴伸张弯矩	—	不大于57Nm
		假人胸部压缩指标（ThCC）	不大于75mm	不大于75mm
		假人胸部粘性指标（V·C）	—	不大于1.0m/s
		假人大腿压缩力指标（FFC）	10kN	轴向力时间限值曲线

续表

序号	评价项目	标准	GB 11551-2003	GB 11551-2014
2	车身安全技术指标	碰撞中车门情况	车门不得开启	车门不得开启
		碰撞中前门锁止情况	前门的锁止系统不得发生锁止	前门的锁止系统不得发生锁止
		碰撞后车门开启情况	不使用工具,对应于每排座位若有门,至少有一个门能打开	除支持假人重量的必要的工具之外,不使用其他工具,对应于每排座位若有门,至少有一个门能打开
		约束系统情况	施加在松脱装置上的力≤60N,约束系统应能打开	施加在松脱装置上的力≤60N,约束系统应能打开
		假人取出情况	从车辆中完好地取出假人	不调整座椅,从车辆中完好地取出假人
3	燃油系统泄漏	碰撞中燃油泄漏情况	燃油供给系统不应发生泄漏	燃油供给系统不应发生泄漏
		碰撞后燃油泄漏情况	平均泄漏速率不大于30g/min	平均泄漏速率不大于30g/min
4	适用范围		M_1类车	M_1类汽车和最大设计总质量不大于2.5t的N_1类汽车,以及多用途载货汽车

从表1可以看出,乘员保护技术指标变化较大,共增加了4条假人测量指标,改变了1条假人测量指标;车身安全技术指标基本没有变化,继承了原来的要求,仅有2条进行了修改;燃油系统泄漏要求没有任何变化,保持了原有的技术要求;车辆碰撞速度仍然为50^{0}_{-2}km/h,车辆到达壁障的路线在横向任一方向偏离理论轨迹均不得超过150mm(见图2)。对适用范围进行了适当的扩展,GB 11551-2014与GB 11551-2003的主要差异共有14条。

四 对汽车安全技术的影响分析

对于M_1类车辆,随着2006年7月C-NCAP的建立和发展,乘用车企业的车辆碰撞安全技术有了较快的提升和改善。虽然GB 11551-2014标准中

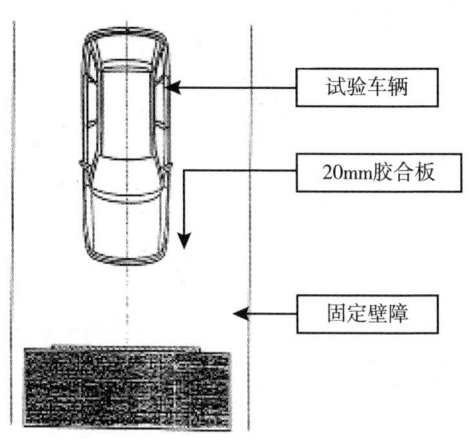

图 2　100% 重叠率的刚性固定壁障碰撞试验

增加了假人头部合成加速度大于 80g 的时间累计不应超过 3ms 的规定；增加了颈部伤害指标（NIC）、颈部对 Y 轴弯矩及胸部粘性指标的规定；改变了假人大腿载荷的评价方法，采用了大腿压缩力指标（FFC）应不大于力—时间性能指标曲线的方法，但是基于乘用车企业良好的技术基础，符合 GB 11551-2014 标准要求的技术改进难度不大。

在试验验证阶段完成了 12 辆载货汽车的正面碰撞试验，车辆类型基本覆盖中国现有的 N_1 类车型，包括多用途载货汽车、微型载货汽车及中型载货汽车。从已完成的碰撞试验结果分析，针对乘员保护技术指标，假人头部、假人胸部、假人大腿部位通过率为 83%，但是试验过程中还有车身安全技术指标和燃油系统泄漏的问题出现：部分车辆燃油系统在碰撞结束后发生燃油泄漏、前排乘员座椅发生脱离、车身与车架连接点出现开焊与变形等。

对于多用途载货汽车：从车身加速度和车体变形的结果看，与 M_1 类车型无明显差异，通过合理配置乘员约束系统，在不改进车身结构的基础上，能够通过碰撞安全法规。

对于微型载货汽车：前端结构没有吸收碰撞能量的变形区域，碰撞中前

门区域进入塑性变形区，车门在碰撞后无法打开，碰撞后乘员没有足够的生存空间。

对于轻型载货汽车：基于结构、使用功能考虑，车辆前部没有任何有效的吸能路径和吸能结构，一旦发生碰撞，乘员无法获得有效的生存空间，转向管柱与座椅靠背相挤压，仪表板下沿后移到前排乘员的坐垫位置，仅仅从生存空间而言，就没有任何生存的希望。如果是可翻转的乘员舱，也约束了前部结构改进。

因此，如何改善和优化车身结构将是微型载货汽车和轻型载货汽车企业所面临的主要挑战，这也必将提升微型载货汽车和轻型载货汽车产品的碰撞安全性。

B.9 商用车辆和挂车制动系统技术要求及试验方法标准解读与分析

摘　要： 随着汽车制动技术的发展进步，汽车制动性能相应的标准也随之不断更新。通过多次专题技术交流、工作组研讨、验证试验等，2014年10月正式发布不包含M_1类车型的制动标准GB 12676-2014，于2015年7月1日起实施。本文主要介绍了GB 12676-2014与国内GB 12676-1999、国际ECE R13（10系列）的主要差别，并分析了商用车辆和挂车相关制动标准的发展动态。

关键词： 制动技术　防抱死制动系统　商用车辆　挂车制动系统

一　概述

随着公路建设的快速发展、汽车保有量的持续高速增长、汽车运行速度的提升和载质量的提高等因素的影响，汽车制动性能的要求不断提升。在更高的车速和质量的情况下，如何保证汽车的行驶安全显得非常重要。汽车技术的不断发展，为提升汽车制动性能提供了理论和物质基础。

随着汽车制动技术的发展进步，汽车制动性能相应的标准也随之不断更新。自1990年中国推出GB 12676-1990《汽车制动性能道路试验方法》以来，结合中国汽车产品技术状态和使用情况，参照国际先进标准，中国曾经于1999年对1990版制动标准进行过一次修订。对1990版标准进行修订时，主要参照了ECE R13（06系列）《关于M、N、O类机动车制动系统型式认

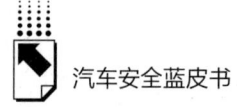
汽车安全蓝皮书

证的统一规定》、ISO 7634-1995《被牵引车辆气制动系统试验方法》、ISO 7635-1991《道路车辆气压、气液制动性能试验方法》和 ISO 6597-1991《道路车辆液压制动性能试验方法》等标准法规。

修订后的 1999 版制动标准 GB 12676-1999《汽车制动系统结构、性能和试验方法》中有关制动系统结构性能要求等方面的技术内容等效采用了 ECE R13（06 系列）的相关内容，有关制动系统试验评价方法等方面的内容等效采用了 ISO 6597-1991、ISO 7634-1995 和 ISO 7635-1991 等标准。

在 1999 版的制动标准中，4.2.20 和 4.3.23 条款对车辆安装防抱死制动系统提出了要求，但并未将 ECE R13（06 系列）附件 13 有关防抱死制动系统（ABS）性能评价方法的内容纳入标准中，对 ABS 的要求和评价方法是通过引用 GB/T 13594-1992《汽车防抱死制动系统性能要求和试验方法》提出的。

2003 年，随着 ABS 应用技术的提升、ABS 装备率的大幅度提高以及 1999 版制动标准中 4.2.20 和 4.3.23 条款的正式实施（GB 12676-1999 于 1999 年 1 月 8 日发布、1999 年 10 月 1 日起实施。其中 4.2.20 和 4.3.23 条款延迟 48 个月，于 2003 年 10 月 1 日起实施）。原有的 GB/T 13594-1992《汽车防抱死制动系统性能要求和试验方法》已经无法满足使用要求，全国汽车标准化技术委员会自 2001 年开始对该标准进行修订。修订后的 GB/T 13594-2003 于 2003 年 7 月 1 日发布、2003 年 12 月 1 日起实施。

GB/T 13594-2003 的主要技术内容重点参照了 ECE R13（09 系列）《关于 M、N、O 类机动车制动系统型式认证的统一规定》附件 13，非等效。与 GB/T 13594-1992 相比，技术内容有了比较大的变化。

汽车工业全球一体化的趋势加快了汽车技术法规协调的步伐。1998 年，欧盟和美国在 ECE R13（06 系列）基础上，经过多轮协商，分别根据协调情况颁布了新的乘用车制动法规，欧盟为 ECE R13-H《乘用车制动系统型式认证的统一规定》（即协调版），美国为 FMVSS 135《轻型汽车制动系统》。中国的制动标准 GB 12676-1999《汽车制动系统结构、性能和试验方法》是参照 ECE R13（06 系列）制定的，多年来一直作为汽车和挂车产品制动性能检验的依据。考虑到 GB 12676-1999 本身在乘用车制动系统的适用性方面存在一定的局限性，行业内要求引入 ECE R13-H 作为代替 GB 12676-1999 中有关乘用车制动系统相关技术内容的呼声越来越高。为适应乘用车产品和技术发展，进一步规范和完善乘用车制动的有关要求，并与国际通行做法接轨，全国汽车标准化技术委员会及其制动分技术委员会经过研究，于 2006 年立项，参照 ECE R13-H 的主要技术内容，制定中国的乘用车制动系统技术要求及试验方法相关标准。

GB 21670-2008《乘用车制动系统技术要求及试验方法》于 2008 年 4 月 25 日发布、2008 年 11 月 1 日起实施。GB 21670-2008 发布实施以后，GB 12676-1999 的相关技术内容不再适用于 M_1 类车辆。

随着制动技术的不断发展，ECE R13 也在不断地修订和更新。同时 GB21670-2008 的发布实施，使得 GB 12676-1999 不再适用于 M_1 类车辆，所以对 GB 12676-1999 进行修订就显得非常迫切。全国汽车标准化技术委员会于 2007 年立项对 GB 12676-1999《汽车制动系统结构、性能和试验方法》进行修订。

2009 年 5 月，GB 12676-1999 标准修订工作组正式成立。由整车企业、科研检测机构、制动系统制造企业等 30 多家单位组成的标准修订工作组在第一次工作组会议上确定了标准修订原则：

（1）GB 12676-1999 修订后，适用于原标准规定的车辆中除 M_1 类车辆以外的其他机动车和挂车；

（2）GB 12676-1999 修订后，不包括 ABS 的相关内容，修订后的 GB 12676 与 GB/T 13594-2003 并行使用；

（3）修改采用 ECE R13（10 系列）并关注相应的补充和修订条款。

删除标准正文：3. 认证申请、4. 认证、9. 对不一致生产的惩罚、10. 正式停产、11. 认证试验技术部门和行政管理部门的名称和地址、12. 过度期规定等条款；根据中国的实际管理情况修订标准正文：7. 制

动系统的车型认证更改和认证扩展、8.生产一致性等条款；将附件4制动试验和制动系统性能的内容纳入标准正文；删除附件2通报及相关附录、附件3认证标志的位置等内容；删除标准正文及附件中有关M_1车型的内容；试验方法参照ISO的相关内容，纳入标准正文；ESC的相关内容不纳入本次修订的范围。

通过多次专题技术交流、工作组研讨、验证试验等，修订后的GB 12676标准文本于2012年底完成送审稿并提交全国汽车标准化技术委员会制动分技术委员会审查，并于2013年进入报批程序。2014年5月7日至8月6日在世界贸易组织（WTO）进行为期三个月的公示。2014年10月10日GB 12676-2014正式发布，2015年7月1日起实施。

二 GB 12676-2014与GB 12676-1999的主要差别

（一）修改了标准名称并删除了M_1类车辆的内容

随着GB 21670-2008《乘用车制动系统技术要求及试验方法》的发布实施，M_1类车型有了单独的制动标准，因此修订后的制动标准将不包含M_1类车型的内容。为了使标准名称简练、明确，并且与其他已经发布实施的制动标准相协调，根据标准起草工作组专家的意见，修订后的标准名称确定为《商用车辆和挂车制动系统技术要求及试验方法》。

（二）术语和定义的变化

因标准内容变更比较大，为了描述清晰准确，增加了制动系统、控制装置、传输装置、制动器、不同类型的制动系统、制动系统的零部件、连续制动、半连续制动、自动制动、惯性（或超越）制动、渐进分级制动/可调节制动、相位制动、缓速制动系统、空载、满载、轴荷分配、轮/轴荷、最大静态轮/轴荷、电力再生式制动系统、前后车轮同时抱死、电控线路、数据通信、点到点、挂接力控制、标称值、自动控制制动、选择制动、基准制动力等术语和定义。

同时，由于汽车技术的进步和管理方式的改进，对部分已经不再涉及的术语和定义进行了删除，包括车型认证、同类型制动装置、弹簧制动系统、弹簧压缩腔、厂定压力、可控制动等术语和定义。

（三）机动车和挂车的气制动系统连接（2014版4.1.3、1999版4.1.5）

由于技术的发展和结构的变化，装备电控线路的结构在产品中的应用越来越广泛，在关于机动车辆与挂车气制动系统的连接中，增加了有关电控线路的要求。

（四）制动系统定期技术检查（2014版4.1.4）

参照ECE R13的相关技术内容，增加了制动系统定期技术检查的规定。对摩擦部件的磨损情况、每个车轮实际的制动力、整车制动强度以及复合电子控制系统的运行状况等都提出了明确的要求，并且给出了评价测试方法。

（五）复合电子控制系统（2014版4.1.4、附录H）

随着电控技术在汽车制动系统上的应用逐步普及，相关的功能安全方面的问题也日益突出，备受各方的关注。因此在修订后的标准文本中，增加了复合电子控制系统的安全规定。

（六）同一车轴（桥）之间的制动力分配（2014版4.2.1.8、4.2.2.5）

与1999版相比，增加了行车制动系统的制动力在同一车轴（桥）的车轮之间分配的要求，特别是对由电控系统对制动力调整或者补偿导致的制动力变化有比较明确的规定。

（七）安装防抱死制动系统的车型（2014版4.2.1.22、4.2.2.13，1999版4.2.20、4.3.13）

与1999版比，2014版增加了强制安装ABS的车型范围。1999版仅要求最大总质量大于12t的M_3类旅游客车、最大总质量超过16t并且允许挂接O_4类挂车的N_3类车辆必须安装符合GB/T 13594规定的一类ABS。O_4类挂车必须安装符合GB/T 13594规定的ABS。

对于机动车，2014版标准规定所有的M_2、N_2、M_3类车型及不超过4轴的N_3类车型，都必须安装符合GB/T 13594规定的一类ABS。这里安装范围的扩大除了新增加的M_2、N_2车型以外，对1999版规定的安装ABS车型M_3、N_3的适用范围也做出了重大调整——M_3类车型解除了最大总质量大于12t和旅游客车的限制；N_3类车型解除了总质量超过16t和允许挂接O_4类挂车的限制。

对于挂车，2014版标准规定O_3、O_4类挂车必须安装符合GB/T 13594-2003规定的ABS。与1999版制动标准相比，增加了O_3类车型的安装要求。

（八）电力再生式制动系统（2014版4.2.1.24）

针对装备电力再生式制动系统的车型逐渐增多的情况，2014版参照了ECE R13的相关技术内容，增加了装有电力再生式制动系统的M_2、N_1和小于5t的N_2类车辆的特殊要求。

分别对装备A型、B型电力再生式制动系统的车型提出了不同的要求，并且对电力再生式制动系统的电磁兼容性、与ABS的关系等也做出了明确的规定。

（九）电控传输的驻车制动系统与行车制动系统（2014版4.2.1.25、4.2.1.26、4.2.2.15）

增加了采用电控传输的驻车制动系统的特殊附加要求。对电控传输失效、外部线路损坏、关闭系统电源等情况下车辆的驻车制动性能和行车制动性能提出了明确的要求。

（十）挂接力控制系统（2014版4.2.1.27）

增加了挂接力控制系统的特殊要求。对挂接力控制系统的位置、作用、与附录 E 规定的制动协调性要求的关系以及与缓速制动系统的关系等都做出了相应的要求。

（十一）正常行驶试验（2014版5.1.5.4）

对装有制动磨损自动调整装置的机动车，在完成热态性能试验后，将制动器冷却至冷态以后，应能恢复正常的行驶性能。

（十二）Ⅲ型试验（2014版5.1.7）

增加了 O_4 类车型的热衰退试验。

（十三）满足ⅡA型试验的车型（2014版5.1.8.1、1999版5.2.5）

与 1999 版比，2014 版增加了满足ⅡA 型试验要求的车型范围。

1999 版仅要求 M_3 类非城市客车中最大总质量大于 10t 的车型必须满足ⅡA 型试验的要求。

2014 版要求所有 M_3 类非城市客车、允许挂接 O_4 类挂车的 N_3 类机动车以及危险品运输车都必须满足ⅡA 型试验的要求。

（十四）允许挂接无制动挂车的机动车辆（2014版5.2.1.2）

对允许挂接无制动挂车的机动车辆，在最大总质量状态下，应满足对应的机动车辆在发动机脱开情况下的 O 型试验的最低制动性能要求。

（十五）装有电力再生式制动系统车辆应急制动试验附加失效检查（2014版5.2.2.6）

增加了对装有电力再生式制动系统车辆应急制动试验附加失效检查，并

对行车制动系统输出电动部件完全失效的情况下的制动性能以及失效状态导致电动部件产生的最大制动力进行评价。

（十六）行车制动传输装置失效后的剩余制动性能（2014版5.2.4.1、1999年版的5.2.2）

修改了 M_2 类车型满载制动距离和 N_1 类车型空载制动距离评价指标。

（十七）2014版其他新增加的内容

增加了车型批准和扩展（第6章），增加了生产一致性（第7章），增加了动力电池荷电状态的检验规程（附录A），增加了气制动车辆响应时间的测量方法（附录B），增加了关于供能和储能装置（储能器）的规定（附录C），增加了有关弹簧制动系统特殊条件的规定（附录D），增加了评价装有电控线路的车辆功能协调的试验规程（附录F），增加了对复合电子车辆控制系统安全方面的特殊要求（附录H），增加了装有电力制动系统的挂车的试验条件（附录I），增加了不必进行Ⅰ型或Ⅱ型（ⅡA型）或Ⅲ型试验的条件（附录J），增加了装备惯性（超越）制动系统的车辆的试验条件（附录L）。

三 GB 12676-2014与ECE R13（10系列）的主要差异

商用车制动标准修订工作组成立之初就确定了使用重新起草法参考ECE R13（10系列，包括2007年8月及之前的修订条款）《M、N和O类车辆制动系统型式认证的统一规定》进行修订的基本原则。修订后的GB 12676-2014 与 ECE R13（10系列）相比，主要技术差异和编辑性修改如下。

（一）删除了与中国现行管理体系不适应的部分内容

删除 ECE R13（10系列）正文的第3章（认证申请）、第4章（认证）、第9章（对不一致生产的惩罚）、第10章（正式停产）、第11章（认证试验技术部门和行政管理部门的名称和地址）、第12章（过渡期规定）等条款。

（二）根据中国的实际情况对部分内容进行了修改

根据中国的实际管理要求修改了 ECE R13 正文的第7章（制动系统的车型认证更改和认证扩展）、第8章（生产一致性）。

根据中国车辆公告管理的要求，对车型批准和扩展时进行识别判断的技术参数和结构等提出了明确要求。删除了 ECE R13 中第7、8章中涉及的有关认证方面的内容。

（三）制动试验和制动系统性能

将 ECE R13 附件4 "制动试验和制动系统性能" 纳入修订后的商用车制动标准正文第5章 "试验和性能要求"。

（四）删除了 ECE R13（10系列）部分附件

1. 删除了有关认证内容的附件2、附件3
2. 删除了附件5

附件5是对有关危险货物运输车的要求。近几年，运输危险品、爆炸品和剧毒化学品车辆数量逐年递增，国家也相继制定和出台了一系列的标准法规和管理规定。其中和车辆强制性检验直接相关的有 GB 21668－2008《危险货物运输车辆结构要求》和 GB 20300－2006《道路运输爆炸品和剧毒化学品车辆安全技术条件》两个强制性国家标准。在上述两个标准中。在车辆制动系统方面有如下规定。

（1）GB 21668－2008《危险货物运输车辆结构要求》规定：

危险货物运输车如果在驾驶室后部装有缓速制动系统，应在该系统与货厢（罐）之间设置隔热层。该隔热层必须既能防止缓速制动系统发热危及货物，又能防止货物泄漏危及该系统本身。

（2）GB 20300-2006《道路运输爆炸品和剧毒化学品车辆安全技术条件》要求：

车辆应装用子午线轮胎。车辆应配备限速装置且限速装置的调定速度不应大于90km/h。N类车辆必须装备符合GB/T 13594规定的1类ABS；O类车辆必须装备符合GB/T 13594规定的A类ABS。必须装备制动器自动间隙调整臂。

上述两项标准为国家强制性标准，在制动系统结构和性能上对ADR的特殊要求已有明确规定，因此修订后的GB 12676标准中，删除了ECE R13附件5。

3. 删除了附件9

4. 删除了附件13

附件13是有关ABS性能要求和试验方法。2014版商用车制动标准对ABS的要求和评价方法是通过引用GB/T 13594-2003《汽车防抱制动系统性能要求和试验方法》提出的。

5. 删除了附件19

附件19是有关制动部件的性能试验。按中国目前的标准体系，应该纳入单独的专项标准。

6. 删除了附件20

附件20是有关挂车型式认证的替代程序，不适用中国目前实行的公告管理体系。

（五）删除了标准正文及附件中有关 M_1 类车型的内容

由于乘用车与其他车辆在使用对象、使用目的、车辆结构和性能上存在很多差异，很多国家目前已经逐渐用ECE R13-H取代ECE R13中乘用车制动部分的要求并成为乘用车制动系统型式认证的主要依据。

中国已经于2008年4月25日发布GB 21670-2008《乘用车制动系统技术要求及试验方法》，并于2008年11月1日起实施。因此修订后GB

12676 不再包含 M_1 类车辆的相关技术内容。

（六）GB 12676-2014增加了"空载质量"的定义。主要为了规范试验的操作，使得不同试验部门的试验具有比较好的一致性

（七）GB 12676-2014用"最大设计总质量"代替 ECE R13 中的"最大质量"

（八）GB 12676-2014增加了4.1.4.7"复合电子控制系统的定期检查"、5.1.1.2"制动系统的磨合要求"、5.1.1.3"制动距离的试验程序和评价指标"、5.1.2.5"试验道路要求"、5.1.2.6"道路试验的环境要求"、5.4.4"挂车的制动响应时间"等条款

（九）ECE R13（10系列）保留的附件与 GB 12676-2014附录的对应关系

将 ECE R13 附件4的附录1 修改为本标准的附录 A；将 ECE R13 附件6 修改为本标准的附录 B；将 ECE R13 附件7 修改为本标准的附录 C；将 ECE R13 附件8 修改为本标准的附录 D；将 ECE R13 附件10 修改为本标准的附录 E；将 ECE R13 附件11 修改为本标准的附录 J；将 ECE R13 附件11 的附录2 修改为本标准的附录 K，删除附件11 的附录1、附录3、附录4；将 ECE R13 附件12 及其附录1 修改为本标准的附录 L，删除附件12 的附录2、附录3、附录4；将 ECE R13 附件14 修改为本标准的附录 I；将 ECE R13 附件15 修改为本标准的附录 G；将 ECE R13 附件17 修改为本标准的附录 F；将 ECE R13 附件18 修改为本标准的附录 H。

四　相关制动标准的发展动态

（一）GB/T XXXX-201X《商用车辆缓速制动系统性能试验方法》

商用车辆缓速制动性能对于保障车辆安全行驶特别是在山路等复杂路况

下的制动安全具有重要意义；为推动商用车辆缓速制动技术发展，提高车辆制动安全，美国、日本、欧洲等汽车发达的国家和地区及 ISO、SAE 等标准化技术组织都已经制定了有关缓速制动性能要求及测量方法的标准法规。

GB 12676-1999《汽车制动系统结构、性能和试验方法》中就针对大型客车和重型载货汽车缓速制动性能提出了明确要求；交通运输部及公安部也从道路交通安全角度对缓速制动系统安装提出了明确要求。

但由于受国内试验条件和试验能力的制约，有关缓速制动系统技术评价的整车试验方案一直缺失，中国有关缓速制动技术的测试评价的Ⅱ型试验和ⅡA型试验基本无法实施，无法对缓速制动系统装车后的实际效果进行客观有效的评价，很大程度上制约了中国缓速制动技术和安全性能的提高。

GB 12676-2014 进一步强化了商用车缓速制动系统性能要求，并明确规定 M_3 类非城市客车、允许挂接 O_4 类挂车的 N_3 类、危险货物运输车等必须满足ⅡA 型试验规定的性能要求。为了对中国相关车辆的缓速制动系统性能进行科学合理的评价，确保 GB 12676-2014 中有关缓速制动系统性能的要求得到有效的实施，全国汽车标准化技术委员会启动了缓速制动系统标准研究项目，组织相关企业和科研检测机构对缓速制动系统产品及其应用情况进行分析研究，并提出了商用车缓速制动系统性能试验方法的标准立项。标准立项被列入国家标准化管理委员会下达的 2013 年第二批国家标准制修订计划，编号为 20131556-T-339。

缓速制动系统试验方法标准研究工作在标准立项被批准之前就已经开展。2012 年 5 月在江苏省苏州市召开了缓速制动系统标准技术研讨会，讨论和交流了缓速制动系统的发展现状与未来的技术应用等情况，对计划的缓速制动系统标准的制定原则与工作规划以及对标准制定可能出现的问题（如验证试验等）进行了讨论。

缓速制动系统标准研究工作组第一次会议于 2012 年 7 月 26 日在天津市召开。来自中国汽车技术研究中心、皆可博车辆控制系统有限公司、北汽福田汽车股份有限公司、东风商用车有限公司、潍柴动力股份有限公司、丰田汽车研发中心（中国）有限公司等单位的代表参加了会议。会议介绍了缓速制动系统标准的制定原则、整体方案和近期工作规划，讨论了缓速制动性能评价方法和目前中国的试验条件及常用的试验方法等问题，并确定了标准主要参考标准 ISO 12161。

截至目前，已经召开了四次工作组会议，并分别进行了多次坡道试验、牵引试验和转鼓台架试验对标准提出的试验方法进行验证。2014 年 9 月 19 日至 10 月 19 日，标准经全国汽车标准化技术委员会制动分技术委员会通过并在全国汽车标准化技术委员会网站公开征求意见。截至 2014 年 12 月 30 日，共收到 14 家单位的 128 条意见和建议。近期将召开标准工作组会议，对反馈意见进行讨论，形成标准送审稿，提交全国汽车标准化技术委员会制动分技术委员会。

（二）GB/T XXXX－201X《商用车电子稳定性控制系统性能要求及试验方法》

2008 年 7 月，ECE R13（11 系列）正式发布，其中附件 21 是有关商用车电子稳定性控制系统（ESC）性能要求和试验方法方面的内容。

全国汽车标准化技术委员会非常关注联合国框架内商用车 ESC 法规的出台，近几年持续派技术专家参与 ECE R13 附件 21 的讨论与协调，密切跟踪商用车 ESC 法规的动态。

2009 年 6 月在天津市召开的 GB 12676－2014 研讨会上邀请 WABCO 公司法规部主管 Christoph Adam 先生就 ECE R13 附件 21 的技术内容进行了详细的介绍和深入的交流。在随后召集的 GB 12676－2014 研究工作组会议上也对商用车 ESC 的问题进行了专题讨论。工作组成员单位结合国内商用车 ESC 的应用情况以及国际商用车 ESC 的研发、应用和法规进展动态提出，在 GB 12676－1999 的修订过程中，暂时不涉及商用车 ESC 的相关内容。待以后时机成熟，参照 GB/T 13594 的方式，制定商用车 ESC 性能要求和试验方法专项标准。

目前，全国汽车标准化技术委员会已经把商用车 ESC 性能要求和试验方法标准列为近期重点工作，正在为标准立项做准备。

B.10
电动汽车碰撞后安全标准分析

摘　要： 国内外对传统汽车安全性的要求有较为成熟的标准和法规，电动汽车与传统汽车存在特殊的安全要求。国际上已经出台了相应的标准法规，对电动汽车被动安全进行要求。国际上现有的电动汽车碰撞后安全的标准法规，其核心目标是对车辆的乘员和碰撞发生时对第三方行人安全的保护，主要包括满足电解液泄漏、储能系统结构稳定性和电气安全三项要求。对电气安全的要求和测试方法是电动汽车碰撞后安全标准的核心内容和技术难点。中国的GB/T电动汽车碰撞后安全要求参照了国外最新标准法规，对试验方法规定得更细致，便于操作。

关键词： 电动汽车安全　碰撞后安全标准　汽车安全性

一　电动汽车的安全问题

汽车安全性一般分为主动安全性、被动安全性、事故后安全性等。国际上对传统汽车安全性的要求有较为成熟的标准和法规，中国也有一套完善的安全法规与标准，通过几十个强制性标准对汽车的主动安全性和被动安全性提出了明确的要求，对汽车进行全面和规范的安全性评估。

电动汽车存在与传统汽车一样的安全问题，也存在一些特殊的安全问题，电动汽车的特殊安全性体现在以下几个方面：

第一，大质量的车载储能电池及其相关系统内对车辆整体结构安全性及乘员、第三方的潜在机械伤害；

第二，高能量的车载能源系统的潜在危险（挤压爆炸、短路起火、电解液泄漏等）；

第三，高电压系统带来的潜在触电伤害；

第四，由于与传统车差异造成的操作、使用、避让等常规使用可能造成的危险。

为了避免电动汽车这些潜在伤害和危险的发生，电动汽车的设计开发及生产技术人员不断努力从主动安全、被动安全等方面入手进行电动汽车的研发与试制。主动安全方面采取的主要措施是：增加高压电系统的安全警示图标与高等级绝缘防护、操纵件及图标的重新设计、绝缘电阻报警系统、电池管理系统、功能安全设置等。被动安全方面采取的主要措施是：高压电系统自动降压与切断系统、动力电池的保护装置、结构安全的匹配计算等。

电动汽车主要的安全问题及其应对方法主要从整车主被动安全、动力电池系统安全、充电系统安全三个方面展开。整车方面高电压系统的主动安全包含动力电池与整车的绝缘问题、特殊的功能安全问题、高压电力系统对人体的潜在电击伤害；被动安全为电动汽车在碰撞后电力系统的危害评价。

一般情况下，可通过物理隔离方法，如绝缘线缆、绝缘外壳或其他可防止直接接触高压线路等防护措施进行隔离，但是在特殊情况下（例如车辆碰撞）这种保护作用会弱化，因此必须通过某些方法对电气绝缘性能的下降进行监测，从而采取某种措施来缓解这种弱化作用。从安全角度考虑还有高压电路主动断开、电路主动放电及等电位均衡等方法。

电动汽车的被动安全问题是碰撞后电动汽车中的高压电路和高能量储存系统对乘员及车外乘客的潜在伤害问题。针对此安全问题，国际上出台了相应的标准法规，对电动汽车被动安全进行要求，以确保电动汽车在发生意外时还能保证与传统汽车一样的安全性。

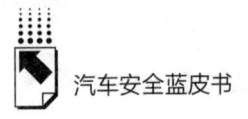
汽车安全蓝皮书

二 国内外电动汽车碰撞后安全标准、法规进展

（一）国际标准

1. ISO 6469 -4《电动汽车安全要求第4部分》（草案）

ISO 6469 标准系列包括四部分，是针对电驱动车辆中的驱动系统和附件系统中 B 级电压电路对车辆内部和外部人员安全保护的规范。ISO 6469 - 4（草案）主要包括车辆碰撞之后的电气安全、电解液泄漏保护的要求和测试方法。本标准没有指定特定的碰撞方法，在使用本标准时按照已有的传统车碰撞法规进行试验。本草案与其他国家同类标准的主要差异在于没有规定碰撞过程中电动汽车储能系统的结构稳定性。

（1）电气安全

主要规定了安全电压限值、绝缘电阻限值、物理防护和电能量限值四部分内容，被测试的 B 级电路至少需要满足其中一条要求。部分 B 级电压的电路在车辆正常运行过程中并不工作或者因为特定的测试方法处于关闭状态，例如未运行的发电机和碰撞试验中关闭的储能装置，这部分电路只需要满足安全电压限值或者绝缘电阻限值要求中的一个即可。

①安全电压限值

按照图1所示的方法测得 B 级电压系统正极与电平台之间 V_2、B 级电压系统负极与电平台之间 V_1、B 级电压正负极之间 V_b 的三个电压值，都不得大于交流 30V 和直流 60V，本标准规定电压值测试在碰撞完成后 60s 内完成。

②绝缘电阻限值

本标准规定当单点失效超过两点时，绝缘电阻限值的规定不再适用，但若失效点之间的电势差满足一定要求仍适用。本标准中特别规定了碰撞试验后如果补充翻转试验，则在翻转试验开始前、过程中和完成后都可以进行绝缘电阻测试。绝缘电阻测试时，按照整车的电路系统直流电路与交流电路是否传导连接，满足两个不同的评价标准：当交、直流电路隔绝时，直流电路

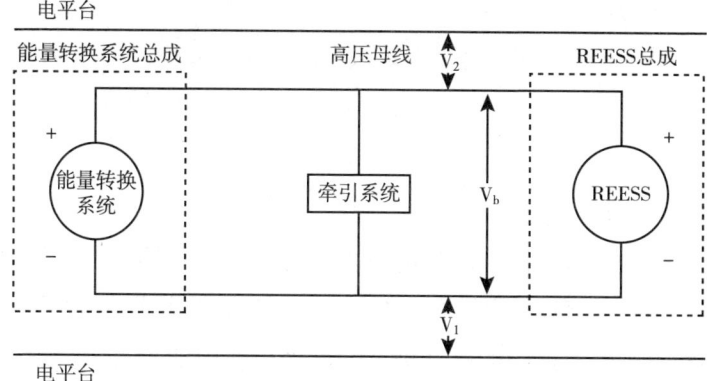

图 1　高压母线电压的测试方法

与电平台之间的绝缘电阻≥100Ω/V，交流电路与电平台之间的绝缘电阻≥500Ω/V；当交、直流电路传导连接时，满足以下三条意见中的任意一条即可：B 级电压的电路与电平台之间的绝缘电阻值≥500Ω/V；B 级电压的电路与电平台之间的绝缘电阻值≥100Ω/V 且满足物理防护的要求；B 级电压的电路与电平台之间的绝缘电阻值≥100Ω/V 且交流电压最大值满足安全电压限值的要求。

③物理防护要求

物理防护要求是保护人员在直接接触 B 级电路带电部件时，提供 IPXXB 的防护，任何暴露的导电部件与电平台之间的电阻值在指定的测试条件下小于 0.1Ω，短路保护功能要切断短路条件下的大电流，物理防护要求的测试在翻转试验开始前、过程中和完成后都可以进行。

④电能量限值

在碰撞完成后 60s 内，相电压之间的 X 电容和相电压与电平台之间的 Y 电容存储的电量满足 0.2J 限值的要求，本标准通过规定电容电量和电压限值来保护乘员安全。

（2）电解液泄漏

碰撞完成后 30min 以内，首先电解液不得泄漏到乘员室之内，其次泄漏到乘员室之外的电解液体积不超过 5L。

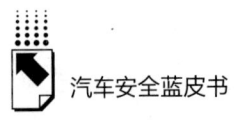

(3) 测试方法

本标准草案没有提出具体的电动汽车碰撞测试方法，参考各国现有的对传统车正面碰撞、侧面碰撞、后部碰撞和翻滚试验（若有）的测试方法执行。

①进行碰撞测试前的车辆状态

储能系统电量只要能够满足动力系统的正常运行即可，不规定特定的SOC限值；如果对测试结果没有负面影响，可以允许部分或者所有动力系统处于关闭状态；为了试验的顺利进行，可进行适当的不影响试验的装置变动，包括调整燃油系统以利用适当剂量的燃油进行试验。在碰撞试验完成之后测试电气安全时，需用电路图注明测试点的位置，采用内阻大于 $10M\Omega$ 的电压表测试电压值。

②绝缘电阻测试

在以下两种测试方法中选择一种进行：用直流电压源加载在电路两端，使电路处于正常工作的电压范围内，分别测试图 1 所示的三个电压值，判断 V_1 和 V_2 的大小，再在测试电路与电平台之间连接已知大小的电阻，获得新的电压值，代入指定公式进行计算得到绝缘电阻值，与电路的工作电压相除，得到的数值与规定的限值进行比较，即可判断绝缘电阻是否满足安全要求；用直流电压加载在导电体与电底盘之间，利用欧姆表直接测试电阻值，再除以工作电压，然后与限值进行比较，判断是否满足安全要求。

③物理防护测试

测试前，不采用工具拆除 B 级电压部件周围的结构，剩余的附件都认为是物理防护的一部分，采用测试指测试直接接触条件下是否碰到 B 级电压的电路，必要的条件下还可以使用镜子和内窥镜辅助测试。物理防护测试的另一部分是电势均衡的判断。测量过程中用低于 60V、最小 0.2A 的直流电通过暴露的导电部件到电平台之间，测试得到的电阻值应低于 0.1Ω，测试过程维持 5s。

④测试高压母线的电能量

在碰撞试验之前，与相关电容并联一个开关和已知电阻值的电阻，如

图2所示。试验完成后60s内闭合开关,记录电压和电流大小,通过积分的方法获得电容放电的电能,与限值进行比较,本标准提供了X电容和Y电容电能量的计算公式,根据测试得到的相关参数计算电量,再与限值进行比较。

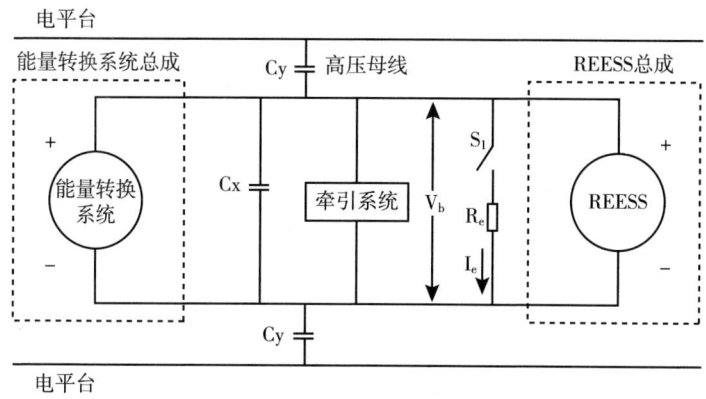

图2 B级电压电路中电容电能测试示意

⑤电解液泄漏的测试

电解液泄漏的测试在碰撞试验前后都要进行,对泄漏液体性质判断的手段可采用目测、石蕊试纸和化学测试。本标准还特别规定,如果厂家没有提供手段来区别电解液与其他可泄漏的液体(如冷却液、制动液等),所有泄漏的液体都按照电解液来对待。

本标准最后提出了要提供相关文档给紧急救援、维护和后续维修人员,以使其了解车辆安全信息和作业过程中的注意事项,但没有提及该文档的具体内容。这与缺乏足够的电动汽车碰撞试验数据和实践经验有关,从这一点上看,欧洲尚未对电动汽车发生碰撞事故后的紧急响应办法形成统一的标准文件,目前尚处于研究制定阶段。

2. SAE J1766-2014《电动和混合电动汽车电池系统碰撞完整性试验推荐规程》

本标准规定了按照美国联邦机动车安全法规(FMVSS)进行碰撞测试

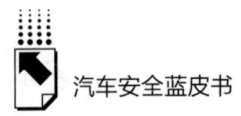

评价高压系统安全性的方法，着重规定了电解液泄漏、电驱动系统部件的结构稳定性和碰撞后电气安全三部分要求，为车辆设计者提供纯电动、燃料电池和混合动力汽车推荐性安全要求。适用车型的高压母线电压范围为直流 60～1500V 或交流 30～1000V，车辆总重不超过 4.536t 并且在 1.6km 的道路上能够加速超过 40km/h。

(1) 碰撞测试规范

本标准规定了正面碰撞、侧面碰撞、后部碰撞和静态翻滚测试的测试方法和要求。正面碰撞车辆以不超过 48km/h 的速度撞击与行驶方向垂直或者不超过 30°偏转角的壁障；侧面碰撞移动壁障的最高速度不超过 54km/h，移动壁障和假人满足美国联邦法规第 49 部分的相关要求；后部碰撞试验中移动壁障的最高速度不超过 80km/h；静态翻转试验在上述三个试验结束之后进行，国内尚未提出静态翻转试验要求，这里对试验方法进行说明：碰撞后车辆保持水平，车辆匀速依次绕车辆的轴线旋转至 90°、180°和 270°，每 90°之间旋转的时间为 1～3min，每旋转 90°，保持车辆状态 5min。

本标准对试验前车辆的准备也进行了详细的规定：在碰撞试验开始之前，能量存储和转换装置与车辆驱动系统连接好，车辆点火装置处于"on"状态；可外接充电的车辆储能系统的电量按照厂家规定补充到上限或者至少 95%（厂家没有指导值时），不可外接充电的车辆在能够正常运行的电量范围内均可进行试验；驻车制动系统在进行碰撞试验时松开，进行静态翻滚试验时闭合；变速系统处于空挡、胎压处于厂家规定的范围；车辆负载按照类型的不同分别进行了规定：乘用车负载为额定的货物重量加上必需的测试假人；多功能乘用车、载货汽车或者客车负载为必需的假人加上额定货物或者 136kg 配重二者中较轻的作为货物配重固定在行李舱内。

(2) 碰撞后安全要求

与国内外主要的碰撞后安全标准和法规一样，SAE J1766 对电动车碰撞后的电解液泄漏、重要部件的结构稳定性和电气安全三部分提出了详细要求。

电解液泄漏：在碰撞试验和静态翻滚试验完成后 30min 内，电解液泄漏总量不超过5L且没有电解液进入乘员舱,采用目测、石蕊试纸和化学检测等手段确认液体的成分,冷却液等其他液体需要区分出来,不计入电解液的体积。

重要部件的结构稳定性:储能系统至少通过一个结构件与车架相连且乘员舱外的储能装置不得进入乘员舱内。

电气安全:对指定部位的三个电压测试及其限值与其他标准一致;标准对绝缘电阻的限值规定与中国国家标准类似,对直流高压母线和交流高压母线规定了不同的限值,并对高压母线上的电能量设定了0.2J的上限值。标准的附件对电压、电能量等测试方法进行了详细说明,并且解释了0.2J安全电能量限值的由来,有助于标准使用者更好地理解标准的设定。

本标准的一个特色是对电动汽车进行碰撞试验的车辆准备和测试规范进行了详细的说明,规定了测试速度、负载、假人的选择和固定等重要内容,便于标准执行时不同的操作者理解和执行标准的一致性,是区别于ISO 6469-4(草案)、GB/T 电动汽车碰撞后安全要求的重要内容。

(二)国际法规

1. 联合国欧洲经济委员会汽车法规

(1) ECE R12《关于就碰撞中防止转向装置伤害驾驶员方面批准车辆的统一规定》

本法规规定了在正面碰撞试验中,转向机构、与电传动系相连的高压系统和部件对乘员的保护要求,适用车型为 M_1 类载客车辆和最大质量不超过1.5t 的载货汽车。本法规单独对电力传动系的安全进行规定,主要包括三点要求,这三点要求与国际上主要的安全法规基本一致。

电气安全共有四点要求,包括电压限值(交流30V 或直流60V)、高压母线低电能限值(2J 高于其他法规0.2J 的限值)、物理防护要求和绝缘电阻(绝缘电阻测试根据交流电路和直流电路是否有电气连接测试方法不同)。这四条规定与国际上碰撞后电气安全要求一致。在进行试验时,按照

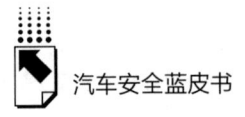

是否搭载自动断开装置断开高压系统、是否发生单点失效、动力蓄电池包是否带电等情况，对相应条款进行豁免。

电解液泄漏：电解液不得泄漏到电动汽车乘员舱内，乘员舱外的电解液泄漏不超过总量的7%或者总泄漏体积不超过5L。

动力蓄电池包的结构稳定性：乘员舱内的动力蓄电池包在碰撞试验后固定在原来的结构边界范围内，乘员舱外的动力蓄电池包结构件不得进入乘员舱内威胁乘员的人身安全。

本法规对碰撞测试方法进行了详细的规定，主要包括试验场地、碰撞壁障、燃料箱的加注、蓄电池包电量（能满足车辆正常运行即可）、电传动系是否带电试验、是否搭载了高压系统自动断开装置及碰撞试验的车辆速度（48.3~53.1km/h）。

本法规附件规定了电气安全测试和电解液泄漏的测试方法，包括：在开始碰撞试验前，测试高压系统的电压确保在其正常工作范围内；采用电压表测试时测试点的选取与高压断开装置的位置有关；低电能的计算方法；采用测试指测试物理防护要求；绝缘电阻的测试点和计算公式；在判断电解液的泄漏量时，如果厂家没有提供如何区分不同液体的方法，所有从车辆上泄漏的液体都计入电解液的体积；储能系统的结构稳定通过目测来判定。

ECE R12作为转向系统的法规，对高压储能装置的安全性提出了要求，主要的内容与国际主流法规一致，高压系统低电能限值高于其他法规，对电解液泄露不超过7%的规定在实际执行中难以测量，可以直接参照5L的上限执行。

（2）ECE R94《关于就前碰撞中乘员防护方面批准车辆的统一规定》

本法规适用于M_1类载客机动车辆（整备质量大于1t，载客数量小于9人）在进行正面碰撞时乘员防护的要求，对于M_1类电动乘用车，除需要满足常规的乘员碰撞保护的安全要求外，还有专门的章节规定了电力传动系的安全要求及详细的测试方法，因为与ECE R12属于同一法规体系，因此在安全指标、测试方法和符合性检验方法上均一致。

(3) ECE R95《关于就侧碰撞中乘员防护方面批准车辆的统一规定》

本法规适用于 R 点低于 700mm 的 M_1 类载客机动车辆（整备质量大于 1t，载客数量小于 9 人）和 N_1 类载货车辆（整备质量小于 3.5t）在进行正面碰撞时乘员防护的要求。对于 M_1 类、N_1 类电动乘用车，除需要满足常规的乘员碰撞保护的安全要求外，还有专门的章节规定了电力传动系统的安全要求及详细的测试方法，因为与 ECE R12、ECE R95 属于同一法规体系，因此在安全指标、测试方法和符合性检验方法上均一致。

(4) ECE R100《就特殊要求方面批准电动车辆的统一规定》

本法规包括两个部分，规范了 M 类乘用车和 N 类载货汽车的电传动系的安全要求，不包括车辆碰撞后的安全要求，这里不进行介绍；第二部分详细规定了 M 类乘用车和 N 类载货车的动力蓄电池包在振动、热循环冲击、机械碰撞、防火性能、外部短路保护、过放电保护、过热保护及污染物排放等方面的安全要求。仅介绍与电动汽车碰撞后安全相关的机械碰撞要求和测试方法。

ECE R100 对可充电储能系统的机械碰撞要求进行试验时，满足整车试验或者储能系统试验中的一个即可认为通过试验，试验分机械冲击和机械完整性两部分进行。

机械冲击的整车试验方法直接按照 ECE R12、ECE R94 和 ECE R95 的相关条款进行，若只进行储能系统部件的机械冲击试验，可选择动力蓄电池包整体或者模组进行试验，采用模组进行试验时需要说明模组能够代表动力蓄电池包系统进行试验的依据，试验按照图 3 所示的时间与加速度的关系进行，试验的冲击加速度位于灰色条形区域内，图 3 中的 8 个点分别对应时间、横向和纵向加速度值。按照 $M_1 \sim M_3$ 类乘用车和 $N_1 \sim N_3$ 类载货车给出了三张表格，分别制定了 8 个点的试验值，表 1 列举了 M_1 类和 N_1 类车辆的试验值。

试验结束后应不发生起火、爆炸、电解液泄漏值不超过 7% 或者 5L、动力蓄电池包固定在原有的边界区域内、满足对绝缘电阻和物理防护的要求。

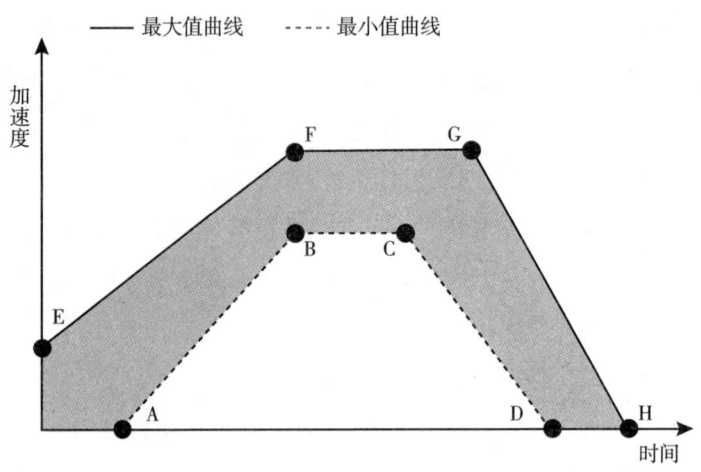

图 3　机械冲击脉冲示意

表 1　M_1 类和 N_1 类车辆试验值

单位：ms，g

点	时间	加速度值	
		纵向	横向
A	20	0	0
B	50	20	8
C	65	20	8
D	100	0	0
E	0	10	4.5
F	50	28	15
G	80	28	15
H	120	0	0

机械完整性方面，可选择整车或者储能系统部件进行试验，储能系统部件可选择动力蓄电池包整体或者模组进行试验，采用模组进行试验时需要说明模组能够代表动力蓄电池包进行试验的依据。整车的机械完整性包括动态试验和特殊部件试验，试验方法可参考 ECE R12、ECE R94 和 ECE R95 的相关条款进行，或者根据法规指定的加速度进行冲击试验。采用动力蓄电池包进行试验时冲击加速度按照法规制定的数值进行，试验完成后应不发生起

火、爆炸、电解液泄漏值不超过 7% 或者 5L，动力蓄电池包固定在原有的边界区域内，满足对绝缘电阻和物理防护的要求。

本法规不是专门针对电动汽车碰撞安全的法规，但是涵盖了碰撞安全的主要部分，除此之外对电池包的防火性能、外部短路保护、过放电保护等的要求是厂家设计动力蓄电池包时必须满足的，这有利于提高整车碰撞后的安全性。

2. 美国联邦机动车安全法规

FMVSS 305《电动汽车电解液泄漏和电击防护要求》与 SAE J1766 联合使用，作为美国规范电动汽车碰撞后安全要求的主要标准法规。本法规在车辆类别、安全要求的三部分（电解液泄漏、电驱动系统部件的结构稳定性和碰撞后电气安全）和测试方法等方面的规定与 SAE J1766 基本一致，下面仅对重要的差异部分进行说明。

（1）本法规对电气安全要求的部分没有规定高压母线上电能量的限值。

（2）本法规中提出了绝缘电阻监测系统这一功能，该项功能能够持续监测直流系统的绝缘电阻值并且向驾驶员显示绝缘电阻低于限值的报警。绝缘电阻的限值在没有监测功能的情况下交、直流高压电路与电平台之间的绝缘电阻值 $\geqslant 500\Omega/V$；在有持续的绝缘监测功能的情况下，直流高压电路与电平台之间的绝缘电阻值满足 $100\Omega/V$ 即可。

（3）本法规规定了在每次碰撞试验之前都要进行绝缘监测功能的测试，以确保该项功能正常工作。具体测试方法为调试车辆在正常的工作状态，按照法规规定方法测得高压系统与电平台之间的绝缘电阻值，用这个绝缘电阻值按照公式计算得到一个电阻值，将该电阻值的电阻连接到高压储能系统正极和电平台之间，此时绝缘监测系统应向驾驶员报警，提示绝缘电阻低于规定值，存在电击危险。

本法规对 SAE J1766 进行了补充，当车辆搭载了绝缘电阻监测装置时，高压直流系统对电平台的绝缘电阻值可适当降低，同时提出了检测装置正常工作的方法，对新型技术的应用进行了规范，完善了法规规定和要求的范畴。

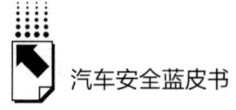

3. 日本法规

Attachment 111《碰撞后电动车和混合动力电动车乘员高压保护技术法规》规定的对象是纯电动汽车和混合动力汽车上的传动系和驱动电池系统，在正面碰撞、正面偏置碰撞、侧面碰撞、后部碰撞之后电解液泄漏、动力蓄电池包结构稳定性和电气安全防护三部分要求。

该法规规定在进行碰撞试验时，参照现有的传统车型执行碰撞测试的方法，但详细说明了现有法规中不适用于电动汽车碰撞试验的条例，并指出了调整的建议，使得法规执行者在进行试验时保证方法的准确性和一致性。另外，法规针对不同的试验车型，将碰撞测试时的加速度分别规定为从5g到20g不等。在上面提到的碰撞测试方法的基础上，法规附件中进一步细化了碰撞测试前的车辆准备、测试车速、壁障的设置等要求，是各国法规中对碰撞方法规定最为详细的一个。

在规定电解液泄漏时，本法规提出了泄漏量在碰撞试验完成之后1h内不超过电解液总量7%的规定，该条规定在具体执行时难以衡量，相比较而言，提出电解液泄漏的体积更利于判定的准确性。本法规对动力蓄电池包的结构稳定性的要求与其他法规一致。

（三）中国现有相关标准

目前中国尚没有正式发布专门针对电动汽车整车碰撞后安全要求的独立标准，只在部分已有的标准中提及了电池单体、模块和系统的安全要求，通过保证电池单体、模块和系统在挤压、穿刺、跌落和外部短路等极端条件下不爆炸、不起火，保证电池储能系统层面具有应对碰撞条件下的安全基础；另外部分标准也规定了电动车整车在发生意外情况下动力蓄电池包释放有害物质的限度、动力蓄电池包的过流和短路保护功能、储能系统的结构稳定性及高压系统绝缘电阻限值及其测试方法，这些标准从电池系统和整车的两个层面规定了与电动汽车碰撞安全相关的内容，可以被看成正在报批的电动汽车碰撞后安全要求国家标准的基础和前期积累。目前，中国已正式发布的与电动汽车碰撞后安全相关的标准条例有 GB/T 18384.1 - 2001《电动汽车安全要求第 1 部分：车载储能装置》和 GB/T 19751-2005《混合动力电动汽车安全要求》。

1. GB/T 18384.1-2001《电动汽车安全要求第1部分：车载储能装置》

GB/T 18384.1-2001 标准目前已有修订版本正在进行报批，规定了电动汽车驱动系统车载储能装置的安全要求，本标准中与电动汽车碰撞后安全相关的条例有以下内容。

（1）对动力蓄电池包的绝缘电阻测试方法和安全限值进行了规定，在动力蓄电池包整个生命周期内，根据本标准计算方法得到的绝缘电阻值除以动力蓄电池包的标称电压得到值应大于 $100\Omega/V$。

（2）车辆的动力蓄电池包在发生意外事故或其他故障条件下，应使可能释放出的有害物质的危险降到最低限度，尤其要注意乘客舱，本标准没有提及危险物质的性质和成分，对最低限度也没有提出具体的数值标准，是本条规定不完善之处。

（3）动力蓄电池包应具有过流断开装置，在任何故障情况下断开与动力蓄电池包端子连接的电路，本条规定能够保证在碰撞引起的动力蓄电池包高压系统短路发生时断开连接，保证人员安全。

（4）本标准中专门列出一条，规定了车载储能装置碰撞的特殊要求：在按照国家有关规定进行碰撞试验之后，如果动力蓄电池包安装在乘客舱外，则不能穿入乘客舱；如果动力蓄电池包安装在乘客舱内，由碰撞引起的动力蓄电池包移动应确保乘客的安全；在碰撞试验期间电解液溢出不超过5L，试验期间和结束后均不能有电解液进入乘客舱；动力蓄电池包也不能从车上甩出而威胁第三方安全。

本标准中规定的电解液泄漏、动力蓄电池包结构稳定性和绝缘电阻测试的内容，都是目前国内外碰撞后安全的核心内容。虽然在要求的全面性（电气安全没有规定高压母线电能量限值）、可依据性（提到动力蓄电池包释放有害物质的规定，但没有提及限值和测试方法）等方面不够完善，但仍是国内最早对电动汽车整车提出碰撞安全要求的标准，中国的纯电动汽车碰撞一直按此条款进行。

2. GB/T 19751-2005《混合动力电动汽车安全要求》

本标准主要针对混合动力载客汽车特殊的安全要求，其中与电动汽车碰撞安全相关的内容包括绝缘电阻限值和测试、动力蓄电池包有害物质的释放、短路保护和动力蓄电池包结构稳定性等内容，均借鉴了GB/T 18384.1-2001的内容，本标准出台时间晚于GB/T 18384.1-2001，因此新提出了触电防护要求、电位均衡和翻车时车载储能装置的安全要求，在GB/T 18384.1-2001的基础上进一步完善了电动汽车与碰撞安全相关的内容。

此两项标准都不是电动汽车独立的碰撞标准，只是在电动汽车常规安全要求的其中一项碰撞条款。目前，中国已在此两项标准的基础上参照国际标准法规完成了独立的GB/T XXXX-XXXX电动汽车碰撞后安全要求标准，该标准已经报批，报批后将取代此两项标准中关于碰撞的条款。

三 中国GB/T电动汽车碰撞后安全要求报批稿

根据国际惯例及中国多年来开展电动汽车碰撞试验的实际经验，在参照已有的国外标准和法规的基础上，结合国内已有的电池系统和整车两个层面与电动汽车碰撞安全相关的标准，由中国汽车技术研究中心牵头，联合国内多家主要的汽车生产厂家和科研机构，共同研究制定了电动汽车碰撞后安全要求，目前处于报批阶段，预计2015年内正式发布。

本标准报批稿规定了带有B级电压电路（交流大于30V且小于等于1000V，直流大于60V且小于等于1500V的电压）的纯电动汽车、混合动力汽车正面碰撞、侧面碰撞后的特殊安全要求和试验方法。

1. 技术要求

本标准首先对涉及的术语进行了解释，定义了包括B级电压、高压母线等在内的15个名词，使标准使用者更好地理解标准内容。本标准的技术要求对防触电保护要求、电解液泄漏要求和可充电储能系统要求进行了规定，试验程序规定了对碰撞测试前的车辆准备、碰撞试验和检查试验。标准的附录部分详细介绍了电压、电能、物理防护和绝缘电阻这四个关键的安全保护的测试方法，满足之前提到的安全要求。

防触电保护要求包括电压要求（按要求测得的三个高压母线的电压值不大于交流30V或直流60V）、电能要求（高压母线上的总电能小于0.2J，储存在Y-电容器里的能量也应小于0.2J）、物理防护（碰撞后车辆应有IPXXB级别的保护且所有外露的可导电部件与电平台之间的电阻用大于0.2A的电流进行测量时应低于0.1Ω）和绝缘电阻四点规范。每一条高压母线至少应满足四个条款中的一个，如果碰撞试验在车辆的储能系统与电力系统负载主动断开的情况下进行，车辆的电力系统负载应满足物理防护或绝缘电阻中的一条；储能装置和充电用高压母线应满足四个条款中的一个。其中对于绝缘电阻的测试，首次根据动力系统组成的差异提出了不同的要求：动力系统由独立的直流和交流母线组成时，直流高压母线与电平台之间的绝缘电阻≥100Ω/V，交流母线与电平台之间的绝缘电阻≥500Ω/V；动力系统由连接的直流和交流母线组成时，高压母线与电平台之间的绝缘电阻≥500Ω/V，如果在碰撞之后，所有交流高压母线的保护级别达到IPXXB，或交流电压等于或小于30V，则高压母线与电平台之间的绝缘电阻的最小值应为100Ω/V。通过提出差异性的要求对系统的不同部分进行更为合理的规范。

电解液泄漏要求中首次提出了测试的起始和结束时间，在碰撞结束30min时间内，不应有电解液从储能装置溢出到乘员舱，泄漏量不超过5L。

对储能装置的移动要求与GB/T 19751-2005和GB/T 18384.1-2001的内容基本一致，储能装置应保持在安装位置，不应进入乘员舱。另外，本标准还提出了储能装置的特殊安全要求，即碰撞结束30min内，储能装置不应爆炸、起火。

2. 试验程序

本标准首次对碰撞试验前的车辆准备方法进行了规定，可外接充电的测试车辆进行完全充电，不可外接充电的车辆不规定具体的电量，按正常状态进行试验即可。进行正面碰撞和侧面碰撞的试验车辆的其他状态分别按传统车车辆正面碰撞和侧面碰撞的规定进行准备，试验形式和方法也按照其中相

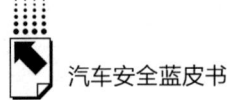

关规定进行。测试高压母线电压、电能量的时间均为碰撞后5~60s,本标准提供了具体的电路图示意测试位置,并按照指定的计算公式计算电能量。物理防护试验时用关节试验试指插入物理防护的任何缺口或开口,通过查看测试试指是否接触到规定位置下的高压母线来判定是否达到物理防护的要求。绝缘电阻的测试方法与国内外标准中提及的策略基本一致,规定了有源高压电路和无源高压电路(负载)对电底盘的不同测量方法,更细致,更具有可操作性。

GB/T XXXX-XXXX电动汽车碰撞后安全要求是国内首个规范电动汽车碰撞安全的标准,与国外标准保持同步,正式发布之后将使得电动汽车碰撞安全有据可依。生产厂家能够有针对性地提高碰撞安全设计,提高车辆在意外情况下的安全性,有利于提高消费者选择电动汽车的信心,推动电动汽车的平稳快速发展。

技术研究篇

Technology Survey Report

B.11
汽车安全带技术发展状况

摘　要： 安全带是保障汽车安全最重要的安全配置之一。汽车安全系统的智能化、主动安全技术与被动安全技术的结合是未来发展的趋势，安全带技术也顺应该趋势发展。同时，安全带系统各项参数的相互匹配及安全带舒适性的改善是安全带研发与制造的另一个重要发展趋势。在此基础上，双级限力式安全带、预警预紧限力式安全带、气囊式安全带及四点式安全带将成为企业产品研发的重点方向。

关键词： 汽车安全带　限力式安全带　四点式安全带

一 构造与原理概述

（一）基本构造

根据安全带织带位置的不同，可将安全带分为肩带式安全带和腰带式安全带；根据安全带固定方式的不同，可将安全带分为两点式安全带、三点式安全带和四点式安全带；根据安全带功能划分的不同，可将安全带分为普通安全带、限力式安全带、预紧限力式安全带和功能更高级的安全带。随着汽车安全技术的发展，汽车将会安装功能多元化的安全带，为驾乘人员提供更高的安全性及舒适性。

在汽车上最常见的是三点式安全带，由安全带织带、卷收器、锁扣和功能器件组成。其中，卷收器用来收纳安全带织带；安全带锁扣一般固定在座椅上，一旦安全带的锁舌插入锁扣，即系好安全带；功能器件包括卷收器、预紧器、限力器等，加装后可使安全带具备特定的功能，一般可根据功能要求选配。

（二）工作原理

在典型的安全带系统中，安全带的一端与卷收器内的卷轴相连。在卷收器内部，一根弹簧为卷轴提供旋转作用力（或扭矩），它会旋转卷轴以便收回松弛的安全带。当拉出安全带时，卷轴将逆时针旋转，并使相连的弹簧也沿相同方向旋转。由于弹簧想要恢复原状，它会抗拒这一扭转运动。此时，如果松开安全带，弹簧将收紧，并顺时针旋转卷轴，直至使安全带松弛的部分织带收回。此外，卷收器还有一个锁止机构，可在汽车发生碰撞时停止卷轴的旋转。

理想的安全带作用过程是当碰撞事故发生时，快速收紧安全带，迅速将驾乘人员约束在座椅上；然后在安全带限力器作用下（此时驾乘人员已经受到安全气囊的保护），适当放松安全带，以避免安全带张力过大导致驾乘人员胸部等部位受到伤害。

普通安全带主要是通过特定的传感器来感应车体速度或加速度，根据车体速度或加速度控制卷收器的锁止机构，完成锁止动作。普通安全带对驾乘人员的约束作用较强，但可能会对驾乘人员胸部、颈部等部位造成伤害。目前由于价格优势，普通安全带仍在低端车型上装备使用。

限力式安全带可将安全带的肩带力控制在一定范围内，有效地降低对胸部等部位的伤害。限力式安全带在中低端车型尤其是后排乘员使用的安全带中较为常见。

预紧限力式安全带是在限力式安全带的基础上增加预紧器。当碰撞事故发生时，电子控制单元（ECU）发出预紧信号，立即收紧安全带，将驾乘人员约束在座椅上；随后限力器发生作用，适当放松驾乘人员，有效地保护驾乘人员的安全，目前广泛应用于中高端车型上。

二 核心零部件及技术

安全带的核心零部件主要包括卷收器、限力器和预紧器。

（一）卷收器

卷收器（见图1）主要用来收纳安全带织带，并有锁止功能。

卷收器的核心元件是卷轴，与安全带的一端相连。卷收器中有限位装置，简单来说就是一种锁止机构。常见的锁止方式有汽车运动触发和安全带运动触发两种。

第一种以车体速度或者加速度为触发条件。当车辆突然制动减速时，卷收器发生锁止，安全带的织带不再向外伸出。其工作原理是在卷收器内部设有一个类似钟摆的元件，当车辆的运动情况发生突然变化时，钟摆元件的惯性发生变化而向前摆动，带动与其连接的卡榫与卷收器卷轴的棘轮紧密咬合，从而达到锁止的目的。

图1 安全带卷收器

第二种以安全带的运动为触发条件。当安全带的运动速度超过一定速度时，卷收器发生锁止，安全带的织带不再向外伸出。其工作原理类似于离合器，通过卷轴高速转动的离心力来激活棘爪，最终与卷轴的棘轮咬合。汽车上较为常见的安全带都是这种类型。当驾乘人员缓慢拉动安全带时，安全带可以自由地从卷收器内拉出。当驾乘人员快速拉动安全带时，安全带会卡死，不能从卷收器内拉出，此时卷收器处于锁止状态。

（二）限力器

常见的限力器是在普通安全带卷收器中安装一根限力杆，通过限力杆扭曲变形限制安全带织带力的增长，保持驾乘人员比较平缓地向前运动（见图2）。限力器的核心零部件主要包括安全带总成、卷收器轴、安全带织带和扭力杆。

一般来说，限力式安全带的肩带力比普通安全带的肩带力小，并且能够控制在某个恒定力范围内，从而减少因安全带肩带力过大而引起的胸部等部位的伤害。

（三）预紧器

根据对安全带预紧部位的不同，可以将预紧器分为肩带预紧、安全带锁扣预紧和安全带下固定点（锚点）预紧。

肩带预紧是指预紧器与卷收器结合在一起，也被称为卷收器预紧（见图3）。

图2　安全带限力器

图3　卷收器预紧

卷收器预紧在预紧过程中，首先对肩带起作用，减小安全带肩带部分与驾乘人员之间的间隙，收紧安全带。

安全带锁扣预紧是指预紧器与安全带锁扣结合在一起，也被称为锁扣预紧器（见图4）。由于锁扣同时连接安全带的肩带部分和腰带部分，当锁扣预紧器发生动作后，可以同时收回肩带部分和腰带部分与驾乘人员的松弛量，减小安全带与驾乘人员之间的间隙。

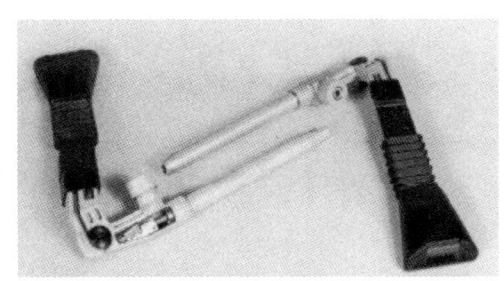

图4　锁扣预紧

安全带下固定点（锚点）预紧是指预紧器与安全带下固定点结合在一起，也被称为下固定点预紧。当下固定点预紧发生动作后，主要收回腰带部分的松弛量，减小安全带与驾乘人员之间的间隙。

1. 预紧卷收器

预紧卷收器包括机械式预紧器和火药式预紧器两种类型。机械式预紧器由于结构复杂，所需安装空间较大，目前应用并不广泛。火药式预紧器内装有火药，火药燃烧后产生高压气体，高压气体可以驱动安全带卷轴向回收紧。其工作原理是将化学能转化为动能，具有结构紧凑、体积小巧及质量轻等优点。此外，由于价格相对便宜，火药式预紧器应用较为广泛。

火药式预紧器包括多种结构，最常见的是钢珠式预紧器（见图5）。

钢珠式预紧器的工作原理是当碰撞事故发生时，安全气囊ECU发出预紧点火信号，预紧器内的火药发生器燃烧产生高压气体，高压气体推动钢珠滚动带动齿轮，从而使得安全带卷轴向回收紧，安全带卷轴带动安全带回收，实现预紧功能。

2. 锁扣预紧器

与预紧卷收器类似，锁扣预紧器常见的也是火药式预紧器（见图6）。

图5 钢珠式预紧器

注：1，安全带总成；2，火药发生器；3，钢珠；4，齿轮；5，卷轴；6，钢珠储存保持器。

图6 锁扣预紧器

锁扣预紧器的工作原理是当碰撞事故发生时，安全气囊ECU发出预紧点火信号，预紧器内的火药燃烧产生高压气体，高压气体推动活塞（见图7）运动，带动钢丝收紧，从而使得锁扣向下运动实现预紧功能。

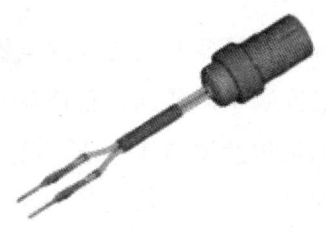

图7 锁扣预紧器活塞

三 技术发展趋势

安全带是保障汽车安全最重要的安全配置之一。汽车安全系统的智能化、主动安全技术与被动安全技术的结合是未来发展的趋势，安全带技术也顺应该趋势发展。

此外，汽车安全系统的设计既要满足安全性的要求，又要满足舒适性的要求。提高安全带的舒适性，就有望提高安全带的佩戴率，从而有效保障驾乘人员乘车的安全性，降低事故伤亡率。因此，主动安全技术的融入、安全带系统各项参数的相互匹配及安全带舒适性的改善是安全带研发与制造的另一个重要发展趋势。

目前，安全带生产企业已经研发出一些融合新技术的安全带系统。

（一）双级限力式安全带

普通限力式安全带的限力等级一般只有一个阶段，并且安全带限力维持在一个水平上。双级限力式安全带的限力等级则分为两个阶段。安全带作用的初期为高限力等级，一旦驾乘人员和安全气囊接触，则自动转变为低限力等级。采用此种安全带可以有效降低驾乘人员的头部、胸部等部位的伤害。

双级限力式安全带的设计原理有两种：一种是卷收器中装有两根扭力杆，在不同阶段两根扭力杆分别作用，将安全带限力保持在不同的水平；另一种是卷收器中只有一根扭力杆，通过扭力杆带动可变形的圆盘来实现两种限力值的转换。

（二）预警预紧限力式安全带

预警预紧限力式安全带是在预紧限力式安全带的基础上增加了预卷电机系统。在汽车遇到危险或驾驶员疲劳时，预卷电机系统通过将织带的松弛部分迅速卷收，给驾驶员提示预警信息，以提高初期的保护性。其工作原理是通过雷达装置感应车辆与前车的间距，如果间距小于某一设定值，ECU发出信号控制预卷电机系统运动，消除安全带与驾驶员之间的间隙，并且提醒驾驶员做出紧急制动或者应急处理。

（三）气囊式安全带

气囊式安全带应用范围较广，是安全带和安全气囊技术的融合，兼顾人体承受性的约束方法，可对骨骼坚硬的部位进行约束，如胸部、腰部和肩部等，也能对正面碰撞、侧面碰撞等多样化事故进行高效的保护。

美国福特汽车公司发布的某款气囊式安全带（见图8），当汽车遇到危险时，安全带肩带部分会在40ms内膨胀成气囊状，其缓解冲击力的效果是传统安全带的5倍。该装置将给后排乘员带来全方位的保护，一是其较大的面积可以有效地降低头部、颈部等部位的晃动；二是气囊膨胀时具备一定的弹性，能减少事故中后排乘员出现肋骨骨折、内脏器官受损和淤伤等现象。

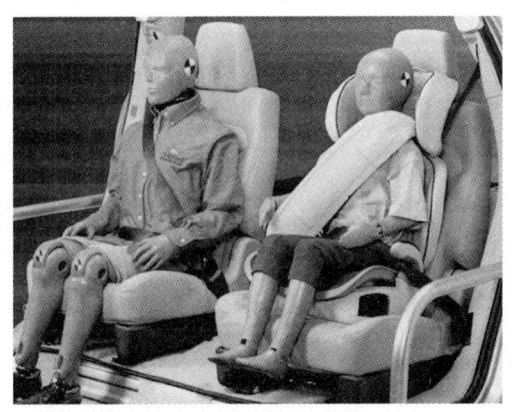

图8 气囊式安全带

（四）四点式安全带

与三点式安全带相比，四点式安全带（见图9）对驾乘人员有更多的约束保护。

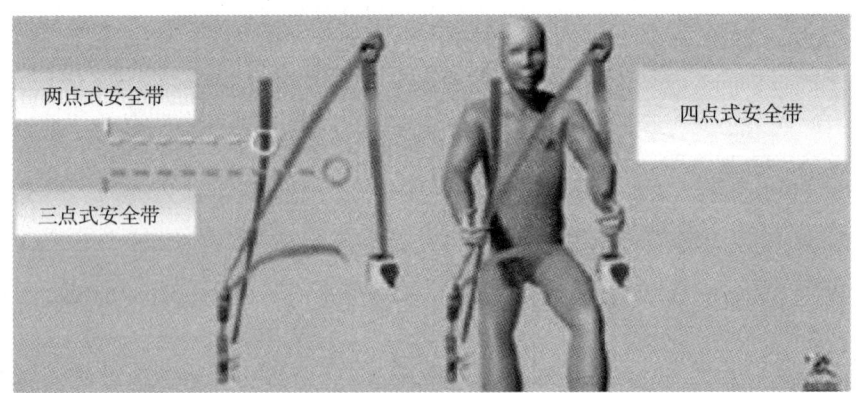

图9 四点式安全带

四点式安全带使驾乘人员的两个肩膀同时固定，将驾乘人员牢牢地固定在座椅上。在发生强烈碰撞时，能更大程度地约束驾乘人员上半身的位移。此外，与三点式安全带相比，四点式安全带能更大程度地降低驾乘人员的颈部伤害。目前，四点式安全带主要应用在赛车上。

B.12 汽车安全气囊技术发展状况

摘　要： 安全气囊是安全气囊系统的辅助保护设备，安全气囊的使用明显提高了汽车的被动安全性。随着科技的发展和人们对汽车安全重视程度的提高，外置智能化安全气囊、新材料的应用及设计方面的改进都将成为未来安全气囊发展的必然趋势。

关键词： 安全气囊　汽车　被动安全性

一　构造与原理概述

（一）基本构造

根据碰撞类型的不同，可将安全气囊分为正面碰撞保护安全气囊和侧面碰撞保护安全气囊。在正面碰撞中，对驾乘人员进行保护的安全气囊有驾驶员安全气囊（DAB）、乘员安全气囊（PAB）和膝部安全气囊（KAB）等；在侧面碰撞及翻滚中，对驾乘人员进行保护的安全气囊有安装于座椅靠背上的侧面安全气囊（SAB）和侧面安全气帘（CAB）等。根据保护区域的不同，可将侧面安全气囊分为头胸式侧面安全气囊、胸式侧面安全气囊和胸臀式侧面安全气囊3种类型。

（二）工作原理

当汽车发生正面碰撞时，安全气囊控制系统检测到冲击力超过设定值时，安全气囊 ECU 立即接通充气元件中的电爆管电路，点燃电爆管内的点火介质，引燃点火药粉和气体发生剂，产生大量气体，短时间内迅速给安全气囊充气，冲破安全气囊饰盖，使安全气囊急剧膨胀，介于驾乘人员和车内的内饰件之间，以缓冲驾乘人员的动能，降低驾乘人员的头部、颈部、胸部等部位的伤害。

二 核心零部件及技术

驾驶员安全气囊用于汽车发生正面碰撞时，对驾驶员身体、颈部和胸部等部位进行保护。

乘员安全气囊安装于汽车副驾驶一侧，由气体发生器、撑圈、模块支架和袋体等部件组成。

膝部安全气囊安装于仪表板下部，由气袋总成、模块支架总成、发生器连支架总成、饰盖和线束总成等部件组成。当汽车发生正面碰撞时，可以降低驾乘人员的膝部、小腿等部位的伤害。

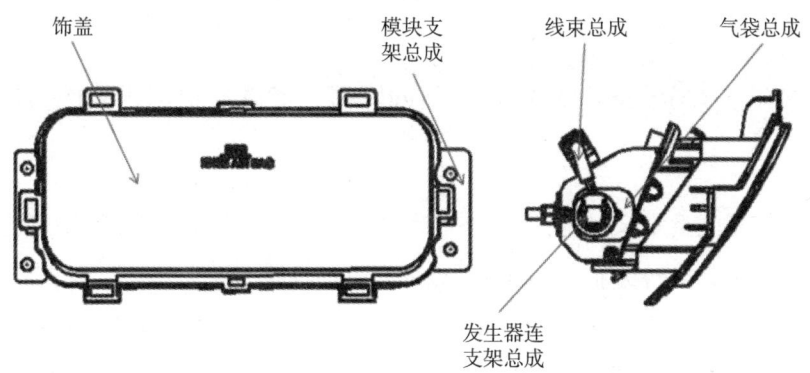

图 1 膝部安全气囊核心零部件

侧面安全气囊安装于座椅车外侧靠背的骨架上，由折叠成型的气袋、气体发生器、金属支架、线束和紧固件等部件组成。

侧面安全气帘由气袋总成、气袋固定片、发生器支架、发生器连导气管、拉带、拉带固定片和紧固件等部件组成。安装于车辆侧面的顶棚内气袋，由高强度硅涂层尼龙布经过周边缝制而成，折叠后由发生器连导气管与发生器相连。侧面安全气帘主要用于对驾乘人员的头部进行保护，所以安全气囊的保护区域是根据各车型的侧面结构而量身定制的。一般安全气囊展开后要确保不同位置、不同体型的驾乘人员的头部得到有效的保护。

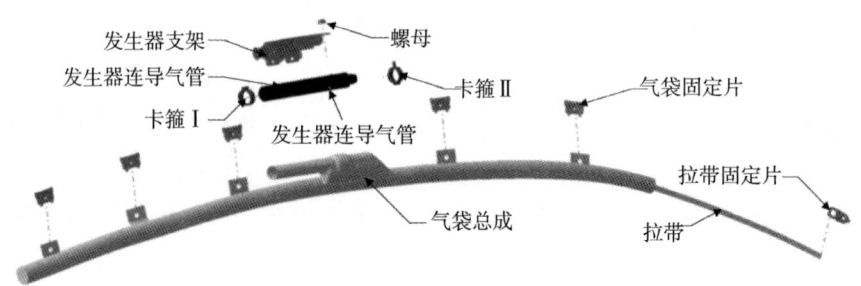

图2　侧面安全气帘核心零部件

三　技术发展趋势

（一）安全气囊气袋的设计将向轻薄、柔软、更易折叠的方向发展

对于驾驶员安全气囊、乘员安全气囊和侧面安全气囊，其面料的涂层重量将逐渐下降或转为非涂层面料，以提高可折叠性，安全气囊布的丹尼数也从高丹尼逐渐下降，有利于减轻安全气囊的重量，同时进一步保证安全气囊的操作性及环保性。对于一些特殊位置使用的面料，将不再通过提高涂层重量来达到隔热效果，而是通过涂层技术和涂层胶料的革新来达到隔热效果。

（二）安全气囊新材料将得以应用

在新材料应用上，短期内仍以聚酰胺（锦纶）纤维和有机硅胶为主。

为了降低成本,其他高性能纱材(如聚酯、涤纶纤维)的开发也是目前各企业的研究方向。

(三)外置安全气囊可能成为流行趋势,但目前还不能得到具体应用

传统的安全气囊通常位于方向盘内或副驾驶手套箱上部。然而美国谷歌公司最近申请了汽车外置安全气囊的相关专利,使得外置安全气囊也可能成为未来的发展趋势。

根据该专利的描述,当传感器探测到碰撞临近时,安装于汽车外部(如保险杠)的安全气囊会迅速充气弹出,以减少事故双方(尤其是行人)所受到的伤害。而为了避免安全气囊在弹开时的冲击力对行人造成二次伤害,美国谷歌公司将使用黏弹性材料来制造安全气囊,使用这种物质生产的安全气囊在弹出时速度会放缓,有助于避免安全气囊本身的冲击力给行人造成二次伤害。其实,沃尔沃汽车集团在汽车发动机盖内隐藏的行人保护安全气囊和美国谷歌公司的安全气囊作用类似,弹出后将覆盖在挡风玻璃和A柱的下部。其中挡风玻璃将会有33%的面积被覆盖,能够有效地保护行人的头部安全。沃尔沃汽车集团的行人保护安全气囊只有在车速处于20~50km/h且前方传感器探测到前方100m左右有行人时,才会发挥作用。

图3 沃尔沃汽车集团V40的行人保护安全气囊

四 代表产品分析

锦州锦恒汽车安全系统有限公司（以下简称"锦恒公司"）成立于1997年，是目前国内自主品牌汽车安全气囊和安全带的领军企业，产品包括安全带、安全气囊、安全气囊ECU、气体发生器等。锦恒公司不仅为大多数自主品牌车企配套生产安全带、安全气囊等产品，而且与众多跨国车企建立了战略合作关系。

锦恒公司是国内最早（2001年）建立整车碰撞实验室和安全气囊零部件实验室的汽车约束系统生产企业。2006年完成加速度滑台实验室建设并投入使用，是国内较早引进加速度滑台用于安全系统匹配优化的企业。锦恒公司拥有全系列测试用假人及依据NHTSA－49－CFR－PART－572部分的全套假人标定设备，包括假人头部标定、颈部标定、胸部标定、膝部标定、臀部标定、足部标定、躯干拉伸和肋骨标定等。

锦恒公司具备完整的用于安全气囊ECU开发测试的道路试验场地，能够把零部件仿真、系统仿真技术与物理试验有机地结合起来，为整车在零部件、系统方面提供高效的技术支持。

在产品结构上，锦恒公司除了不断加大被动安全领域研发投入以外，也积极向主动安全领域拓展，早在2007年就开始了汽车主动安全技术的开发。目前，在主动安全领域的项目和产品主要包括基于视觉技术的车道偏离预警系统（LDW）、前方碰撞预警系统（FCW）、360度全景泊车辅助系统、胎压监测系统（TPMS）及与国外合作开发的电子稳定性控制系统（ESC）和防抱死制动系统（ABS）项目，这些项目大多已陆续量产。

（一）产品性能及特点

锦恒公司生产的驾驶员安全气囊，采用平台化设计结构，通用性强，通过卡接方式固定，安装方便，性能可靠，结构紧凑，重量轻。安全气囊模块外形尺寸为164×145×78mm，重量约1.1kg。也可根据顾客要求，设计外形尺寸大小。

锦恒公司生产的乘员安全气囊是按照平台化结构设计的,可以根据整车企业布置要求、性能匹配要求提供不同的解决方案。对于壳体结构,锦恒公司拥有高强度钢板冲压钣金结构、整体深拉伸结构及全塑胶壳体等成熟的平台化技术。

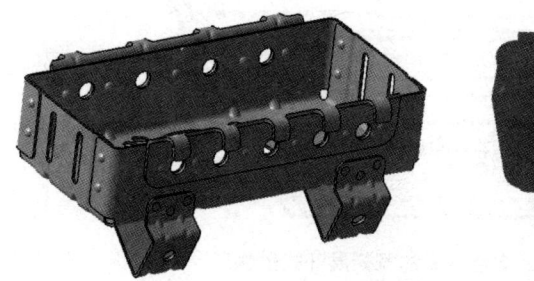

图4 乘员安全气囊不同形式的壳体

乘员安全气囊的气袋由PA66尼龙布料缝制而成,为了避免气袋布料在起爆过程中出现的涨破、撕裂、灼烧孔洞等失效形式的发生,锦恒公司不仅在布料的牌号、规格上严格要求,而且通过对气袋开展一系列独特的保护设计,提升了气袋保护的安全余量。

锦恒公司生产的膝部安全气囊的气袋分为上、中、下3个气室,覆盖整个膝盖及小腿的上部。锦恒公司研发的膝部安全气囊平台对膝部及腿部保护的面积更大,容易匹配,模块重量约为1.55kg。

表1 膝部安全气囊的气袋参数

	规格要求		规格要求
气袋体积	12~20L	气室	2~3个
长度	580~620mm	气袋内部压力	120~180par
宽度	530~570mm	气袋主要材料	无涂层尼龙布470Dtex,尼龙6.6
厚度	90~130mm		

锦恒公司生产的膝部安全气囊的气袋具有独特的设计结构,气袋在展开时呈弧形,弯向仪表板一侧,可以减小对腿部的冲击。

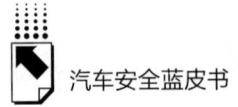

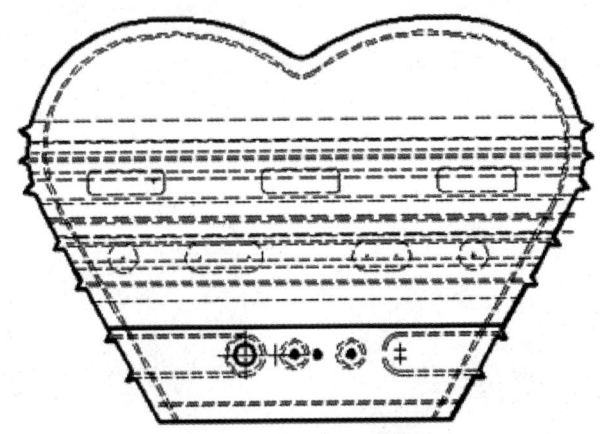

图 5　膝部安全气囊的气袋展开式呈弧形

锦恒公司生产的侧面安全气囊体积紧凑，模块外形尺寸为 200 × 60 × 35mm。包括硬体隐藏式和软体隐藏式两种。气袋体积为 10 ~ 16L，气袋可以设计成单室（腔）结构，适用于烟火式发生器和混合式发生器。

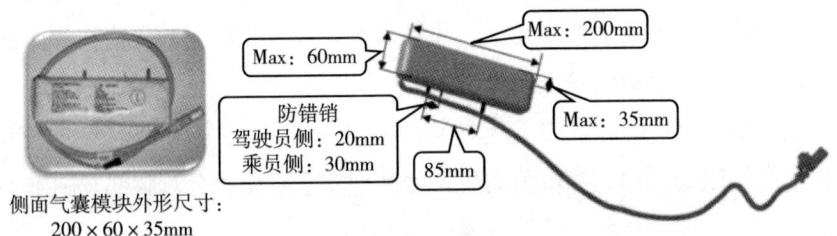

图 6　侧面安全气囊产品参数

锦恒公司生产的侧面安全气帘拥有多项专有技术，气袋体积为 17 ~ 26L，气袋充满后外形尺寸可达 1800 × 400 ×（90 ~ 140）mm。

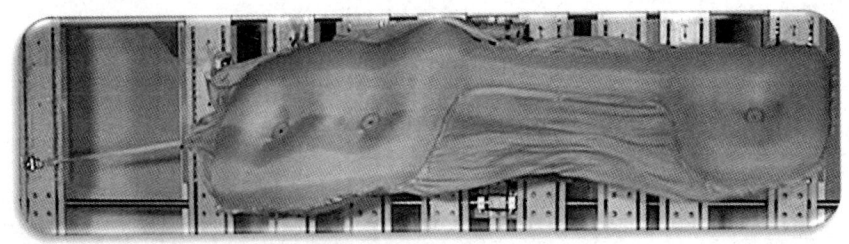

图 7　侧面安全气帘产品

（二）关键技术

电子智能式安全约束系统是基于安全气囊技术发展和市场的需求而提出的。传统的汽车安全气囊无论在何时发生剧烈碰撞，都会弹出气袋对驾乘人员进行保护。对于某些特殊情况来说，安全气囊可能不仅不能发挥对驾乘人员的保护作用，而且可能会对驾乘人员造成不必要的伤害。

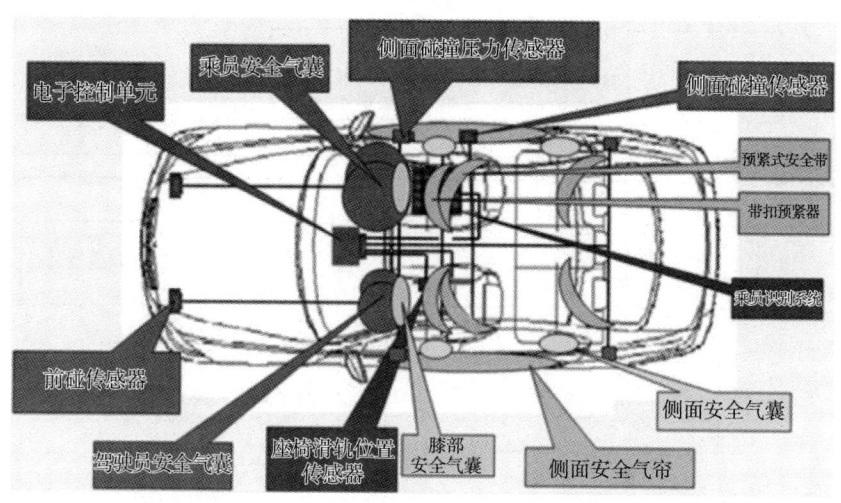

图8　智能式安全约束系统配置

电子智能式安全约束系统比原有的安全气囊更具"智能性"。它通过增加驾驶员位置传感器、乘员识别系统与碰撞传感器来收集汽车碰撞的严重程度、乘员重量、乘员位置和座椅位置等相关碰撞参数。当汽车发生碰撞时，传感器将感应加速度信号传送到ECU，当碰撞信号达到起爆要求，ECU将结合驾驶员座椅滑轨位置传感器和乘员识别系统提供的信号判断并下达不同起爆策略的点火指令。在速度低的碰撞时起爆发生器的1级，在速度高的碰撞时起爆发生器的1级和2级，同时可以调节两级之间的延迟时间，从而获得不同的输出压力。气袋充气展开时，遇到体型较大的乘员或者距离仪表板较远的乘员，则充气速度较快，泄气量较小；反之，如果遇到体型较小的乘员或者距离仪表板较近的乘员，则充气速度较慢，且泄气量较大，实现智能式控制。

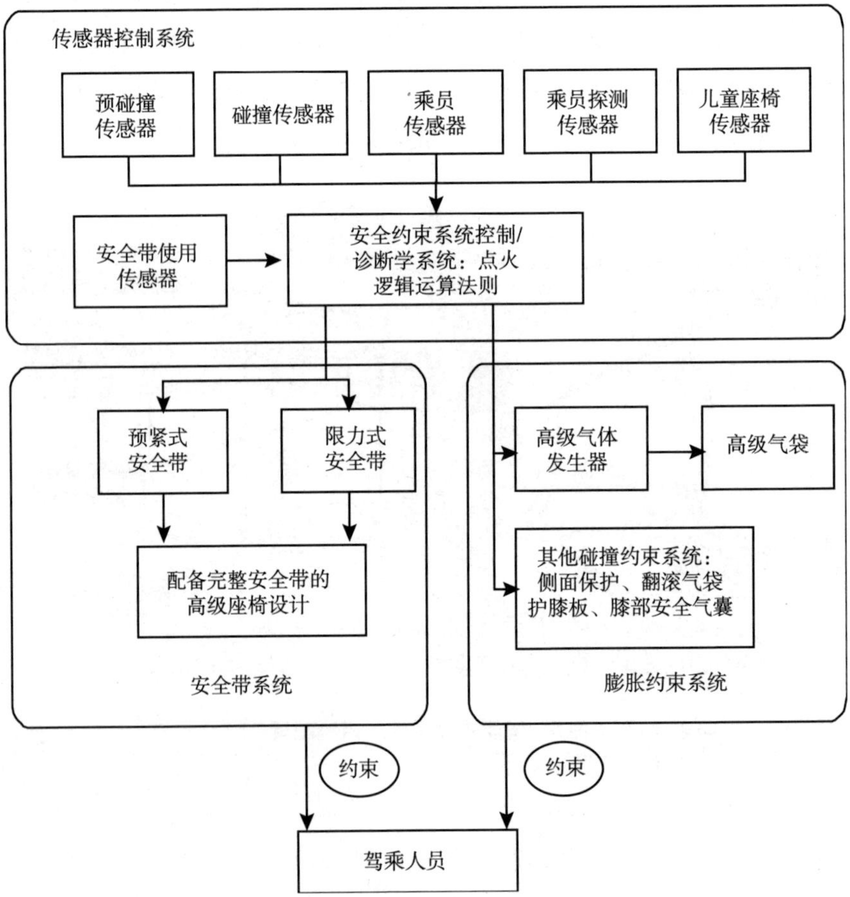

图9 电子智能式安全约束系统工作原理

电子智能式安全约束系统的核心技术在于乘员识别技术，即如何识别儿童专用安全装置（CRS）、3~6岁儿童、矮小女性、成人乘员和其他乘员的乘坐位置。通过传感器识别装置对安全气囊分级起爆，即判断不同车速、不同乘员及坐姿的情况下，进行适当级别的起爆。

电子智能式安全约束系统可以运用仿真工具进行面向对象的程序设计试验、路试试验、误用试验和实车试验。

（三）产品配套

1998~2014年，锦恒公司的年销售收入从600多万元增长至10亿元，除了两次受到国内宏观经济形势的影响外，锦恒公司的年销量增速几乎都在20%以上。

2014年1~11月，锦恒公司安全气囊国内配套总量达到134.7万套，主要配套车型如表2所示。

表2 锦恒公司安全气囊配套车型

序号	类型	整车企业	车型	系统配置
1	微轿	上汽通用五菱	宝骏乐驰	D+E+CS
2	轿车	华晨中华	FRV、FSV	D+P+E
3	轿车	华晨中华	H530	D+P+2S+2C+E
4	SUV	华晨中华	V5	D+P+2S+2C+E
5	轿车	东南汽车	菱悦V3	D+P+SW+E+CS
6	轿车	东南汽车	菱致V5	D+P+2S+SW+E+CS
7	轿车	奇瑞汽车	风云2三厢	D+P+SW+E+CS
8	微轿	奇瑞汽车	QQ3	D+P+SW+E+CS
9	SUV	奇瑞汽车	瑞虎3	D+P+2S+E+CS+SW
10	SUV	奇瑞汽车	瑞虎5	D+P+2S+E+SW
11	微轿	长安汽车	CX20	D+P+SW
12	轿车	昌河铃木	利亚纳	D+P+E
13	轿车	昌河铃木	北斗星X5	D+P+E
14	轿车	昌河铃木	新利亚纳	D+P+E
15	轿车	一汽夏利	威志V5	D+P+SW+E
16	MPV	一汽吉林	森雅	D+P+CS+E+SW
17	轿车	神龙汽车	世嘉	D+P
18	轿车	神龙汽车	爱丽舍	D+P+E+CS
19	轿车	东风乘用车	风神	D+P+E+CS+SW+2S
20	MPV	东风柳汽	景逸X3	D+P+CS
21	MPV	东风柳汽	菱智C20	D+P+E+CS
22	SUV	东风柳汽	景逸X5	D+P+CS
23	SUV	东风柳汽	BS3	D+P+CS+2S+2C
24	MPV	郑州日产	帅客	D+P+CS+E

续表

序号	类型	整车企业	车型	系统配置
25	微轿	海马汽车	丘比特 M2	D + P + E + CS
26	SUV	海马汽车	S7	D + P + E + CS
27	SUV	长城汽车	哈弗系列	D + P + 2S + 2C + K + E + SW + CS
28	皮卡	长城汽车	风骏 K2	D + P + E + SW + CS
29	SUV	江铃汽车	驭胜	D + P + E + SW + CS
30	SUV	江铃汽车	X8	D + P + E + SW + CS
31	轿车	上海大众	朗逸	2S
32	轿车	力帆汽车	620	D + P + E + CS + SW
33	轿车	吉利集团	熊猫	D + P + 2S + 2C + E + CS + SW
34	轿车	吉利集团	远景、海景	D + P + E + CS + SW
35	SUV	众泰汽车	T600	D + P + 2S + 2C + E + SW + CS
36	轿车	众泰汽车	Z500	D + P + 2S + 3C + E + SW + CS
37	SUV	北汽股份	B40	D + P + E + SW + CS
38	轿车	北汽股份	E 系列	D + P + E + 2S + 2C + E + SW + CS
39	SUV	北汽福田	P201	D + P + E + SW + CS

注：D，驾驶员安全气囊；P，乘员安全气囊；CS，旋转连接器；E，ECU；SW，转向盘；S，侧面安全气囊；C，侧面安全气帘；K，膝部安全气囊。

（四）未来产品发展规划

锦恒公司不断加大研发投入，每年研发投入额都保持在年销售额的6%左右。锦恒公司所研发的全新安全气囊，如顶棚安全气囊、臀部安全气囊和后排安全气囊等，已经进入设计验证阶段。

锦恒公司将在国内率先从生物力学角度把人体损伤与被动安全产品研发相结合，与科研院校展开合作研究，并与各大整车企业密切合作，致力于通过科技创新降低因交通事故而导致的伤亡，主动承担起企业的社会责任。

B.13
电子稳定性控制系统发展状况

摘　要： 为了防止汽车在极端工况下发生侧滑、甩尾、激转或失控等危险，电子稳定性控制系统应运而生。电子稳定性控制系统一般包含横摆稳定性控制系统、防抱死制动系统、制动辅助系统和牵引力控制系统等子系统。未来，电子稳定性控制系统将朝着底盘一体化控制技术、先进驾驶辅助技术、测试评价技术等方向发展。

关键词： 电子稳定性控制系统　汽车　防抱死制动系统

一　电子稳定性控制系统背景及必要性

汽车是人们普遍使用的交通工具之一，在带给人们出行便利的同时，也造成了大量的交通事故。随着消费者安全意识的日益提高，电子稳定性控制系统（ESC）受到越来越多消费者的重视。

1995 年德国博世公司提出了电子稳定性控制程序（ESP）的概念，3 年后德国奔驰汽车公司率先在 A 级轿车上批量装备了 ESP。自此，电子稳定性控制系统迅速受到世界各大汽车公司的重视，该系被德国博世公司和德国奔驰汽车公司称为 ESP，被德国宝马汽车公司称为动力学稳定性控制系统（DSC），被日本丰田汽车公司称为汽车稳定性控制系统（VSC），被美国国家公路交通安全管理局（NTHSA）和欧洲 NCAP 称为 ESC。本质上，这些系统都是基于相似的控制原理及手段来达到相同目的的主动安全控制系统。

大量交通事故数据表明，驾驶员的决策和操纵失误是导致汽车交通事故的重要原因。其中因极端行驶工况下驾驶员难以驾驭车辆而引起的交通事故占了较大的比例。

在通常的驾驶情况下，汽车能够以近似线性的比例关系将驾驶员的方向盘操作转化为车辆的转弯行驶行为，因此，驾驶员可以很容易地驾驶车辆完成自己预想的行驶轨迹。然而，当汽车车速过快、方向盘操作过于激烈或者在路面过于湿滑的情况下，汽车将难以准确地按照驾驶员的意图行驶，严重的甚至会出现"失控"或"激转"现象，这对汽车行驶安全极为不利，极易引发交通事故。

为了防止汽车在这些极端工况下发生侧滑、甩尾、激转或失控等危险，ESC应运而生。ESC包含以下子系统：横摆稳定性控制系统（YSC）、防抱死制动系统（ABS）、制动辅助系统（BAS）和牵引力控制系统（TCS）等。

二 构造及原理概述

（一）防抱死制动系统

对于没有装备任何辅助驾驶系统的汽车，当驾驶员完全踩下制动踏板时，由于制动轮缸压力过高，汽车的车轮会发生制动抱死现象，这一现象在湿滑路面或冰雪路面上会更为显著。车轮在制动过程中发生抱死现象对汽车行驶安全是极为不利的。汽车前轮发生制动抱死，会导致汽车失去转向操纵能力，无法响应驾驶员转向指令，最终使车辆无法转向避让障碍物；汽车后轮发生制动抱死，汽车将会瞬间失去行驶稳定性，引发甩尾和侧滑等危险。如果驾驶员为了避免车轮抱死而不充分踩下制动踏板，则会造成制动强度的减弱，制动距离过长，同时也会因对驾驶员的驾驶要求过高而造成其过大的心理负担。

因此，在紧急情况下，为了让驾驶员完全踩下制动踏板后，既能够提升汽车的制动强度，缩短制动距离，又可以防止汽车全力制动过程中车轮被抱死的现象出现，提高操纵性和稳定性，ABS应运而生。

在制动过程中，随着制动强度的增加，车轮滚动成分逐渐减少，滑动成分逐渐增大，为了便于描述滚动和滑动成分各自所占的比例，定义车轮纵向滑移率：

车轮纵向滑移率 =（车速 - 轮速）÷ 车速 × 100%

当车轮抱死时，轮速为零，则车轮纵向滑移率为100%；相应的，当车轮完全自由滚动时，轮速与车速相等，此时车轮纵向滑移率为0。

前轮抱死时汽车会失去转向能力、后轮抱死时汽车失去行驶稳定性的原因，则需要从轮胎力学的角度予以阐述（见图1）。

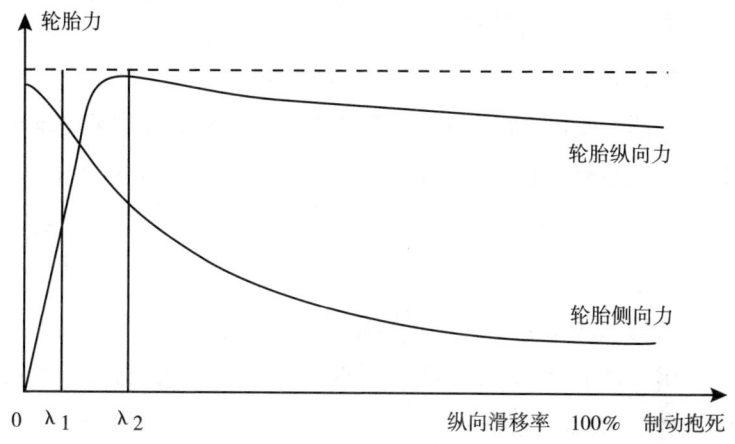

图1 轮胎纵向滑移率与轮胎纵横向力的关系

当车轮发生制动抱死时，轮胎纵向力的工作点处于曲线的最右端，轮胎纵向力即车轮制动力较大，但是轮胎侧向力非常小。轮胎侧向力是汽车具有转向能力和保持汽车行驶稳定性的重要保证。因此，制动过程中必须确保车轮同时具备较强的纵向制动力（确保制动强度）和较强的侧向力（确保操纵稳定性）。

从图1可以看出，当车轮滑移率处于λ_1和λ_2之间时，车轮纵向力可以维持在最大值附近，同时侧向力又不至于太小，处于一个较为理想的滑移率区间范围，将此区间称为理想滑移率区间。ABS是通过对制动轮缸压力的调

节,达到控制车轮滑移率始终处于理想滑移率区间内的目的。

为了获取车轮滑移率,需要实时获取车速和轮速,轮速可以通过轮速传感器直接测量获得。然而,受限于当前传感器发展的技术水平和成本要求,全力制动过程中,车辆的纵向车速仍然无法通过简单、廉价的传感器直接准确地测量获取。对车速的估计仍然难以达到足够准确并用于闭环控制的程度,即直接采用车轮滑移率作为 ABS 中的关键控制参数仍具有较大难度。

工程上通常采用车轮减速度作为 ABS 的主要控制参数,车轮滑移率作为辅助控制参数,并通过逻辑门限值的控制方式实现对 ABS 的控制。车轮减速度可以通过对轮速的数值微分来获取,可靠性较高。对于量产汽车而言,由于轮胎材质和花纹的原因,汽车在某一确定附着条件的路面上的最大减速度 g 值不可能超过路面的峰值附着系数。因此,如果某个车轮的轮减速度(这里均指绝对值)大于车辆的减速度,且当车轮滑移率不断增大时,就表明这个车轮有发生制动抱死的倾向,即需要减少该车轮的制动轮缸压力,从而使该车轮抱死的趋势不会继续,进而防止车轮抱死现象的发生。如果某一车轮的轮减速度小于或等于车辆减速度时,则说明车轮处于从将要抱死恢复到自由滚动的过程中,因此可以保持或者增加轮缸压力,使该车轮尽可能处于理想的滑移率区间内。

轮缸压力的调节精度和调节速度很大程度上决定了车轮滑移率的控制效果。汽车的制动轮缸上通常包含 1 个进液阀和 1 个出液阀,均为两位两通的高速开关电磁阀,并通过脉宽调制技术(PWM)进行控制调节。进液阀与汽车的制动主缸相连,制动主缸是提供整个液压制动系统制动压力的来源,油液压力较高;出液阀的出口端与蓄能器和回油泵相连接,油液压力较低。关闭出液阀同时打开进液阀,则轮缸压力迅速增加,称为增压过程;关闭进液阀同时打开出液阀,则轮缸压力迅速减小,称为减压过程;同时关闭进液阀和出液阀,则轮缸压力保持不变,称为保压过程。

ABS 高速开关控制阀采用 PWM 驱动方式。在固定的载波周期下,调节阀通电的占空比,实现阀的开启与关闭控制。其关键控制变量包括载波周期和时间分辨率。时间分辨率是指控制中进行周期定时计数的最小时间单元，ABS 正是以时间分辨率为最小控制时间单位来控制进液阀和出液阀的脉冲电压，反复高速地执行增压、保压、减压的控制循环，从而达到不断调节轮缸压力，控制车轮减速度的动态变化，间接实现对车轮滑移率的控制目的。

（二）制动辅助系统

ABS 是确保制动强度、提高制动过程中的操纵稳定性的主动安全系统，已经得到了市场的普遍认可。然而，仅装备 ABS 的汽车在通过制动来避免或缓解交通事故方面仍然具有较大的性能提升空间。这主要是由于大部分驾驶员在遇到紧急情况时，会存在制动力度不够和制动犹豫的现象，部分驾驶员可以快速踩下制动踏板，但是往往力度不够，或者过早放松制动踏板，导致制动距离增加。BAS 对主动安全有着十分显著的意义。德国奔驰汽车公司的试验结果表明：在干燥路面上无 BAS 制动时，驾驶员踩下踏板力度不足时的制动距离最长达 73 米，配备 BAS 后的制动距离可缩短至 40 米，制动距离缩短了 45%；而无 BAS 时，由于驾驶员的制动距离最长达 46 米，配备 BAS 的制动距离则可缩短至 40 米，制动距离缩短了 13%。

BAS 通过检测驾驶员踩下制动踏板的速度和力度的变化来识别驾驶员的制动意图。当驾驶员踩下制动踏板的速度超过一定的阈值，或制动踏板力度超过一定的阈值，或二者兼而有之时，便会触发 BAS 功能，BAS 迅速将制动主缸的制动压力提升至最大值或能够触发 ABS 的程度，从而达到在最短时间内实现汽车最大制动强度的目的（见图2）。

根据系统识别驾驶员制动意图和主缸建压方式的差别，BAS 分为机械式 BAS 和电子式 BAS。机械式 BAS 是在普通真空助力器的基础上，添加机械触发机构，根据制动踏板速度来决定 BAS 被触发条件的；而电子式 BAS 通常又会被称为电子刹车辅助（EBA），是通过采集制动踏板上的速度或者力信号来判断驾驶员的制动意图，并决定 BAS 被触发条件的。

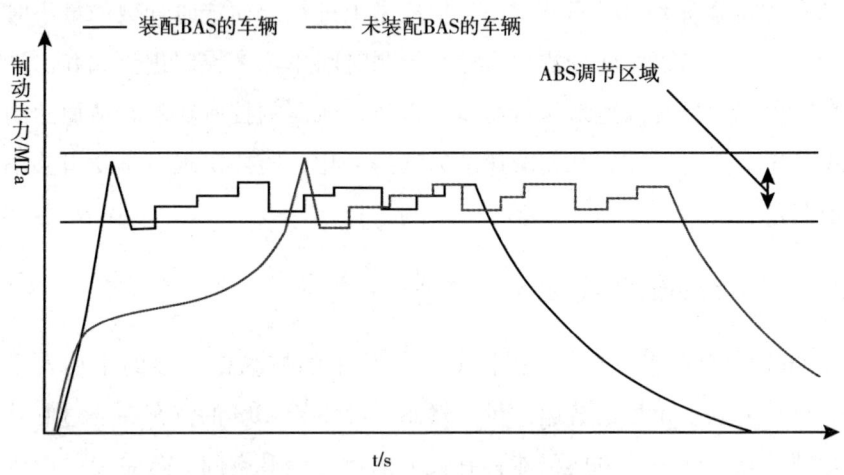

图 2 装备和未装备 BAS 系统制动对比

（三）牵引力控制系统

TCS 也被称为驱动防滑控制系统（ASR），是为防止汽车在湿滑路面上紧急起步加速，或者左右两侧车轮处于不相同附着条件的路面上急加速时，因差速器的结构原理导致低附着路面上的车轮会发生激烈滑转，使车辆无法前行或发生无法驱动转向的驾驶员辅助系统。TCS 是在 ABS 功能和硬件基础上衍生出来的新的主动安全功能，通过对汽车驱动车轮的驱动力进行主动控制，合理利用车轮与地面的附着力，提高车辆在低附着路面上的动力性和稳定性，具体作用表现在：（1）提高车辆的有效纵向驱动力，有效利用发动机的输出功率，增加车辆的牵引性能和爬坡能力；（2）确保车辆在驱动过程中车轮具有足够大的横向附着力来抵抗侧向干扰，保证车辆在驱动过程中具有良好转向响应和行驶稳定性。

ABS 是把各车轮的制动滑移率控制在一个合适的范围内，从而提高车辆的制动性能。类似的，TCS 则是把驱动轮的滑转率控制在适当的范围内。轮胎驱动力对滑转率 λ 的特性，跟制动时制动力对滑移率的轮胎特性相同。因此为了确保轮胎同时具有较大的纵向驱动力和横向力，纵向滑转率会被控制在一个较小的范围内。

TCS 的控制方法有发动机转矩控制方法、制动力矩控制方法、发动机转矩和制动力矩联合控制方法 3 种方法。其中，发动机转矩的控制方法主要包括控制油门开度、减少燃油喷射量和停止喷射、调整点火时间。制动力矩的控制方法则是直接对发生驱动滑转的车轮进行制动控制，其控制方法与 ABS 中的滑移率控制方法类似。

（四）横摆稳定性控制系统

车辆在激烈转弯过程中发生事故的原因主要有以下几个方面。

（1）随着汽车行驶车速的增加，普通家用汽车的转向灵敏度（也称汽车横摆角速度增益）会先增大后减小，造成驾驶员难以通过转向盘操纵来有效控制车辆的转弯和横摆运动（当车速超过某一特定车速后，汽车的横摆运动对转向盘转角输入的响应能力越来越差）。

（2）在激烈转向过程中，轮胎工作于非线性区域，普通驾驶员在原有轮胎线性区的驾驶经验已无法帮助其完成"有预见性"的驾驶。由于车辆对驾驶员转向指令的响应滞后和衰减且给予驾驶员适应和处理的时间十分有限，导致普通驾驶员惊慌失措，过度地对车辆进行转向或制动操作反而恶化了车辆的稳定状态，导致车辆失控。

（3）驾驶员不能够精确预估车轮与路面间实时的附着条件，激烈操纵过程中很容易突破汽车轮胎与地面之间的附着极限，车辆迅速出现激转失控，这种现象称为"甩尾"。

YSC 应该具备以下功能才可避免转弯过程中事故的发生。首先，YSC 需要能够实时检测车辆的行驶状态，并甄别出危险或临近危险的转弯行驶状态；其次，YSC 应能够识别驾驶员的驾驶意图，以便控制车辆尽可能执行驾驶员的驾驶意图；再次，YSC 应能够通过对车轮制动压力和发动机输出扭矩的调整，快速有效地纠正车辆所处的危险转弯行驶状态，或及时遏制车辆危险转弯行驶状态的进一步恶化，确保车辆能够在安全稳定行驶的前提下，尽可能实现驾驶员的驾驶意图；最后，YSC 的成本应当足够低，以使得这项重要的主动安全系统能够更容易地在汽车上推广。

为了满足上述技术要求，YSC 要分别从控制算法和硬件组成方面予以支持和保证。

YSC 为了能够侦测车辆行驶状态和驾驶员意图，并做出相应的控制响应，通常需要车辆状态感知模块、横摆力矩分配模块、车轮滑移控制模块、轮缸压力控制模块等控制模块。各部分模块之间采用级联式结构相互联系，由内反馈控制回路和外反馈控制回路嵌套构成。内反馈控制回路控制车轮滑移率，外反馈控制回路控制汽车运动姿态。内回路的车轮滑移率的大小是由外回路的汽车运动姿态决定的，同时内反馈控制回路的车轮滑移率又会直接影响外反馈控制回路的汽车运动姿态。

1. 车辆状态感知模块

车辆状态感知模块主要用于获取驾驶员的驾驶意图、车辆的理想行驶状态和实际行驶状态，从而为判断车辆当前是否能够执行驾驶员的驾驶意图或车辆是否处于危险行驶工况提供可靠的信息来源。目前 YSC 中所使用的关键动力学参数信号包括转向盘转角、纵向车速、横摆角速度、纵向加速度、横向加速度、质心侧偏角等。其中横摆角速度和车辆质心侧偏角是 YSC 的两个重要参数。

横摆角速度和质心侧偏角是描述车辆动力学稳定性的有效状态变量，因此 YSC 控制基本原理就是通过检测横摆角速度和质心侧偏角的实际值与目标值的差值来确定车辆行驶的稳定程度，并通过对准稳定工况的动力学控制来阻止车辆进入不可控的非稳态状况。

当轮胎的侧偏特性进入非线性区后，车轮的侧向力不再与车轮的侧偏角呈线性关系，即实际侧向力与按线性车辆模型计算出的名义侧向力存在一定的偏差，从而导致实际横摆角速度与名义横摆角速度之间产生偏差，或实际侧偏角与名义侧偏角之间产生偏差。当偏差值均较小时，即认为车辆的行驶状态是稳定的，当任意一个差值超出设定的范围时，则认为车辆已进入准稳定或不稳定工况，需要对车辆进行动力学稳定性控制。

目前，车辆的横摆角速度、横向加速度、纵向加速度可以通过廉价的传感器方案直接测量获取。但是，受限于当前传感器发展的技术水平和成本要求，车辆的纵向车速、质心侧偏角还无法通过简单廉价的传感器直接准确地测量获取。因此，YSC 通常采用估计的方法，并借助现代控制理论中的观测器技术，才能较为准确地估计出车辆的纵向车速和质心侧偏角信息，从而在 YSC 的硬件成本和软件性能上做出平衡和妥协。

通常，在干燥沥青路面，使车辆丧失操纵能力的最大质心侧偏角约为 $10°$；在压实积雪路面，约为 $4°$。如果车辆的侧偏角接近该极限特征值，驾驶员将基本丧失对车辆的控制，车辆出现失控事故的概率大大增加。因此，判断车辆横摆稳定性的收敛状态和质心侧偏角的目标控制范围对 YSC 而言至关重要。

由于车辆在极限工况下具有强烈的非线性特性和高动态性，采用 β 相平面法对车辆极限工况下的行驶稳定性能进行分析，可以较为合理地分析车辆系统在高动态非线性工况下的稳定性问题。

在"人—车—路"闭环的驾驶环境中，驾驶员可以抽象为一个"控制器"，并能根据被控制对象（车辆）特性的变化进行控制参数的自调整，但这种自调整的过程是非常缓慢的，且驾驶员在非线性区内的驾驶经验通常较为匮乏。驾驶员在面对极限工况下车辆非线性的横摆运动特性时，往往仍会按照线性区的操纵行为去操纵车辆，从而造成车辆出现侧滑、甩尾或冲出弯道等危险状况。

YSC 是一种典型的反馈控制系统，其实现的前提是对驾驶员操纵意图的准确描述，这就要求系统建立的车辆理想参考模型在不同行驶工况下能较好地反映驾驶员转向意图，建立对驾驶员操纵意图的精确数学模型是系统实现控制的前提。因此，实时获取驾驶员在轮胎线性条件下的驾驶意图和车辆参考状态，是判断车辆当前所处行驶状态的一个重要参考指标。汽车转弯过程中的理想行驶状态通常采用基于线性车辆模型的理想横摆角速度进行表征。

由于量产车轮胎种类和花纹限制，通常情况下车辆的最大侧向加速度的 g 值无法超过地面的最大附着系数 μ，理想横摆角速度不能无限制地增大，需对其进行限制，得到理想横摆角速度的限制参考值。最终用于横摆稳定性控制的车辆理想横摆角速度取 g 和 μ 的最小者。YSC 将根据该值与实际测量的横摆角速度大小来判断车辆当前是否能够满足驾驶员的驾驶意图，或者车辆的行驶状态处于危险工况，并控制车辆跟随理想横摆角速度值。

2. 横摆力矩分配模块

YSC 的主要功能就是通过对车轮制动压力和发动机输出扭矩的调整，在限制车辆质心侧偏角过大防止其激转的前提下，调整车辆的横摆角速度使其尽可能跟踪理想横摆角速度的变化。限制质心侧偏角过大的另一个重要目的在于确保车辆使用具有足够的横摆力矩增益，从而能够通过四轮纵向滑移率控制有效影响车辆的横摆姿态。

轮胎的纵向力和侧向力依赖轮胎的纵向滑移率、轮胎的侧偏角、轮胎的垂直载荷。对于给定的轮胎侧偏角，轮胎的侧向力将随着轮胎纵向滑移率的增大而减小，这种特性被用于控制车辆侧向力和横摆力矩，并以轮胎的滑移率作为控制算法基本的控制变量。由于轮胎附着圆的影响，车辆各车轮力对车辆横摆力矩的影响关系，可以解耦为车轮纵向力对车辆横摆力矩的影响（见图3），这就为在不同行驶工况下选择合适的控制车轮和仲裁机制提供参考依据。

3. 车轮滑移控制模块

利用轮胎非线性特性的影响（即轮胎纵向力与轮胎纵向滑移率、轮胎侧向力与轮胎纵向滑移率的非线性关系）、轮胎纵向力和侧向力对车辆横摆力矩的影响，进一步解释纵向滑移率对车辆横摆力矩的影响，充分利用对车轮滑移率的控制来间接地实现对车辆横摆运动姿态的控制。

轮胎纵向滑移率的控制对控制车辆横摆力矩具有重要意义，车轮滑移控制模块的作用是将计算得到的各车轮的目标滑移率转变为各车轮目标轮缸压力。

4. 轮缸压力控制模块

制动轮缸的液压电磁阀包括进液阀和出液阀，每个电磁阀通过 PWM 控

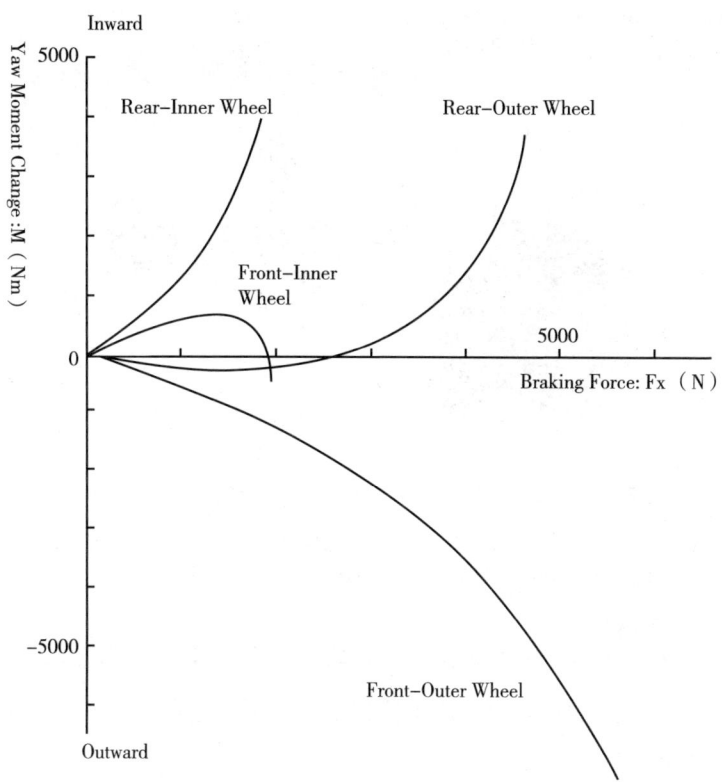

图3 车辆各轮胎纵向力分别对车辆横摆力矩的影响关系

制其开闭状态。轮缸压力控制模块的作用就是将各车轮的目标轮缸压力转变为进液阀、出液阀的开闭时间,以进一步将进液阀和出液阀的开闭时间转变为各电子阀的 PWM 控制电流指令。

三 核心零部件及技术

ESC 应用了先进的传感器技术、执行器技术、车载网络技术和现代控制技术,德国博世公司 ESP 中的核心零部件及其技术如图 4 所示。

为了识别驾驶员的驾驶意图和感知汽车的实际运动姿态,ESC 通常装备 4 个轮速传感器来测量 4 个车轮的转速;1 个转向盘转角传感器来测量转向

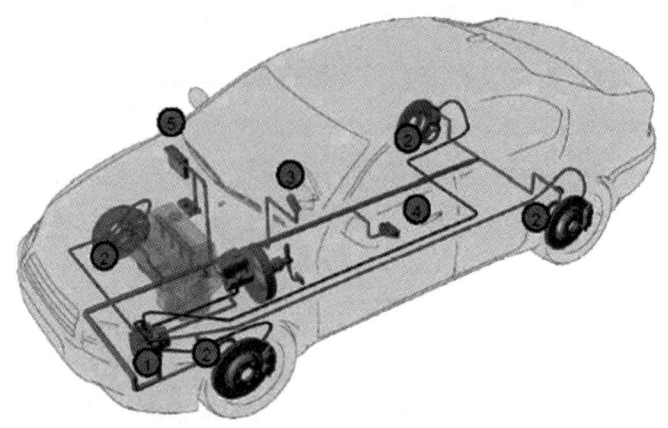

图 4　德国博世公司 ESP 中包含的核心零部件及其技术

注：①液压模块（带 ECU）；②轮速传感器；③转向角传感器；
④偏航率和侧加速传感器；⑤与发动机管理系统的信息传输。

盘转角及角速度；汽车横摆角速度传感器、横向加速度传感器来获取汽车的实际运动状态；制动主缸压力传感器或制动踏板传感器来判断驾驶员是否在进行制动操纵。

液压控制器是 ESC 的主要执行机构。为了提高紧急工况下的液压响应速度，ESC 的液压调节器还装备预压泵，用以在驾驶员制动犹豫时也可以产生足够大的油液压力。同时，电子控制单元（ECU）处理各种传感器信号、判断驾驶员意图、运算核心控制逻辑、给执行机构发出指令信号、驱动执行机构动作，构成闭环控制回路。

此外，控制模块之间、执行机构之间还涉及大量的信号通讯和网络连接等技术。

四　技术发展趋势

随着汽车底盘电子控制技术的飞速发展，与电子稳定性控制相关的汽车电子及测试技术正朝着以下方向发展。

（一）底盘一体化控制技术

目前，已经或正在应用的汽车底盘控制技术包括电动助力转向技术（EPS）、主动前轮转向技术、主动/半主动悬架控制技术、自动变速器控制技术、电子差速器控制技术等。汽车底盘各控制系统之间相互联系、相互依赖、相互影响的程度逐步增大。因此，为了提升或优化控制效果、节约控制资源、降低整车底盘控制成本、提高控制系统的可靠性，用高速局域网络将两个或多个汽车底盘电子控制系统结合，对底盘实现多层面的联合协调控制，已成为现代汽车底盘技术的发展趋势。

（二）先进驾驶辅助技术

将 ESC 系统与环境感知传感器相结合，在稳定性控制辅助驾驶功能的基础上，形成更多先进驾驶辅助技术是另一个发展趋势。BAS 功能与前方环境感知摄像头或雷达相结合，形成自主紧急制动系统（AEB），能够在驾驶员未及时采取制动避让措施的时候，主动进行紧急制动，最大限度地避免事故的发生；YSC 或 EPS 与前方环境感知摄像头相结合，形成车道保持辅助系统（LKA），使驾驶员在无意识偏离本车行驶道路时，可以自动地将车辆纠正回本车道，以防事故的发生。

（三）ESC 的测试评价技术

由于 ESC 系统对降低交通事故和人员伤亡的巨大作用，目前正在全球范围内迅速普及，但其相应的客观测试及评价技术并没有迅速完善起来。

NHTSA 于 2007 年 3 月颁布了全球第一部有关 ESC 的汽车安全法规 FMVSS 126，要求从 2011 年 9 月开始，美国市场销售的所有载荷不超过 4.536t 的轻型汽车，包括轿车、MPV、载货汽车和大型客车必须配备 ESC。欧洲经济委员会（ECE）于 2009 年 11 月 11 日在乘用车制动标准 ECE 13H 中增加有关 ESC 的标准法规，该法规规定 2011 年 11 月 1 日起所有缔约国将对没有安装 ESC 系统和未达到 ECE 13H 附件 9 对 ESC 要求的车辆不能给予合格认证。

中国汽车行业目前正在制定的《轻型汽车电子稳定性控制系统性能要求及试验方法》，主要依据全球技术法规《轻型汽车电子稳定性控制系统》（GTR 8）进行编撰和修订。GTR 8 的测试内容及方法与 FMVSS 126 基本相同，都是针对 ESC 系统对过多转向干预能力的客观测试及评价。但是针对 ESC 系统的不足转向性能的主客观试验仍然存在试验评价项目标准不一致、评价目标不明确等问题。不同的整车厂和零部件供应商都按照自定的方法对 ESC 的控制效果进行试验和评价。各种试验和评价方法之间的差异给 ESC 的开发、匹配、试验和评价带来了很多不规范因素。

因此，针对 ESC 客观综合评价指标和评价方法，建立中国汽车行业 ESC 测试评价法规和规范，对提升国内 ESC 系统开发和匹配的技术水平，加快 ESC 的自主研发进程具有重要意义，也是未来 ESC 在国内普及推广过程中一个不可或缺的发展方向。

技术创新与应用篇

Technology Innovation and Application Report

B.14
车身安全模拟计算技术的应用

摘　要： 模拟计算是车身开发的三大支柱之一，在样车试验之前，产品的性能检验只能依靠模拟计算来评价。依托开发车型项目，一汽-大众汽车有限公司的模拟计算能力不断提升，本土化比例不断提高。2014年的模拟计算业务量同比增长60%，与安全相关的计算任务接近2万次。目前，已经建立了完整的安全模拟计算能力，应用范围延伸到车身开发的各个方面。本文介绍了该企业车身结构抗撞性模拟计算、乘员保护模拟计算、行人保护模拟计算、系统匹配（CAE智造及智汇平台）。

关键词： 模拟计算　车身开发　一汽-大众

模拟计算是车身开发的三大支柱之一，其他两个支柱分别是结构设计和试验验证。在样车试验之前，产品的性能检验只能依靠模拟计算来评价。依

靠模拟计算控制、减少样车试验的反复,节省项目开发费。

依托开发车型项目,一汽-大众汽车有限公司(以下简称"一汽-大众")的模拟计算能力不断提升,本土化比例不断提高。2009年之后,在本地完成的项目数量逐年快速增加。2014年的模拟计算业务量同比增长60%,与安全相关的计算任务接近2万次。

安全模拟计算本土化的重点内容包括:车身结构抗撞性模拟计算、乘员保护模拟计算、行人保护模拟计算、系统匹配(CAE智造及智汇平台)。

一 车身结构抗撞性模拟计算

车身结构抗撞性模拟主要涵盖高速碰撞和低速碰撞两个方面。高速碰撞主要包括法规和C-NCAP中的正面碰撞、偏置碰撞、侧面碰撞、后面碰撞。低速碰撞主要是从用户和保险的角度出发,包括汽车修理研究协会(RCAR)低速碰撞规程,保险杠的前后碰撞分析等。

(一)高速碰撞模拟计算

对于高速碰撞,常规的有限元整车模型建立后,还要考虑车身上的焊点开裂、焊点失效触发条件以及影响碰撞结果的关键零件的冲压因素(零件冲压后厚度的变化及应变的变化),力求计算与试验的情况更为相近,更早地发现结构设计问题。

一汽-大众在模拟计算中引入了焊点失效技术及应力应变映射技术。焊点失效技术能够根据不同的材料特性,真实地模拟焊点在碰撞过程中的失效开裂情况,应力应变映射技术则是充分考虑钣金结构在冲压成型后,残余应力应变对结构造成的影响。这些方法的应用,更为真实地反映了焊点及冲压部件的性能,提升了模拟分析的精度,并且能够优化车身结构的焊点布局,进一步保证了实车的碰撞性能。

(二)低速碰撞模拟计算

在车辆的实际使用中,城市内的低速"擦碰"更加频繁。尤其是在碰撞发生后，保险杠本身的好坏及保险杠对周边部件的保护作用会让用户直观地评价车辆整体是否结实。

模拟计算在前后保险杠低速碰撞中的应用主要包括 ECE R42、4km 撞墙、高低温摆锤、RCAR 低速碰撞规程等。对于低速保险杠碰撞，塑料件是比较难模拟的，塑料件材料的失效及不同温度下塑料材料性能的变化对分析结果有较大影响。

在分析中定义材料失效是通过设置塑性应变极限值来实现的。如果某区域达到该极限值，该区域离散化的单元消失，即出现失效，从而模拟现实中的破裂。不同温度下，塑料材料性能会出现很大变化，将同一种材料在不同温度下的应力应变曲线设置为两种材料卡片，用于高低温摆锤分析，使分析结果更加符合实车的实际情况，提高了分析的可信度。

以上新技术在高速碰撞和低速碰撞模拟计算中的应用，提高了仿真的精度，对产品设计更具指导意义。

二 乘员保护模拟计算

车身结构抗撞性设计好后，约束系统匹配工作就开始了，主要工作是做好乘员保护。乘员保护模拟计算是安全模拟的重要组成部分，匹配的好坏、精度直接影响整车的安全星级预测。乘员保护模拟计算主要包含正面碰撞乘员保护、侧面碰撞乘员保护、鞭打保护、内凸物型式认证。

项目初期，通过大量计算，优化各个子系统参数，设计试验矩阵，进行约束系统的匹配；到样车试验阶段，根据具体的试验结果进行对标，并根据对标后的模型提出各子系统参数和约束系统匹配改进建议。通过乘员保护模拟计算，准确高效地预测假人得分，保证项目开发节点，为实现一汽-大众全系车型 C-NCAP 五星级目标奠定基础。

2015 版 C-NCAP 对鞭打试验提出了更严格的要求，使得座椅开发的难度越来越高。模拟计算作为开发的重要手段，一直伴随着座椅开发的整个过程。在座椅开发前期，首先根据经验提出满足鞭打试验性能的结构设计要求。随着开发工作的进行，需要通过多轮模拟计算不断优化，改善座椅骨架以及头枕结构与造型，保证在模拟计算阶段满足鞭打试验的性能要求。座椅样件加工出来之后，需要进行鞭打试验，从而验证和修改计算模型，并且对后续的开发工作提供有效支持。

在满足 C-NCAP 五星级要求的基础上，一汽-大众也根据德国大众汽车公司内部开发要求，进行极端情况的模拟计算。比如，侧安全气囊和侧安全气帘的模拟计算，从安全气囊设计、折叠方式、覆盖区域到极端情况进行多工况计算，进一步优化安全气囊的保护效果，全面提升了一汽-大众车辆安全性能。

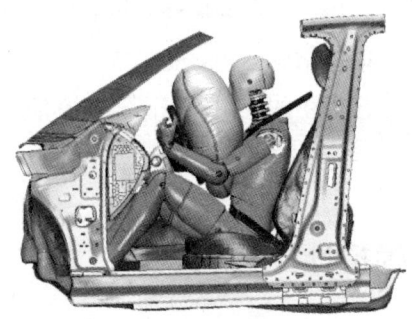

图1　正面碰撞乘员保护

图2　鞭打保护

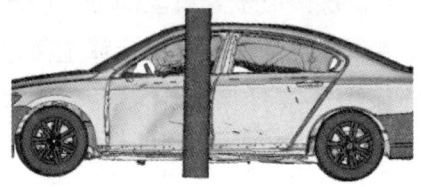

图3　侧安全气帘开发工况1

图4　侧安全气帘开发工况2

三　行人保护模拟计算

虽然 GB/T 24550-2009《汽车对行人的碰撞保护》是推荐性标准，但是一汽-大众全系车型在开发阶段均考虑了行人保护措施,并在新开发车型上开展了大量的本土化研发工作。

GB/T 24550-2009 的测试内容与 GTR 基本一致,是目前行人保护开发的主要准则。在产品开发过程中,行人保护模拟计算工作从最初概念开发阶段开始介入,通过预设的结构经验值,检验造型满足行人保护的程度,并对造型提出改进建议。在初版结构数据完成后,通过不断仿真计算加以优化,有效地减少了试验次数,降低了开发成本。在重要的项目节点,通过完成一轮样车试验,验证模型准确性并对模型加以修正,从而保证模拟计算对后续行人保护开发工作提供优化方案的有效性。

在满足推荐性国家标准的同时,一汽-大众还紧跟 Euro NCAP 最新进展,开展行人保护柔性腿 FLEX-PLI 计算,为未来中国法规以及 C-NCAP 引入行人保护柔性腿冲击试验做好储备。

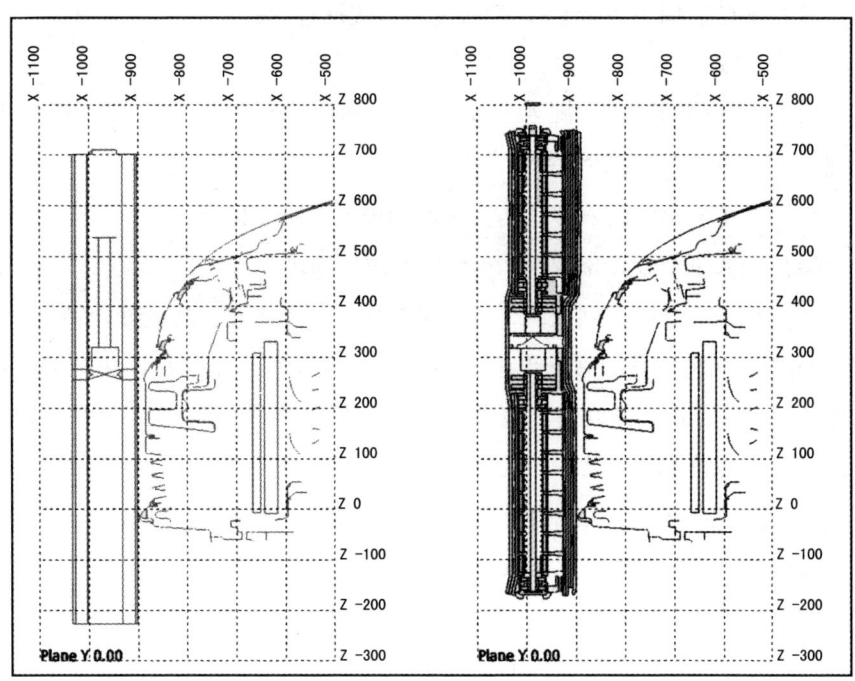

图 5 刚性腿碰撞器(左)和柔性腿碰撞器(右)

四 系统匹配（CAE智造及智汇平台）

随着整车安全性要求越来越高，车型开发任务越来越多，模拟计算的任务也呈几何倍数增长。如何解决任务量和人员单位负荷这一对矛盾是关键。一汽-大众从整车开发流程出发，深入总结了仿真业务特点和现状，分析了建立基于计算机辅助工程（CAE）数据的管理平台的可行性。最终把一汽-大众积累的开发成果、经验、规范纳入其中，形成一个基于成熟架构的仿真业务支持系统（CAE智汇平台），同时该系统还将模拟计算结果及碰撞试验结果分解成关键结果，形成一个不断更新的整车安全知识库，使得经验能够充分共享。

该系统具有如下方面的创新突破：

（1）平台适用于各个CAE学科的仿真数据管理；

（2）实现了统一的仿真工况管理及分析任务的分发；

（3）基于项目里程碑和分析任务的项目监控和统计，辅助项目管理；

（4）基于多个学科、多个仿真工况的模型装配、提交；

（5）嵌入了"CAE智造"，实现后处理自动化；

（6）集成高性能队列系统，实现批量提交仿真作业、批量处理结果。

一汽-大众将仿真的后处理脚本语言、编程软件及办公软件相结合，依据计算报告的特点，开发出了报告自动生成软件"CAE智造"。该软件把模拟计算的后处理工作变成一种批量自动化的生产方式，能够适应不同工况的要求，该软件的应用极大地提升了模拟计算的后处理效率。"CAE智造"软件已经通过国家版权局审查，取得了专业软件著作权。

综上所述，一汽-大众已经建立了完整的安全模拟计算能力，从车身结构抗撞性、乘员保护、行人保护到效率工具、平台等，应用范围已经延伸到了车身开发的各个方面，并且不断加快新车型项目的开发速度。一汽-大众将持续推进安全模拟计算的本土化。

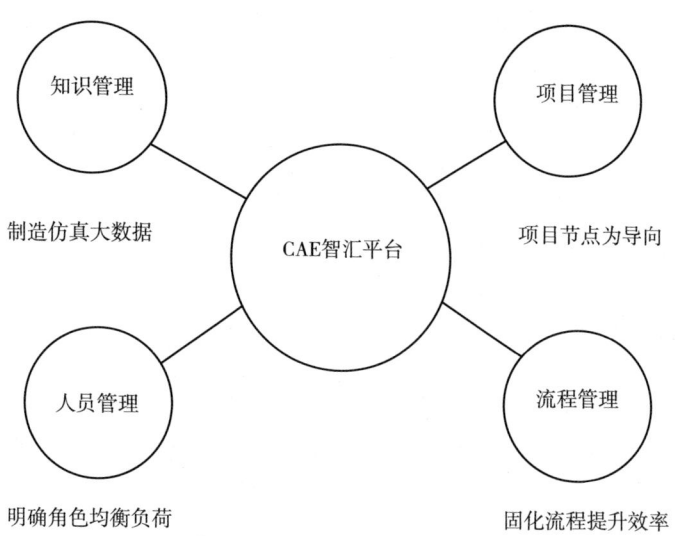

图6 CAE智汇平台的功能

图7 "CAE智造"软件著作权

B.15
安全新技术在商用车产品上的应用

摘　要：	近年来，商用车的安全性问题日益突出。中国正在逐步制定和完善商用车的碰撞安全法规，以提高商用车的安全性能。本文首先梳理了国内外商用车安全性相关法规，然后详细阐述了安徽江淮汽车股份有限公司商用车的安全开发体系、安全性能开发及安全技术规划，最后分析了商用车安全技术发展趋势。
关键词：	商用车　安全技术　江淮汽车

一　商用车安全技术发展背景

随着中国道路条件的不断改善及汽车保有量的不断提高，交通事故总量以及事故人员伤亡和财产损失都是十分巨大的。因此，如何提高汽车的安全性能，最大限度地避免或减轻乘员在碰撞中的伤亡，是汽车安全研究的重大课题。

长期以来，中国汽车安全技术发展主要集中在乘用车上，对于商用车的安全性能一直没有给予足够的重视，商用车的安全技术水平等级较低。通常情况下，商用车行驶车速低于乘用车，整车整备质量远大于乘用车，因此对商用车的安全性能研究和安全性能要求都远低于乘用车。

近年来，由校车、大型客车、重型载货汽车等商用车造成的重特大安全事故接连发生，商用车的安全性问题日益突出。2012年，在不同交通方式肇事导致的死亡人数构成中，载货汽车导致事故比例接近29%，载货汽车安全性能亟待提升。

安全新技术在商用车产品上的应用

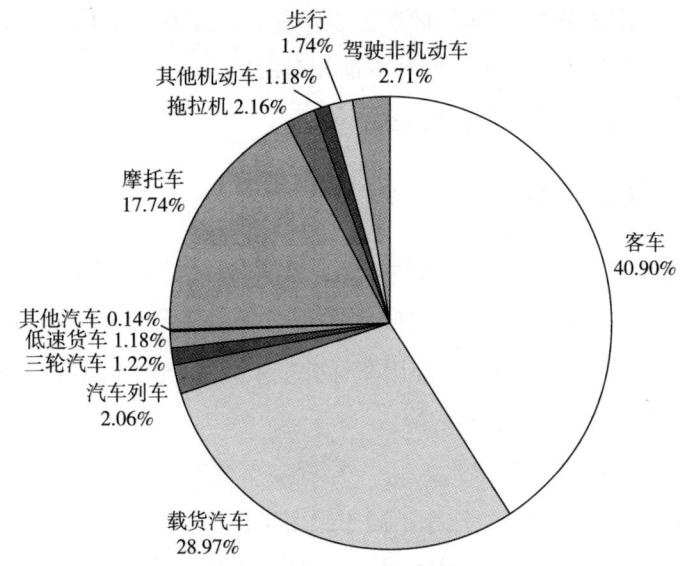

图1 2012年不同交通方式肇事导致死亡人数比例

根据交通运输业的发展需求，中国正在逐步制定和完善商用车的碰撞安全法规，以提高商用车的安全性能。

二 商用车安全性相关法规

商用车是最重要的公路运输工具，无论是客车还是载货汽车，安全性的重大意义都众所周知。为此，商用车制造商在产品研发和制造中应将安全性作为一个重要的指标予以考虑。不仅如此，安全性需要贯穿于商用车的整个生命周期，在商用车使用或者事故维修中，都应把安全性作为考虑因素。

商用车起源于日本、欧洲，这些国家和地区的商用车交通事故伤亡程度没有中国严重，主要原因是其对驾驶室的结构安全要求较高。ECE R94《关于车辆正面碰撞乘员保护认证的统一规定》规定了正面碰撞时车辆驾驶室对乘员防护的要求，EEC 92/114指令要求驾驶室必须具备防撞和吸能式结构，以有效保护驾驶员及乘客。其他国家和地区也就汽车整车及结构件的安全性能制定了相关的国家标准或行业标准。中国在20世纪90年代确定了中国汽车技术标准体系参照 ECE 标准法规体系，但是在载货汽车驾驶室乘员保护等被动安全标准的制定和实施方面相对滞后。

现阶段常用商用车安全性法规如下。

（一）商用车驾驶室乘员保护

欧盟法规 ECE R29《关于商用车驾驶室乘员保护认证的统一规定》是关于商用车在三个不同工况下驾驶室内乘员空间有效性的法规。2011 年，中国制定了 GB 26512 - 2011《商用车驾驶室乘员保护》，其内容类似于 ECE R29，主要包含三个测试试验内容。

1. 正面摆锤碰撞

商用车尤其是平头载货汽车不同于乘用车，在发生正面碰撞时前端没有较大的吸能空间，而是由驾驶室直接承受撞击破坏。因此，正面碰撞时的驾驶室乘员保护尤为重要。该工况主要模拟商用车在发生正面碰撞时对驾驶室破坏的等效撞击情况。

图 2　载货汽车正面碰撞试验

2. 顶部抗压强度

由于载货汽车一般用于长途运输货物，行驶路面工况较差，且驾驶员长时间的疲劳驾驶容易导致车辆事故发生。翻滚事故是载货汽车较易发生的一类交通事故。该工况主要是等效于在车辆发生翻滚时对驾驶室的破坏情况。

表1 正面摆锤碰撞法规具体要求

项目	参照法规	试验条件	加载情况	技术要求
正面摆锤	GB 26512-2011、ECE R29	摆锤质量1.5±0.25t,宽2500mm,高800mm,重心应低于R点50+5mm,撞击方向应水平且平行于纵向平面	当总质量≤7t时,撞击能量为29.4kJ;当总质量>7t时,撞击能量为44.1kJ	试验结束后,座椅调至中间位置时,50%假人不得与车内非弹性单元件接触

图3 载货汽车翻滚事故

表2 顶部抗压强度法规具体要求

项目	参照法规	试验条件	加载情况	技术要求
顶部抗压强度	GB 26512-2011、ECE R29	用形状适合的刚体部件均匀施加载荷至驾驶室顶部或座舱顶部所有支撑件上	加载相当于车辆前轴或者多个轴的最大轴荷的静压力,最大不超过100kN	试验结束后,座椅调至中间位置时,50%假人不得与车内非弹性单元件接触

3. 后围抗挤压强度

后围挤压的试验工况主要是模拟在载货状态下车辆被追尾或者其他原因导致的货箱装载物对驾驶室的冲击。

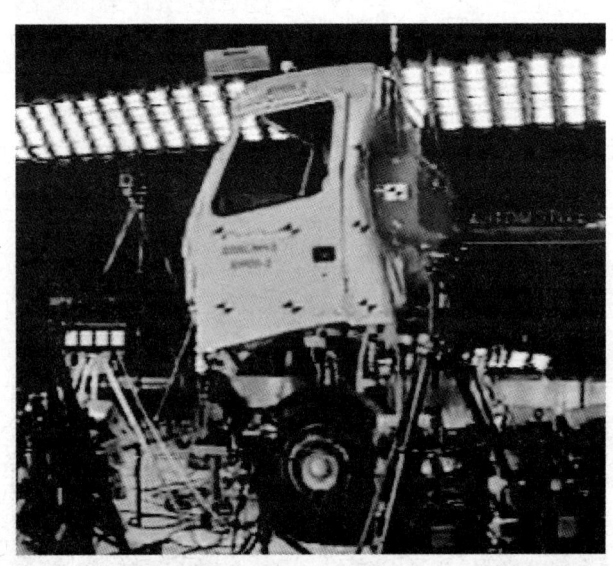

图4　载货汽车后围挤压

表3　后围抗挤压强度法规具体要求

项目	参照法规	试验条件	加载情况	技术要求
后围抗挤压强度	GB 26512－2011、ECE R29	用不小于后围的刚性壁障将载荷均匀施加在车架以上的驾驶室后围上	施加装载质量(t)×2kN的静压力	试验结束后，座椅调至中间位置时，50%假人不得与车内非弹性单元件接触

（二）下防护装置强度

在商用车与乘用车的撞击中，由于商用车质量较大，处于明显的优势地位，同时商用车驾驶室较高，无论车体还是乘员都不会有很大的伤害，而与之撞击的乘用车可能会出现车毁人亡的情况。因此，防止乘用车钻入的商用车下防护装置强度显得尤为重要。虽然其不能完全避免被撞击车辆的损害，但是可以在一定程度上减轻伤害程度。ECE 及国标对前下防护、侧下防护以及后下防护装置的强度均有明确要求。

图 5　载货汽车交通事故钻入状况

表 4　下防护装置强度法规具体要求

项目	参照法规	试验条件	加载情况	技术要求
前下防护	GB 26511 – 2011、ECE R93	加载器尺寸：高度 ≤250mm，宽度 ≤400mm，加载点 P1、P2 根据车辆轮廓线确定。P2 加载出现凹陷或者断裂时需对 P3 点进行加载	P1：施加最大质量的 50% 但不超过 80kN P2：施加最大质量的 100% 但不超过 160kN P3：位于纵向中心面，大于或等于 P2	试验过后，前下防护最前端距离车辆最前端 ≤400mm，加载点之间下防护边缘距离地面 <400mm
侧防护	GB 11567.1 – 2001、ECE R73	加载器为直径 220 ± 10mm 的圆形平压头，垂直于侧防护各点静态加载	对各加载点均施加 1kN 的静载荷	加载点距离侧防护后端 ≤250mm 时，加载点位移要求 ≤30mm；加载点距离侧防护后端 >250mm 时，加载点位移要求 ≤150mm

续表

项目	参照法规	试验条件	加载情况	技术要求
后下防护	GB 11567.2-2001、ECE R58	加载器高度≤250mm,宽度≤400mm,分为二点式P1和三点式P2加载。P1点为对称且相距700~1000mm,P2点位置由车辆外轮廓决定	P1:施加最大质量的50%或者100kN(取较小值) P2:施加最大质量的12.5%或者25kN(取较小值)	试验过后,后下防护最后端距离车辆最后端≤400mm(测量时,车辆空载高于地面3m的部分除外)

（三）安全带固定点强度

安全带作为最基本的被动安全系统零部件，无论在乘用车还是商用车上都对乘员保护起着至关重要的作用，因此ECE及国标均对其安装强度提出明确要求。

表5 安全带固定点强度法规具体要求

项目	参照法规	试验条件	加载情况		技术要求
安全带固定点强度	GB 14167-2006、ECE R14	沿纵向中心平面并与水平线成向上10°±5°的方向加载 三点式安全带：上下模块均分别加载 两点式安全带：只对下模块进行加载	三点式安全带	N_1类 13.5kN	达到加载力时,固定点或周围区域不得发生材料断裂失效,保证所有座位上的乘员手动操作位移装置和锁止装置即可撤离车辆
				N_2类 6.75kN	
				N_3类 4.5kN	
			两点式安全带	N_1类 22.25kN	
				N_2类 11.1kN	
				N_3类 7.4kN	

（四）正面碰撞

在GB 11551-2014《汽车正面碰撞的乘员保护》中，正面碰撞适用范围由原来的M_1类汽车变更为"M_1类汽车和最大设计总质量不大于2.5t的N_1类汽车，以及多用途载货汽车"，明确了商用车的正面碰撞适用范围。

国际上关于商用车驾驶室乘员保护的法规包括：

欧洲经济委员会在1999年发布的ECE R29-02法规（由欧盟各成员国、海湾国家等执行）；

表6 正面刚性壁障碰撞法规具体要求

项目	参照法规	试验条件	加载情况	技术要求	
正面刚性壁障碰撞	GB 11551-2014（总质量≤2.5t以下及多用途载货汽车）、GSO 36-2005（总质量≤4.5t）	50^{0}_{-2} km/h	对于N_1类，试验车辆质量为整车整备质量加上136kg或额定载货量（取较小值）。主副驾驶位置放置50% H-Ⅲ假人	GB 11551-2014	HIC≤1000，ACC3ms≤80g，THCC≤75mm，FFC≤10kN
				GSO 36-2005	管柱 △x≤127mm，△z≤127mm

瑞典安全碰撞法规 VVFS 2003:29（由瑞典斯堪尼亚和沃尔沃执行）；美国汽车工程师学会的 SAE J2420 和 J2422 法规（由美国执行）。

中国国标基本与ECE的法规内容一致。如今在商用车发生正面碰撞产生的能量已经超出了法规 ECE R29-02 中的试验能量。同样，在翻滚事故中，最先受到损害的并非车辆顶部而是A柱、B柱、驾驶室上部横梁等，而 ECE R29-02 忽略了车辆先经过90°侧翻随后才会形成180°翻滚的实际情况（见图6），因此修订了 ECE R29-03（将在2017年正式实施）。其要求高于 ECE R29-02，稍低于瑞典法规的要求，而中国的标准并没有及时修订。

图6 车辆翻滚对驾驶室挤压

针对驾驶室乘员保护的各国法规对比如表7所示。

表7 各国驾驶室乘员保护法规对比

试验要求	ECE R29-03	ECE R29-02	中国标准	瑞典法规	美国法规
试验项目	N_1 和 $N_2 \leq 7.5t$，正面摆锤、顶压试验；$N_2 \geq 7.5t$ 和 N_3，正面摆锤、A柱、顶压试验	可以选择正面摆锤、顶压、后围挤压三项试验或者仅正面摆锤和顶压试验	必须进行正面摆锤、顶压、后围挤压三项试验	进行A柱、顶部、后围三项试验	进行正面摆锤、顶压、侧面三项试验
驾驶室数量	可以选择1个、2个或3个	可以选择1个、2个或3个	同ECE R29-02	用同一个驾驶室完成三项试验	侧面和顶部用一个驾驶室
试验前的状态	驾驶室装有转向盘、仪表板和座椅，正面试验还需装有发动机或同等质量尺寸的模型	进行正面试验时需装有发动机或同等质量尺寸的模型	同ECE R29-02	变速器和仪表板可以不用安装	未提及
驾驶室的固定	对于正面试验，驾驶室须安放在车辆上，对于顶部、后围试验，可安放在车辆上或独立结构上	对于正面试验，驾驶室须安放在车辆上，对于顶部、后围试验，可安放在车辆上或独立结构上	同ECE R29-02	须安装在有两轴的底盘上或轴距为4.5m的底盘构架上	安装在车辆的车架上或放置在驾驶室模拟底盘上
正面摆锤碰撞试验	N_1 和 $N_2 \leq 7.5t$，撞击能量为29.4kJ；$N_2 \geq 7.5t$ 和 N_3，撞击能量为55kJ；摆锤质量为1.5t	总质量 $\leq 7t$，撞击能量为29.4kJ；总质量 $>7t$，撞击能量为44.1kJ；摆锤质量 $1.5 \pm 0.25t$	同ECE R29-02	无此试验	撞击能量为44.1kJ，摆锤质量为2.268~6.8039t

续表

试验要求	ECE R29-03	ECE R29-02	中国标准	瑞典法规	美国法规
A柱撞击试验	$N_2 \geq 7.5t$ 和 N_3，撞击能量为 29.4kJ；N_1 和 $N_2 < 7.5t$，不要求做此试验；摆锤质量 $\geq 1t$	无此试验	无此试验	撞击能量为29.4kJ，摆锤质量为1~1.5t	无此试验
摆锤20°撞击顶盖试验	$N_2 \geq 7.5t$ 和 N_3，撞击能量不小于17.6kJ；N_1 和 $N_2 \leq 7.5t$，不要求做此项试验；摆锤的尺寸覆盖整个侧面，质量 $\geq 1.5t$	无此试验	无此试验	无此试验	通过车辆轮距参数计算出撞击能量和速度
顶盖静载荷加载试验	加载前轴最大轴荷的静压力，最大不超过98kN	加载前轴最大轴荷的静压力，最大不超过98kN	同 ECE R29-02	静载荷加载力为147kN	加载前轴最大轴荷的静压力，最大不超过98kN
后围强度试验	无此试验	按照车辆最大允许质量每吨加载1.96kN的静载荷	同 ECE R29-02	撞击能量为29.4kJ，摆锤质量为1~1.5t	无此试验

185

三 典型企业商用车安全技术状况

（一）基于NAM流程的商用车安全开发体系

NAM流程是安徽江淮汽车股份有限公司（以下简称"江淮汽车"）最早应用于乘用车的研发流程技术，是通过多年的经验总结和教训的反思，广泛吸取世界上先进企业成功的流程管理技术而创建的产品研发流程技术。NAM是"Now and Me"的缩写，NAM流程是从概念设计到产品下线和市场销售的一个全流程的产品开发过程控制。

随着商用车市场竞争的加剧及商用车相关安全法规的日趋严格，江淮汽车尝试性地将已成熟的乘用车NAM流程经过适应性改变移植于商用车开发，经过几年的摸索，逐渐形成了独具特色的NAM流程商用车开发体系。

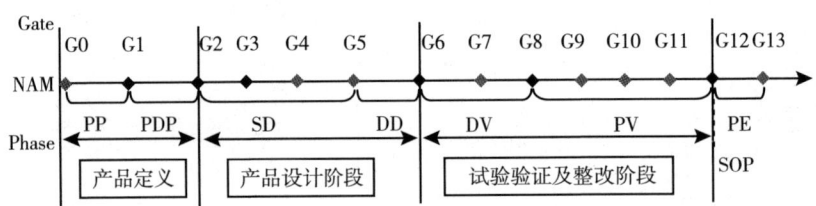

图7 江淮汽车NAM流程示意

NAM流程分为产品规划、产品策划、造型开发、设计开发、设计验证、量产准备、量产评价七大阶段，使得在每一款全新商用车开发过程中，不同岗位的研发人员围绕产品开发的阶段目标和最终目标在正确的时间做正确的事。同时，基于每个人所提供的成果给予绩效评价，形成良性的激励制度。有了这样一套完整体系，商用车的开发摆脱了混乱、粗放的管理模式，从以往的对标开发逐步走向正向开发，商用车的各项性能指标特别是安全性能有了可靠保证。

表8 商用车 NAM 流程阶段及安全性能开发任务

阶段	名称	缩写	主要任务	安全性能开发任务
1	产品规划 Product Program	PP	产品立项可行性分析 细分市场需求分析 工艺路线规划	安全平台可行性分析 需求市场安全法规梳理
2	产品策划 Product Development Planning	PDP	造型概念设计 效果图制作 项目管理策划	CAE 安全分析任务梳理 CAE 安全分析目标确立
3	造型开发 Styling Development	SD	CAS1 和 PH1 A、B 面制作 Biding 数模制作	CAS A、B 面安全校核 Biding CAE 安全分析
4	设计开发 Design & Development	DD	SE、NC 数模制作 工艺可行性分析	SE、NC 数模 CAE 安全分析
5	设计验证 Design Verification	DV	整车开模、PO 样车 零部件试验	试验试制问题 CAE 分析 安全气囊基础标定
6	量产准备 Production Validation	PV	整车、零部件试验 P1、P2、P3 下发	商用车安全法规试验 安全气囊验证标定
7	量产评价 Production Evaluation	PE	项目总结	整车安全性能确认 整车安全开发总结

（二）商用车安全性能开发

1. CAE 安全仿真

CAE 仿真贯穿于汽车设计的整个流程，不仅节约了大量资金，更重要的是有效缩短了产品开发周期。随着商用车 NAM 开发流程应用逐步完善，江淮汽车已经形成了一套较为完备的 CAE 安全仿真体系，对应商用车所需满足的各项安全法规及企业标准，主要有：针对商用车驾驶室乘员保护的正面摆锤分析、顶压强度分析、后围挤压分析；针对安全带固定点与座椅固定点的强度分析；针对乘用车钻底的前下防护强度分析和后下防护强度分析；针对仿真行人被卷入车底的侧防护强度分析；远高于法规要求的正面碰撞分析，用于后期安全气囊标定及约束系统匹配（见图8）。

2. 商用车安全试验验证

在全面系统的 CAE 安全仿真后，已经确保了设计车型的安全仿真性能

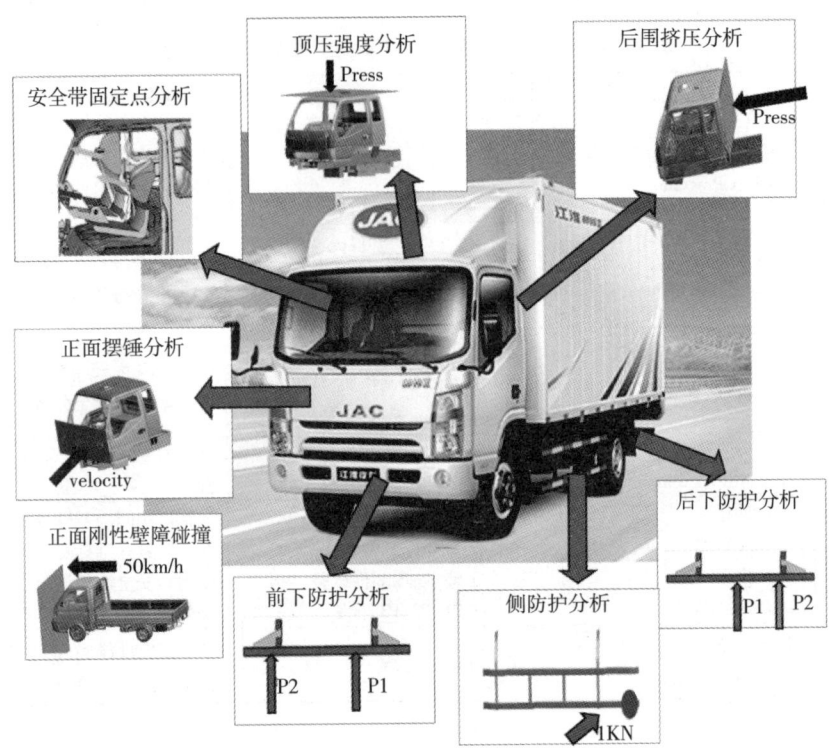

图 8 江淮汽车商用车安全 CAE 仿真分析

达标，之后进入车型的试制阶段。在此期间有系统的安全试验验证，及时发现试验中存在的问题并完成整改，同时再对标 CAE 仿真模型查找差异，提高后续车型仿真精度。

图 9 江淮汽车商用车安全性能试验验证

3. 载货汽车安全气囊约束系统开发

中国乘用车被动安全技术研发基本成熟,安全气囊等约束系统已经成为一项基本配置,而长期以来,商用车被动安全技术开发基本处于空白,国内自主品牌也一直无量产装备安全气囊的载货汽车产品。

随着国内法规日趋严格,如 GB 11551 - 2014 将 2.5t 以下载货汽车也列入要求,现有轻型载货汽车的结构及配置很难满足要求;国际市场上也有一些国家(如巴西等)将轻型载货汽车标配安全气囊作为强制要求。因此,后续开发的车型仅满足商用车乘员保护的生存空间还不够,对载货汽车车身结构和安全配置有了更高要求。

2010 年,江淮汽车依据 World Truck 计划以及国际市场对于载货汽车安全性能及配置日益高涨的诉求,着手进行轻型载货汽车安全气囊系统开发研究。在 2013 年完成一款装备安全气囊的高端轻型载货汽车的开发工作,并于 2013 年底在国外上市,如图 10 所示。

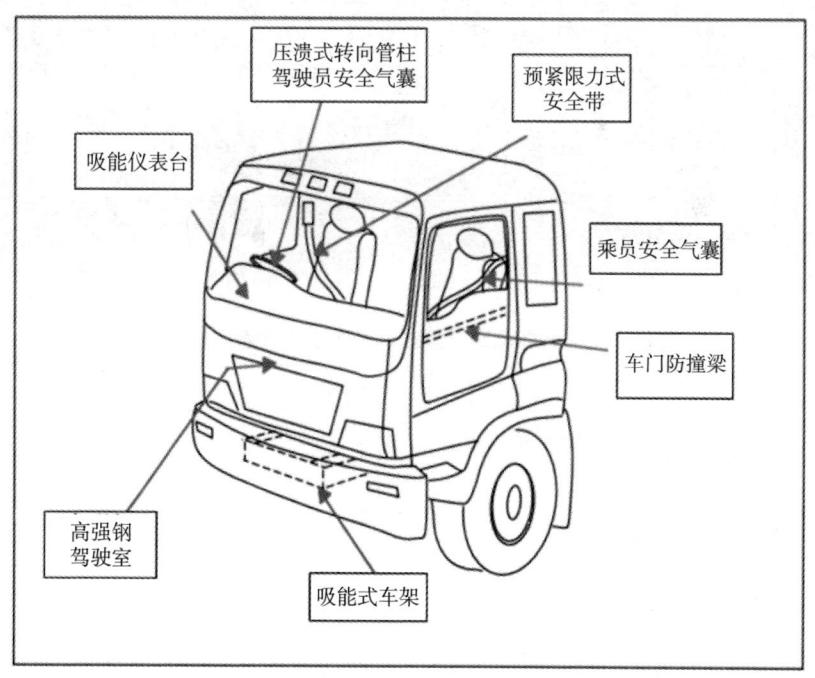

图 10　江淮汽车高端轻型载货汽车典型被动安全配置

表9　江淮汽车高端轻型载货汽车安全气囊系统配置

部　件	说　明
安全气囊控制单元	4通道（DAB、PAB、双预紧限力式安全带）
驾驶员安全气囊模块	单级点火
前排乘员安全气囊模块	单级点火
驾驶员三点式安全带	预紧限力式
前碰传感器	单向X传感器

这也是国内自主品牌第一款标配安全气囊的轻型载货汽车产品，并进行了大量整车碰撞试验（见图11），对安全气囊产品设计布置、标定矩阵、试验形式、速度等进行了摸索和探究，积累了大量数据和经验。

图11　江淮汽车高端轻型载货汽车安全气囊开发试验

（三）商用车安全技术规划

随着自主研发能力的不断提高以及近年来在商用车安全开发领域所积累的经验，江淮汽车在未来几年对商用车安全技术主要有以下规划。

一是不断提高商用车被动安全设计水平。总结已有车型结构设计经验，对新开发车型尝试探索新型结构形式，从结构对标开发走上完全正向结构设计，不断完善商用车安全气囊开发体系建设。

二是加强商用车主动安全技术开发储备。鉴于商用车事故部分原因是驾驶员疲劳驾驶,江淮汽车新一代产品将引入车道偏离预警系统(LDW)、疲劳驾驶监测、电子稳定性控制系统(ESC)等主动安全配置。

四 商用车安全技术发展趋势

为了追求商用车的高性能,世界各国商用车企业特别是欧洲商用车企业在汽车安全方面的研究和应用取得了前所未有的成绩。从单一追求被动安全中的车身结构安全,扩展为乘员约束系统和碰撞过程人体生物力学;从被动安全向智能化的主动安全发展。

在对商用车发生碰撞的车身结构变形形式进行调查和研究的基础上,欧洲商用车企业普遍采用框架式车身结构,本体采用高强度钢板,整体冲压成型,大幅提高车身的抗变形能力,为乘员提供了强有力的保护。

乘员约束系统是车辆被动安全的重要一环。大量研究表明,与乘员生物伤害指标相关的主要是乘员约束系统,在车身设计确保碰撞过程中乘员有足够生存空间的基础上,通过安全带、安全气囊的合理匹配,可以有效减少对乘员的伤害(见图12)。另外,配备防钻入保护装置,可防止小型车辆与载货汽车发生碰撞时从载货汽车的前后下部边缘钻入,既可减少小型车辆的变形程度,又可减轻车体变形对其乘员的伤害(见图13)。

图12 商用车乘员约束系统

图13 前部防钻入保护系统

欧洲提出2020年商用车事故发生率为零,为了达到这一目标,仅仅应用被动安全技术是不够的。预测或避免事故的发生是未来商用车安全技术发展的方向。随着汽车电子和集成技术的进步,主动安全技术已越来越多地应用到商用车中。商用车安全的领先企业如沃尔沃汽车集团、德国奔驰汽车公司的主动安全技术已普遍应用,如自主紧急制动系统(AEB)、ESC、LDW、防抱死制动系统(ABS)、自适应巡航控制系统(ACC)、盲点探测(BSD)、瞌睡或驾驶员注意力不集中的报警系统等。

商用车安全技术的主要目的是避免事故发生和减少伤害。未来通过应用电子技术和互联网技术,将使商用车实现高度智能化,进一步有效提升商用车的安全技术水平。

B.16 先进安全技术的开发与应用

摘　要： 上海大众汽车有限公司注重先进安全技术的开发，并将相关技术积极应用在其车型中，为驾乘人员提供有效的安全保护。本文介绍了预紧限力式安全带、头部安全气囊和膝部安全气囊、多次碰撞预防系统、预安全乘员保护系统所起到的安全作用，以及这些技术在该企业车型中的应用情况。

关键词： 上海大众　安全气囊　多次碰撞预防系统

一　预紧限力式安全带

在汽车碰撞事故中，安全带是最重要的保护装置之一。安全带将驾乘人员约束在座椅上，当发生事故时，限制驾乘人员的移动，避免驾乘人员与车体其他部位发生碰撞伤害，同时安全带的缓冲作用能吸收大量动能，降低事故对驾乘人员的伤害程度。安全带将大部分作用力施加到胸腔和骨盆，这些身体部位相对来说比较强壮。由于安全带较宽，其作用力不会集中在一个较小区域，不会造成过大伤害。安全带的类型主要有：普通安全带、限力式安全带、预紧限力式安全带。其中，预紧限力式安全带对驾乘人员的保护效果较好。

预紧限力式安全带常见的预拉紧装置是一种爆燃式的，由气体引发剂、气体发生剂、导管、活塞、绳索和驱动轮组成。当汽车受到碰撞，预拉紧装置受到激发后，密封导管内底部的气体引发剂立即自燃，引爆密封导管内的气体发生剂，气体发生剂立即产生大量气体膨胀，迫使活塞向上移动而拉动绳索，绳索带动驱动轮旋转后，驱动轮使卷收器卷筒转动，织带被卷在卷筒上，使织带被回拉。最后，卷收器会紧急锁止织带，固定驾乘人员身体防止其前倾，避免与方向盘、仪表板和玻璃相撞。

国内很多汽车企业在中高档车型上应用了预紧限力式安全带。上海大众汽车有限公司（以下简称"上海大众"）国产和进口各车型的全部款型都装备了预紧限力式安全带，可为驾乘人员提供良好的碰撞保护。

二 头部安全气囊和膝部安全气囊

安全气囊中的正面安全气囊、侧面安全气囊普及程度较高，头部安全气囊、膝部安全气囊一般在中高档车型上装备。

头部安全气囊也叫侧安全气帘，在碰撞时弹出遮盖车窗，以达到保护效果。头部安全气囊通常安装在挡风玻璃两侧钢梁内侧，大多数是前后贯通式。

图1 头部安全气囊示意

车辆在发生正面碰撞时，驾驶员膝部与中控台的距离最短，是最易造成骨折损伤的部位。当碰撞发生时，膝部安全气囊与其他安全气囊一起激活，避免膝部及大腿部受到伤害。在有角度的斜碰中，脚部的侧面掀起可以被更好地保护。膝部安全气囊不仅可以缓冲腿部受到的冲击，还进一步控制撞击中的身体移动，这意味着头部或上半身受伤的可能性被同步降低。

图2　膝部安全气囊示意

上海大众国产的朗境、Polo GTI，以及进口的途锐、迈特威、夏朗、尚酷、甲壳虫全部款型都装备了头部安全气囊，国产的帕萨特、途安、朗逸、朗行、New Polo、桑塔纳、凌渡部分款型装备了头部安全气囊。进口的途锐、夏朗全部款型都装备了膝部安全气囊。

三　多次碰撞预防系统

在出现人员伤害的交通事故中，有很多属于多次碰撞。多次碰撞是指在第一次碰撞之后还会出现其他碰撞的多重碰撞，例如与侧护栏或对面来车发生的碰撞。根据研究，在德国约有25%的交通事故是由于发生碰撞之后，驾驶员无法有效地控制车辆而发生高能量的多次碰撞造成的。德国大众汽车公司针对以上情况，开发了多次碰撞预防系统（MKB）。MKB能实现车辆在发生碰撞之后自动制动的功能，可以将多次碰撞发生的可能性和强度大大降低。

MKB的基本作用原理是车辆达到车速门槛，安全气囊控制器中的传感器采集到的信号通过MKB算法处理后达到触发条件（一般认为与安全带燃

图 3　无 MKB 的车辆碰撞情况示意

图 4　装备 MKB 的车辆碰撞情况示意

爆的触发条件相同);通过汽车 CAN 网络将 MKB 触发信号传递给制动控制器;即使驾驶员已经失去意识,制动系统仍然可以控制车辆按照预设的减速度制动。

上海大众率先在国产的凌渡全部款型上都装备了MKB，未来将在更多车型上装备，以有效减少多次碰撞。

四 预安全乘员保护系统

预安全乘员保护系统（一体化安全系统）的显著特征是连接了主动及被动安全装备。基础是动态行驶系统的传感器的使用，如前碰辅助、制动辅助（BA）、电子稳定程序（ESP）等，提高了在动态行驶中紧急情况下辨识出碰撞可能性的能力。

如下任意紧急情况发生时，预安全乘员保护系统会被激活：前碰辅助在碰撞危险区域探测到障碍物；紧急制动（非常快速的操作制动踏板或在制动过程中非常急速的制动踏板压力增加）；不稳定的行驶状态，如车辆严重的转向不足或转向过量。

辨识出潜在的碰撞事故时，预安全乘员保护系统会使车辆对可能的碰撞做预先准备。安全带拉紧将驾乘人员固定在座椅上，以使安全气囊及安全带在作用时提供最好的保护；在严重的转向不足或转向过量时，全景天窗及侧窗关闭；车辆回归到驾驶员的控制下或行驶恢复到稳定状态时，安全带放松；行驶车速大于15km/h时，安全带容易变得张紧以减小松懈量。

上海大众国产和进口各车型均部分或全部款型装备了ESP，为实现预安全乘员保护系统奠定了技术基础。

B.17
安全新技术在自主品牌车型上的应用

摘　要： 在汽车设计中，车辆的高安全性一直是汽车企业设计团队追求的目标，除了高强度的车身结构之外，车辆本身配备的主动、被动安全装备在保护乘员安全上也起到了关键的作用。随着汽车行业对车辆安全关注度的提升，主动、被动安全装备也在不断地推陈出新。本文以一汽轿车股份有限公司对车辆安全领域新技术的引用为背景，介绍了奔腾X80和全新奔腾B70整车被动安全系统的匹配过程，并着重阐述了该企业电子稳定性控制系统开发情况和主动安全技术的发展规划。

关键词： 车辆安全　电子稳定性控制系统　一汽轿车

近年来，汽车行业对汽车安全的关注度不断提升，自主品牌企业越来越重视安全技术的创新与应用。自主品牌企业从追求成本降低向技术高端化转变，在车身安全设计方面有较大进步，并不断提升限力式安全带、安全气囊、防抱死制动系统（ABS）、电子稳定性控制系统（ESC）等安全产品的装备率。C-NCAP开始实施时，自主品牌车型测试成绩以两星级、三星级居多，如今获得四星级、五星级的自主品牌车型较多，体现了自主品牌企业安全技术的持续提高。

自主品牌代表企业之一的一汽轿车股份有限公司（以下简称"一汽轿车"）注重安全技术的开发与应用，随着奔腾车系两款主力车型X80和全新B70的上市，其产品的安全性和性价比受到市场关注。

一 车辆安全开发技术研究

自从第一辆奔腾投放市场以来,一汽轿车对保护乘员安全尤为重视。随着企业的发展,其安全设计研发团队也由原来单一的被动安全团队发展为主动安全和被动安全联合的车辆安全研发体系团队。近几年,一汽轿车将ESC及驾驶员辅助系统(ADAS)等主动安全新技术不断引入奔腾车系中。相对于主动安全方面从无到有的过程,一汽轿车在被动安全领域做到了从有到精。

一汽轿车在车辆安全开发方面,把人、车辆、道路作为一个系统来研究,三者相互协调,达到性能的最佳匹配,集成整车安全性设计,其中车辆安全开发体系如下。

(一)整车安全开发目标制定与分解

在奔腾车型项目启动之初,一汽轿车就开始制定整车安全开发目标(包括主动、被动安全系统),并随着项目的进展分析安全目标,进一步分解及细化,对于每项安全相关的法规要求,除满足相关标准外,还需分解到具体得分要求。

(二)整车被动安全模拟计算

从项目启动到项目确认阶段,经过多轮整车安全模拟计算。应用模拟仿真计算,缩短了开发周期,并为企业降低了开发成本。模拟计算主要包括:车体抗撞性、乘员保护及行人保护。通过多轮模拟计算和优化,达到模拟阶段的整车安全开发目标。

(三)子系统开发匹配

模拟计算后需对各个子系统进行开发匹配,包括正面约束系统、侧面约束系统、行人保护等被动安全系统开发,而对于主动安全系统中的ESC和ADAS等则需要软件逻辑的开发及匹配标定。

（四）整车试验

车辆安全系统开发从整车试制阶段、批量生产阶段到最后批量投产阶段，进行多轮测试试验。

被动安全系统开发过程先后需进行多次整车碰撞试验和误作用检测，其中包括基础数据采集试验、标定试验、验证试验。主动安全系统开发包括车辆动力学模型建立、整车调校标定、全路况验证等整车试验，以及通信诊断、功能测试、失效安全测试等台架测试。

通过这些试验的开展对模拟计算结果、约束系统匹配结果、ACU标定、车身结构、主动安全装备性能以及生产工艺等方面进行检验验证。

（五）整车安全目标的达成

通过多轮整车试验，从乘员伤害、车体结构、生存空间及主动安全装备匹配开发等方面进行安全开发目标的达成评价，进行优化和改进，最终达到开发目标。

二 被动安全系统开发

（一）奔腾X80项目开发匹配过程

奔腾X80在正面约束系统开发过程中，为满足整车安全开发目标及分解后的二、三级胸部目标值，分析前排假人在正面碰撞过程中的伤害模式、伤害机理及运动姿态，结合车体变形情况、加速度情况及空间布置等因素，制订匹配优化方案、进行CAE分析及台车试验，最终选择改变锁舌来达到目标值这一方案。利用与供应商联合开发的圆形锁舌本身固有的特点降低胸部伤害从而使胸部压缩量达到目标值要求，奔腾X80圆形锁舌与普通锁舌在台车试验中胸部压缩量的表现对比如图1所示。

2012版的C-NCAP管理规则中增加了后排假人的评价，这对当时正

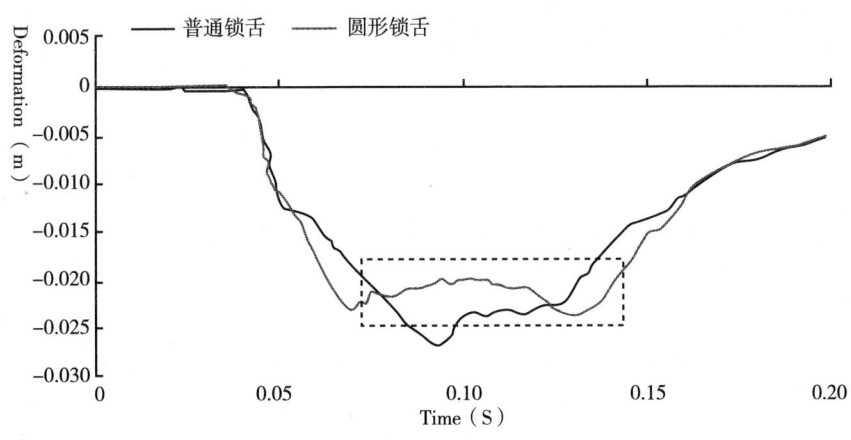

图1 奔腾X80圆形锁舌与普通锁舌在碰撞中胸部压缩量的对比

处在开发中期的奔腾X80提出了更高的要求。经统计、调查及研究乘用车后排五百分位女性假人在正面碰撞过程中的伤害模式，分析其伤害机理，从人体动力学响应的角度研究约束系统参数和人体伤害之间的关联性，提出后排假人的伤害与车体波形、空间尺寸、后座椅下潜机构、坐垫角度、安全带固定点布置及安全带限力值等因素相关。经过试验设计（DOE）分析，确定各个影响因素的影响趋势，制定奔腾X80优化方向。最终确定引入全新的后排双限力式安全带，以此来达到更好地保护不同体型乘员和满足不同法规要求的效果。奔腾X80后排双限力式安全带限力值曲线如图2所示。

（二）全新奔腾B70项目开发匹配过程

一汽轿车建立了成熟且完善的整车安全开发流程体系，在细节开发中根据具体车型选择匹配更适合该车型的装备。为满足全新奔腾B70的开发目标要求，一汽轿车引入与供应商联合开发的锁止锁舌以达到优化前排乘员胸部压缩量的效果。

全新奔腾B70开发过程中正面高速试验时前排假人胸部压缩量大于目标值，分析前排假人在正面碰撞过程中的伤害模式、伤害机理及运动姿态，

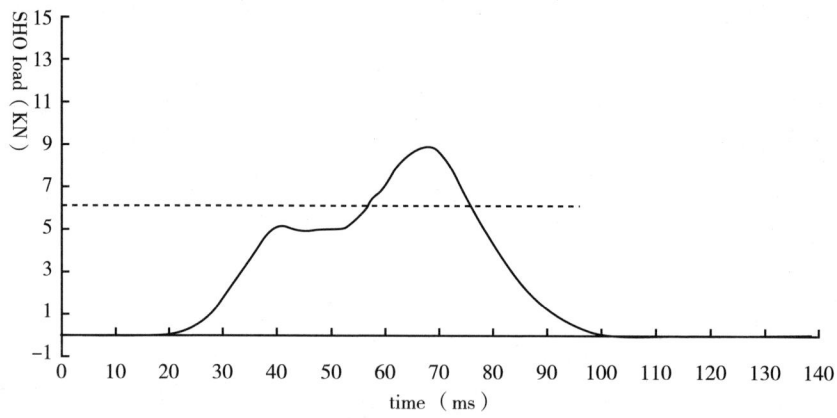

图2 奔腾X80后排双限力式安全带限力值曲线

制订匹配优化方案，进行CAE分析及台车试验，最终确定假人运动姿态对胸部压缩量影响最大，因此优化方向放在改变假人运动姿态上。在碰撞中，较理想的运动姿态为乘员在碰撞初期以H点为中心胸部进行旋转运动，这样在相同的安全带限力值情况下胸部受力更小，全新奔腾B70选择了锁止锁舌，通过锁舌锁止安全带，限制骨盆运动，达到旋转的运动姿态，从而降低胸部受力（见图3）。

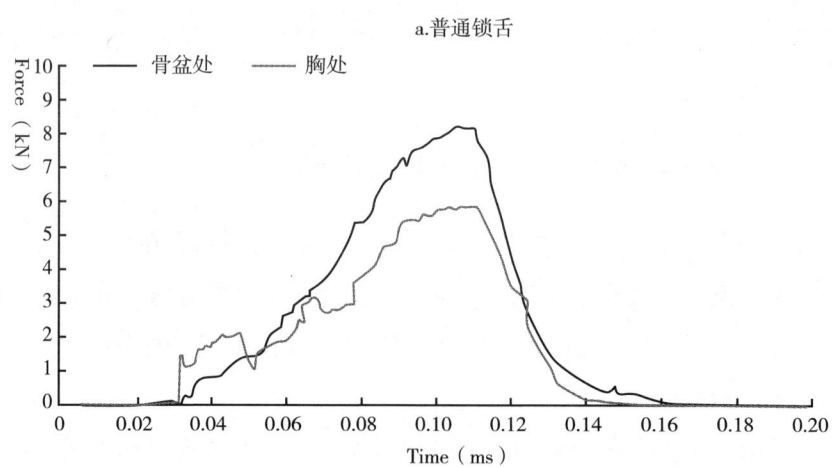

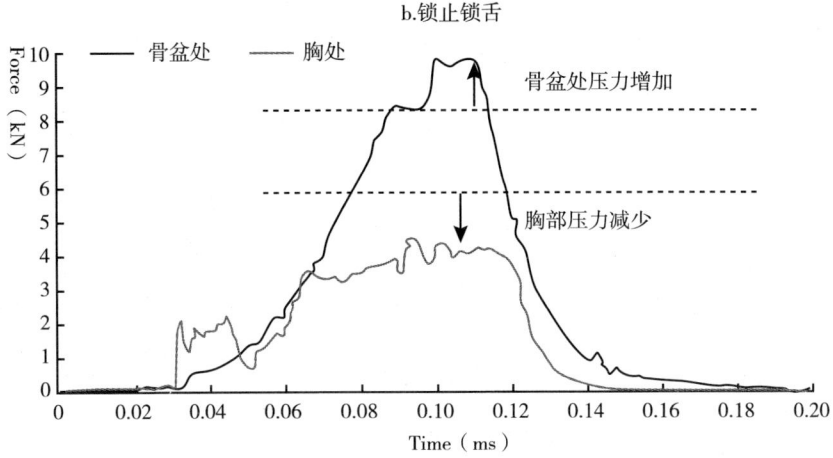

图3 普通锁舌与全新奔腾B70锁止锁舌胸部压力对比

三 主动安全系统开发

随着汽车安全越来越受到重视，传统的以被动安全为主的安全理念也在发生变化。汽车安全逐步细化，形成了主动、被动安全系统相结合的全新安全理念，主动安全系统也成为汽车企业开发的重点。一汽轿车在主动安全领域不断探索，ESC由最初的ABS到全系ESC，雷达技术、胎压监测系统（TPMS）、自适应巡航控制系统（ACC）等均应用于奔腾、红旗车系中。

（一）一汽轿车ESC技术

1. 基本功能

一汽轿车奔腾车系ESC基本功能包括：ABS、牵引力控制系统（TCS）、车辆动态控制系统（VDC）、紧急制动辅助系统（EBA）。

2. 附加功能

一汽轿车奔腾车系ESC附加功能包括：坡道辅助、自动驻车、液压真空补偿、陡坡缓降及动态稳定减速。

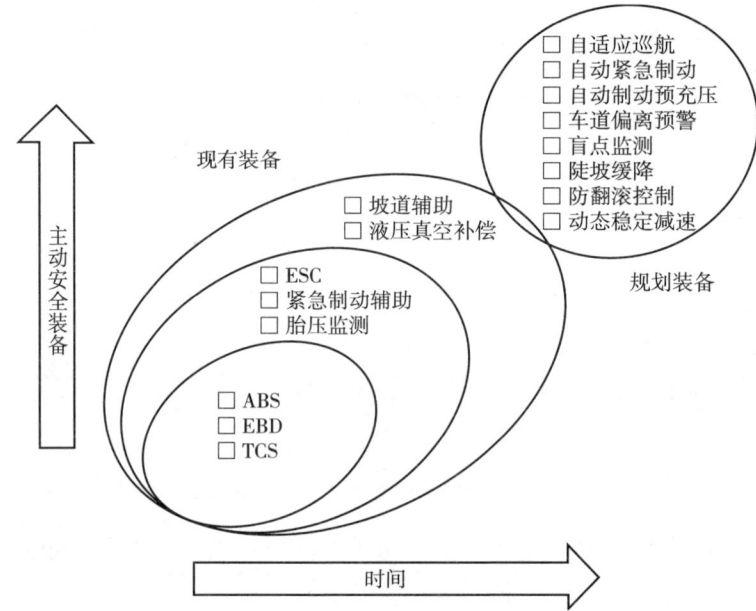

图4 一汽轿车主动安全技术发展情况

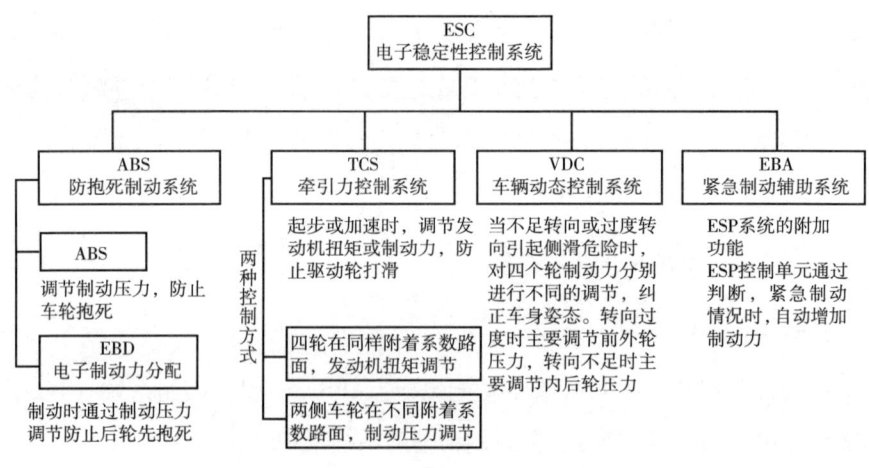

图5 奔腾车系ESC基本功能

表1　奔腾车系 ESC 附加功能

功能名称	功能简介	功能原理
坡道辅助	在车辆上坡时,能够适当保持驾驶员所施加的制动压力,防止车辆出现溜车现象	
自动驻车	帮助车辆在任何静止条件下保持静止状态,驾驶员无须为了保持车辆静止而一直踩住制动踏板	
液压真空补偿	当车辆发生制动真空度不足时,ESC 主动增压,补偿临时的真空不足,保证有效制动距离	
陡坡缓降	帮助驾驶员在下坡情况下低速下坡,而无须驾驶员的主动制动干预	
动态稳定减速	在车辆行驶过程中触发电子驻车制动系统(EPB)工作情况下,为保证有效制动距离和安全性,ESC 进行增压干预和稳定控制	

3. ADAS 功能

基于 ADAS 的主动安全装备的应用,使得人们在享受驾乘便利性的同时,安全性得以保障。目前一汽轿车红旗车系配置全速 ACC,ESC 装备了驾驶员辅助减速控制、制动器自动预充压、自动紧急制动等功能,极大地提升了车辆主动安全水平。

(二)ESC 研发体系

在近几年的发展过程中,一汽轿车开发团队致力于提高 ESC 的性能可靠性和逻辑合理性,将车辆的主动安全作为第一开发目标。为此,开发团队建立了一整套 ESC 产品开发体系，从规范的建立、测试的完善到匹配评价能力的提升，均能够有效保证车辆的主动安全性能。

1. 准确的性能目标定义

在项目初期概念设计阶段，通过市场调研、技术发展路径、市场成熟度等多维度确定 ESC 的装备需求，开发团队根据装备输入，进行功能需求分析和功能定义，最终设定车型的 ESC 功能目标。

同时，通过实车对标手段，选取 ESC 性能表现中 8 类工况共计 50 余项作为判断依据，确定性能表现风格和目标，为后续 ESC 开发确立性能开发目标。目前，一汽轿车奔腾车系已经形成 ESC 与操控稳定相结合的自有性能风格。

2. 合理的控制策略设定

在一汽轿车 ESC 的发展初期，其所有控制策略完全遵照供应商的策略规则，有些并不适合奔腾车系的用户习惯。因此在奔腾 X80 开发过程中，一汽轿车结合奔腾车系定位及特点，建立了一套适用于该公司的控制策略规范。

一汽轿车将 ESC 的开发作为一项系统开发工作，因此涉及与电控架构、线束布置、控制单元交互等的多维度开发工作。合理的控制策略不仅能够提升整车的电控系统水平，同时使 ESC 本身的用户安全性得以保障。目前，一汽轿车建立了 ESC 关闭策略、低电压控制策略、车速输出策略及 ESC 多项附加功能要求等各类规范，已经在奔腾 X80 和全新奔腾 B70 上得到应用与验证。

3. 严格的实车评价

奔腾车系的 ESC 开发经历了一年多的匹配标定。在此过程中，一汽轿车评价团队根据前期设定的性能风格目标，结合实车动力学形态进行了多次主观评价。其中包含标定过程中的所有工况，使得 ESC 性能得到充分的主观验证。同时，已经具备一套完整的 ESC 客观评价设备，评价团队利用该套设备，遵照更为严格的客观评价标准，进行了严谨的客观测试，通过测试数据判断 ESC 性能水平和控制逻辑合理性。

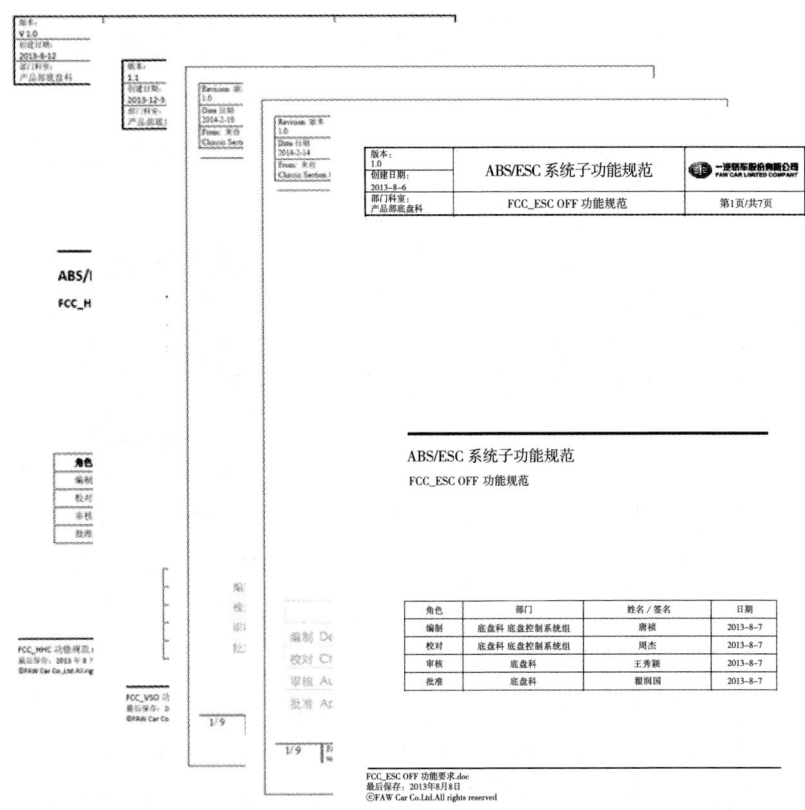

图6 一汽轿车ESC功能策略规范

通过持续的实车评价能力提升，一汽轿车积累了大量的评价数据，并建立了夏季和冬季ESC主客观评价标准。目前，可实现针对轮胎、悬架、制动系统部件更换的独立评价验证工作。ESC匹配标定中验收环节的主导地位，使得一汽轿车能够与供应商建立平等的技术对话，保证了ESC性能得到严格的控制和提升。

4. 完善的功能测试

在ESC的开发体系中，贯穿整个开发过程的测试工作极其重要，完善、合理的测试能够有效验证ESC的软件和功能安全。在ESC开发过程中，一汽轿车需经历多轮通信诊断测试、功能测试、失效安全测试及下线监测测试

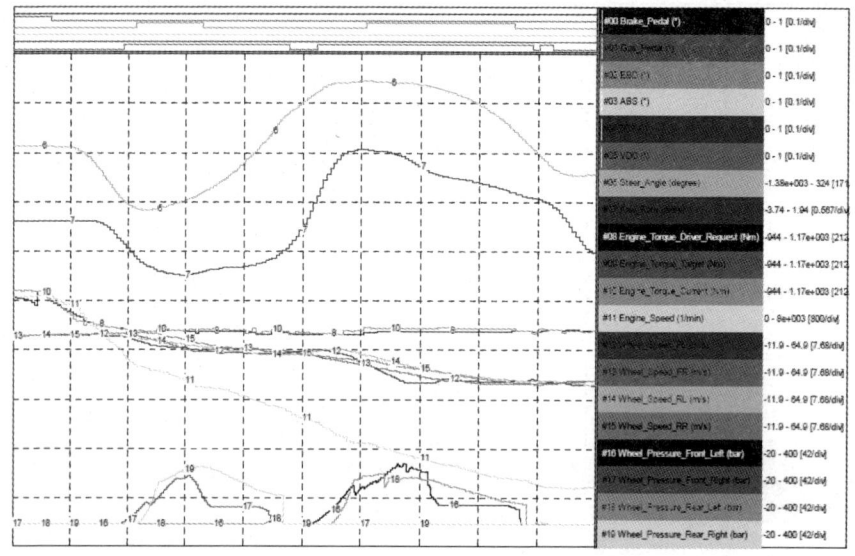

图7 一汽轿车 ESC 某一工况客观评价数据

等全环节的测试验证。

2009年,一汽轿车已经建立了自有通信诊断规范,并拥有整套的通信诊断测试设备。2013年,建立 ESC HIL 硬件在环实验室,通过测试人员6个月的分析研究,整理了240余项功能和失效安全测试用例。可实现功能和失效安全测试,对总线信号传输错误、传感器硬件故障、控制单元的硬件失效、供电故障等进行模拟,同时可对故障监控、故障降级和报警机制的合理性进行测试。

目前,美国的 FMVSS 126、英国的 ADR 31/02、欧盟的 EC 661/2009 及 Euro NCAP、加拿大的 TSD 126、韩国的车辆安全标准法规等均强制要求在规定的时间装备 ESC,中国也将 ESC 列为 C-NCAP 的加分项。可以预见,ESC 不久将成为国内中高档轿车和其他车型的标准配置。主动安全新技术的应用,将大大减少道路事故的发生。攻克 ESC 设计的理论与关键技术,对提高自主品牌汽车的自主开发能力、缩小与跨国企业及其车型的差距具有重要的现实意义。

安全新技术在自主品牌车型上的应用

图 8　一汽轿车 ESC HIL 实验室

四　一汽轿车车辆安全技术发展规划

随着科技发展和社会需求的增加，主动安全领域不断实现创新和突破，在以车辆安全性为根本的基础上，更加重视驾乘舒适性和产品的最优方案。一汽轿车也将主动安全技术列为公司的战略技术。

（一）基于 ADAS 的主动安全

目前，红旗 H7 已经配备了相对高端的主动安全装备。未来一汽轿车将致力于提升基于雷达和摄像头技术的主动安全装备，如驾驶员疲劳检测、转向与穿行辅助系统、行人保护系统、交通信息提醒、夜视辅助、智能大灯控制等技术，这些技术将成为主动安全领域发展的主要方向，同时也给用户带来了行驶安全与操作方便的汽车产品。

（二）高度集成化的制动控制系统

车辆的发展正逐步向模块化和集成化发展，制动控制系统也不例外。

209

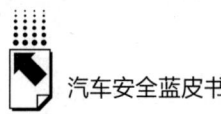

将传统的主缸助力器、真空泵、EPB 及 ESC 集成,已经成为汽车企业和供应商研究的方向。集成化的制动控制系统能够为整车设计提供最大限度的自由度,降低部件层级,从而使得整车层级的总体成本和技术水平获益。一汽轿车已经将 EPB 控制单元集成至 ESC 控制单元方案加入车型技术规划中。

B.18 碰撞安全技术的开发与应用

摘　要： 本文首先介绍了国内外碰撞安全技术发展状况，包括碰撞安全评价发展状况和碰撞安全设计发展状况；其次，详细阐述了重庆长安汽车股份有限公司车辆结构兼容性技术、零部件动态冲击试验关键技术、台车模拟偏置碰撞技术、碰撞安全集成技术的开发情况和产业化应用情况。

关键词： 碰撞安全技术　长安汽车　汽车安全性能

一　国内外碰撞安全技术发展状况

中国已经成为全球最大的汽车生产和消费市场，汽车保有量也以每年千万辆级的速度持续增长。同时，由于中国道路条件发展不平衡等多种因素影响，交通事故发生率较高。作为影响道路交通事故的三大因素之一的汽车，其安全性能越来越受到国家法规制定机构及消费者的关注。

随着市场对汽车产品要求的不断提高，中国汽车自主研发事业正面临前所未有的挑战。这种挑战来自汽车产品核心技术的竞争，没有掌握汽车开发的核心技术、没有有效提高和控制产品性能就没有市场，其中最为明显的就是汽车碰撞安全性能开发技术。

（一）汽车碰撞安全评价发展状况

近年来，欧洲第三方检测机构多次将中国自主品牌汽车在欧洲进行碰撞性能评价试验，"碰撞门"事件频出，得出了"中国车不安全"的结论。

2006年,C-NCAP开始实施。2012年7月1日起,C-NCAP管理规则进行了较大幅度的提升。

国外很多大型汽车公司早在20世纪60~70年代就开始在碰撞安全性能技术上下足了功夫。碰撞安全开发在国外汽车新产品开发的过程中具有举足轻重的地位。同时,世界各国制定了严格的新车评价规程。其评价的重点是碰撞保护方面的安全性能,根据不同的碰撞测试方法和得到的一些结果来给车辆的性能分出等级,既表明这些车辆碰撞安全性能设计水平的高低,也体现了生产厂家甚至是一个国家汽车安全研发的技术实力。

(二)汽车碰撞安全设计发展状况

汽车安全性能开发的主要研究对象包括车体结构设计和约束系统开发,两者的性能共同决定了整车安全性能。如果把正在发生碰撞的车辆比作一个鸡蛋,那么车体就像鸡蛋的蛋壳一样传递撞击力、吸收能量并维持生存空间,而鸡蛋的蛋白部分就像约束系统一样为驾乘人员提供缓冲,减小因二次碰撞而带来的严重伤害。只有两者都拥有较好的性能,且相互匹配共同发挥作用,才能为像蛋黄一样脆弱的驾乘人员提供足够的保护(见图1)。

1. 汽车车身碰撞性能研究发展状况

早期对车身结构抗撞性的研究完全依赖试验的方法。汽车碰撞试验是汽车碰撞被动安全性研究中最准确的方法,新款汽车的安全性设计与检验,都需要通过反复设计,制作多辆汽车,进行几十次乃至上百次的碰撞试验来完成。但是,此类试验是汽车开发中一种昂贵的"试错"过程,往往需要很高的费用和较长的时间。因此,CAE应运而生,其在汽车产品的研制与开发过程中发挥了不可替代的作用。CAE主要指用计算机对工程和产品进行性能与安全的可靠性分析,并对其未来的工作状态和运行行为进行模拟,以及早发现设计缺陷,增强未来产品功能的可用性和性能的可靠性。CAE在汽车开发过程中的作用主要体现在以下三个方面:①缩短了产品的研制周期,CAE在建模和分析过程中采用实体造型和参数化,从而大幅度地缩短了确定合理的结构参数所需的时间;②减少了产品的开发费用,与道路试验

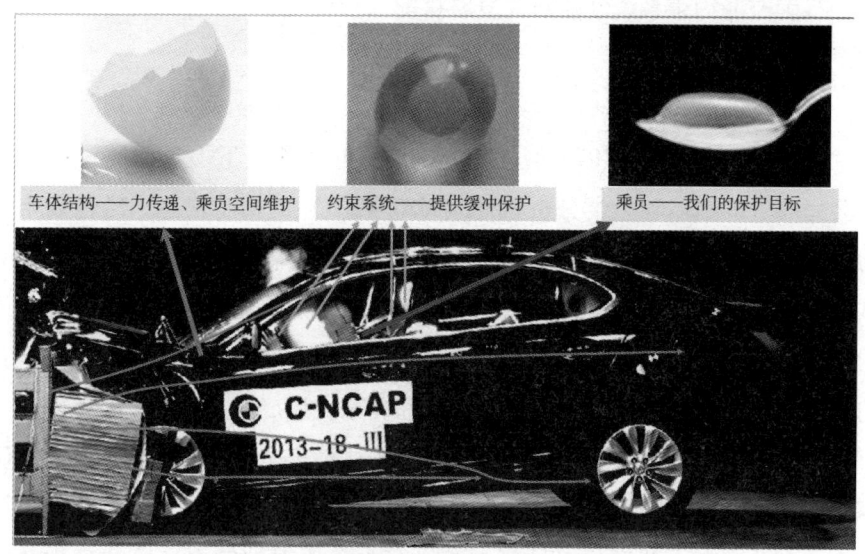

图1 碰撞安全性能主要的研究对象及关系

和室内台架试验相比较，利用CAE分析汽车整车及零部件的各种性能，可以使所需要的费用大幅减少；③通过结构参数的优化设计，有利于开发出性能更为优越的汽车整车和零部件。

采用CAE，通过有限元分析和数值模拟来分析汽车的碰撞性能，可以为汽车设计或改进提供一些基本的规律和指导，减少试验次数，避免大量尝试性的工作。这样既能节约昂贵的实车碰撞试验经费，又可缩短开发周期。同时，在零部件优化设计的初始阶段，有限元分析和数值模拟也是唯一的分析手段。无论在国内还是国外，通过对汽车车身及其零部件的碰撞性能进行模拟和有限元分析来部分或全部地取代或改进汽车碰撞试验工作，都已成为汽车碰撞安全性研究的必然趋势。综上所述，基于有限元技术的车身吸能元件的抗撞性优化设计是汽车研发领域的一个热点问题，既具有崭新的研究空间，又具有现实的工程背景，其研究成果可为整车抗撞性的研究奠定坚实的基础。因此，开展这方面的研究不仅具有重要的理论意义，同时也具有重要的工程应用价值。

2. 前碰撞约束系统性能研究发展状况

（1）国外技术现状

作为车辆安全两大研究对象之一的约束系统分析技术早在20世纪70年代就得到研究和发展。1975年，荷兰应用科学组织（TNO）公路汽车研究学会完成了多刚体动力学分析软件（MADYMO）的初步建立。经过数十年的发展，基于该分析软件的约束系统分析方法已经较为成熟。但由于安全测试标准的不断提高，以及约束系统技术的日益复杂化，对约束系统仿真分析的研究从未停止，且在近十年来发展迅速。20世纪90年代至21世纪初，约束系统集成分析的基础分析方法在欧洲国家发展成熟。

总体来说，汽车工业发达的国家对汽车碰撞安全性及乘员保护方面的研究已经相当成熟。随着安全评价要求的提高，碰撞工况更加严格，约束系统分析的方法也在不断变化。目前主要研究为单工况的约束系统的分析及优化，尚未有同时针对正面碰撞和偏置碰撞的约束系统分析及验证方法的相关研究案例。同时，随着约束系统零部件功能及性能的不断提高，约束系统仿真分析的方法和建模思路也在变化，且呈现多元化趋势，这也是未来约束系统仿真领域持续研究的动力所在。以Euro NCAP为代表的评价规程也将逐步将正面碰撞及偏置碰撞工况一并进行考察，这决定了在约束系统仿真分析领域，综合考虑两种工况的性能平衡是目前研究的重点，极具应用价值。

（2）国内技术现状

当前中国的汽车约束系统仿真研究工作主要是应用多刚体动力学模型，研究在碰撞过程中人体各部位的动态响应和伤害值。约束系统仿真技术快速发展始于21世纪初，主要由各高校及自主品牌汽车企业研发中心的技术人员开展相关工作。2005年以前，主要是对约束系统分析理论进行研究，并在微型车上进行部分应用。2005年之后约束系统分析发展为关注假人伤害值的响应验证方向上的研究，模型验证及评价的方法进一步提升，并大量应用参数优化设计方法，为整车企业选定约束系统产品提供指导。

此外，约束系统零部件供应商及部分高校也大力发展约束系统零部件级的仿真技术，以弥补部分整车生产企业在约束系统分析能力上的不足。

3. 国内外技术差距

与国际一流汽车企业相比，中国汽车企业在汽车安全领域主要存在三大技术差距：一是研发平台和工具不健全；二是整车集成能力不强；三是几大关键技术有待突破，如不同碰撞工况对车体结构兼容性的设计技术，零部件安全性能定量分解、测试与控制技术（包括安全气囊压力测试技术和车门内饰冲击测试技术），台车偏置碰撞模拟整车试验技术等。

二 典型企业技术状况

重庆长安汽车股份有限公司（以下简称"长安汽车"）以"汽车噪声振动和安全技术国家重点实验室"资源为依托，以长安汽车自主品牌产品为载体，以多平台产品产业化应用为落脚点，建立一整套具有自主知识产权的汽车安全技术平台。

该技术平台包括CAE分析技术、试验匹配技术和系统集成三大技术领域，重点在"车体结构兼容性综合设计""零部件动态冲击技术平台开发""偏置碰台车约束系统集成匹配控制技术"和"整车碰撞安全集成开发技术"等关键技术及其产业化上实现重大突破，形成了一套完整的开发流程、数据库和规范。该技术平台在自主品牌轿车上得到应用，安全性能达到国内领先水平。

（一）车辆结构兼容性技术

随着车辆安全法规、第三方评估的不断完善，整车碰撞结构开发过程中对车体结构的设计存在多重、难以兼容的要求。长安汽车建立了50km/h正面碰撞和64km/h偏置碰撞工况下车体结构刚度分布兼容性设计方法，解决了上述矛盾中防撞横梁和车体结构的设计难题。

1. 前碰撞车体结构兼容性设计

2012版C-NCAP管理规则中，正面刚性壁碰撞（FRB）速度为50km/h，偏置碰撞（ODB）速度为64km/h。相对而言，针对FRB工况，车体结构需

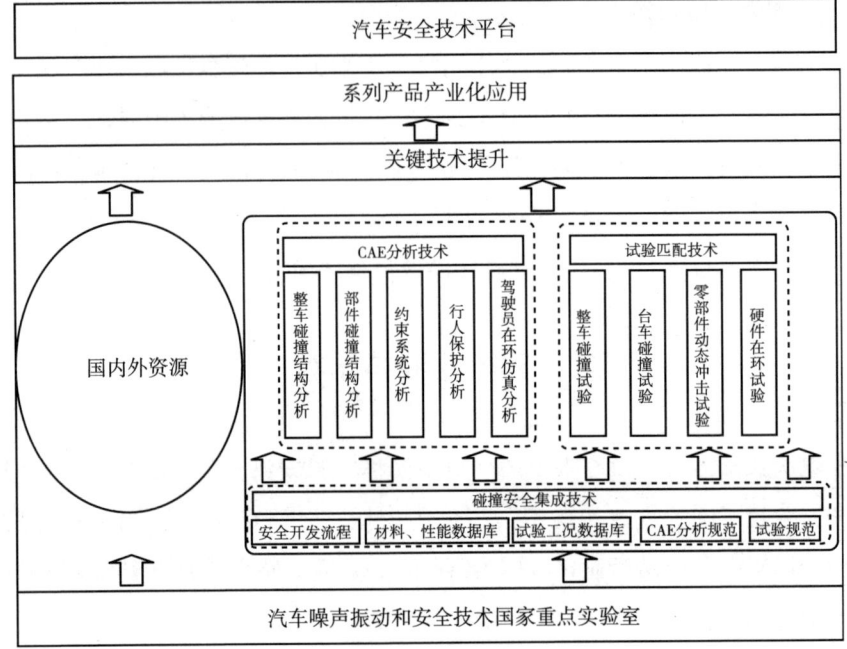

图 2　长安汽车安全技术平台

往"较弱"方向设计，针对 ODB 工况，车体结构需往"较强"方向设计。为解决这一矛盾，长安汽车提出结构设计时从能量分布、主断面设计、子模型优化设计到结构详细设计这样一个设计流程（见图 3）。

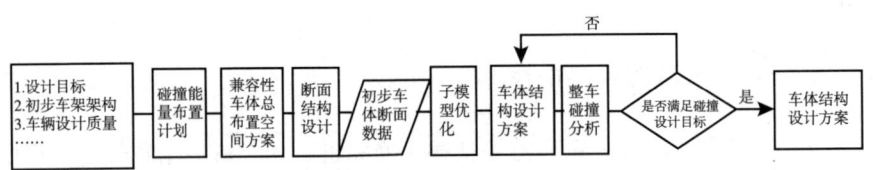

图 3　车体结构碰撞设计流程

车体通过前端变形尽量多地吸收碰撞能量来减少碰撞对乘员造成的伤害，布置设计阶段会根据车体总体的碰撞性能目标、整备质量等基础参数，设定不同工况下车体对碰撞能量吸收的分析计划。

借鉴国际上正面碰撞车体结构研究成果，提出正面碰撞、偏置碰撞车体结构综合能量模型。该模型包括有效碰撞吸能空间 D、工况初始速度 v_0、等效能量函数 a_{eq}。

$$D = \int_0^{tc} \left[v_0 - \int_0^{tc} a_{eq}(t) dt \right] dt = \int_0^{tc} v_0 dt - \int_0^{tc} \int_0^{tc} a_{eq}(t) dt dt$$

结合项目设计安全性能目标和约束系统配置水平等参数，定义各个工况的乘员舱碰撞冲击加速度目标值 Ggoal（见图 4）。根据整备质量及动力总成质量和初步布置方案可以得出有效碰撞吸能空间 D 的兼容区间，并以此目标为基础进行后续设计。

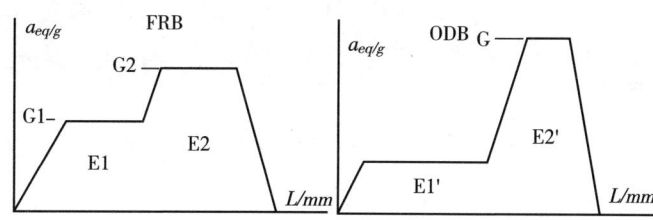

图 4　车体等效碰撞能量示意

正面碰撞与偏置碰撞两个前碰工况车体结构主要的载荷分布比例类似，结合等效能量目标值可进行车体结构主要断面初步设计，大大减少危险断面的存在风险。前碰撞载荷主要由以下结构承载：发动机罩板 + 发动机舱上边梁 a%，发动机舱边梁 b%，副车架纵梁 c%，其中（a% + b% + c%）× E ≈ 变形区域吸收能量，车型不同分配比例不同（见图 5）。

以发动机舱边梁为例介绍主断面设计，$F \geq 1/2 M \times Ggoal \times b\%$，其中 F 为结构承载目标，以此为目标进行断面设计（见图 6）。

应用主断面设计方案搭建车体前部结构及动力总成简易子模型，根据各自的边界条件分别进行优化分析，确认两种工况均满足要求的结构方案。子模型的简化必须满足以下三个条件：子模型和整车模型的质量相等；子模型和整车模型的质心一致；子模型和整车模型的转动惯量一致。

2. 产业化应用

某车型的安全性能设计目标是 2012 版 C-NCAP 五星级，根据其安全性

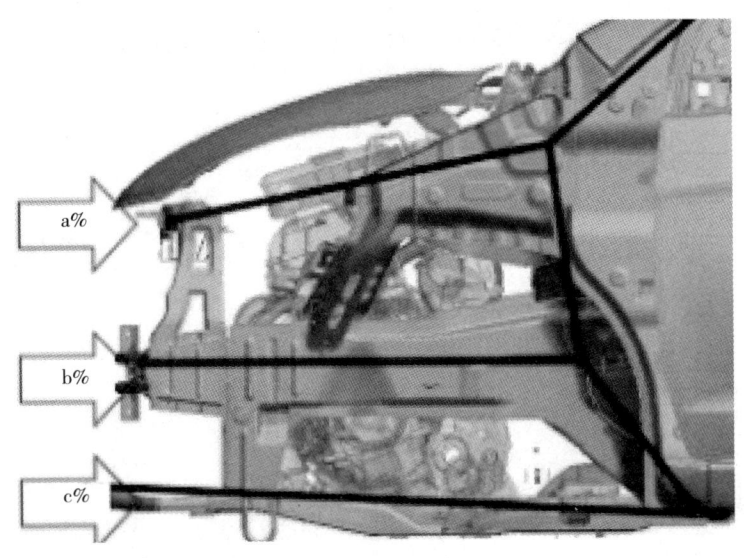

图 5　前碰载荷分布示意

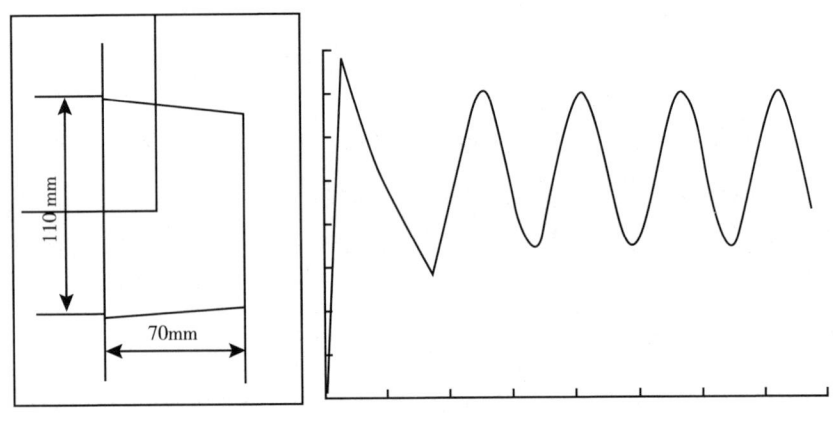

图 6　结构断面设计

能基本参数，设定其车体结构目标值如表 1 所示。

经过概念分析、一轮子模型分析、两轮详细设计，车体结构碰撞性能——乘员舱侵入量和车体加速度等均达到设计目标。

如图 7 所示，从车体加速度可以看出，车体结构在碰撞过程中对各工况的碰撞能量吸收比较充分且合理，可以很好地起到对乘员的保护作用。

表1 长安汽车某在研车型车体结构分析目标

工况	考查项	单位
FRB – 50km/h	前围档板的最大侵入量	150
	B柱下方加速度峰值	38
	B柱下方等效加速度	35
ODB – 64km/h	前围档板的最大侵入量	150
	B柱下方加速度峰值	38

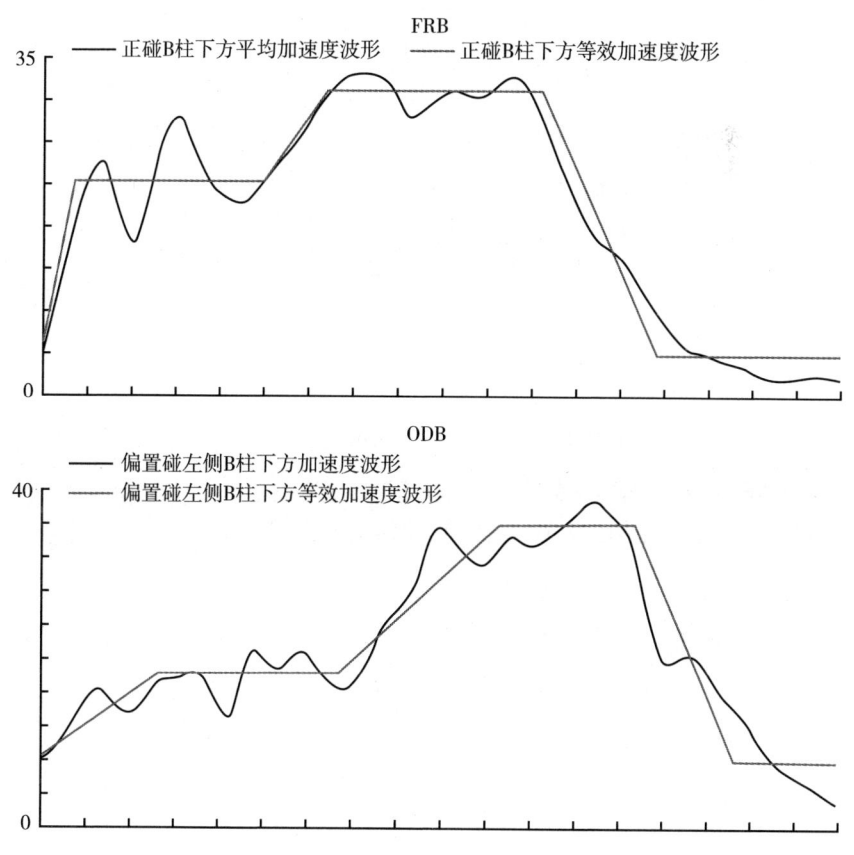

图7 长安汽车某车型的前碰工况B柱下方加速度波形

如图8所示，从车体变形量可以看出，乘员空间保持比较完整，可在碰撞过程中为乘员提供足够的生存空间。

FRB 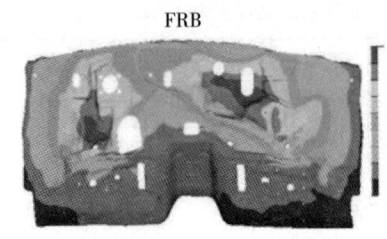 ODB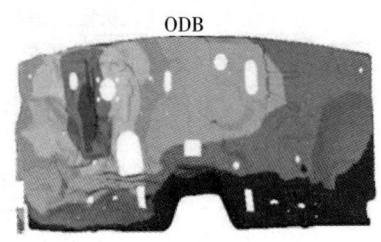

图8　长安汽车某车型的前碰工况防火墙向乘员舱侵入量

（二）零部件动态冲击试验关键技术

零部件性能是整车安全性能的基础，为了对其进行控制，采用计算机仿真分析和试验设计相结合的方法，建立了精度高、重复性好及性能真实准确的零部件动态冲击技术平台，对安全零部件产品进行试验验证和性能管控。长安汽车研究开发了零部件动态冲击技术平台，填补了在零部件安全性能控制中的安全气囊压力测试技术、汽车内饰件吸能性评估技术和水平线性冲击器技术平台三大领域的技术空白，建立起完善的零部件动态冲击试验技术平台，达到国内一流技术水平。

1. 安全气囊压力测试技术

安全气囊是重要的汽车约束系统零部件，在汽车发生碰撞时保护乘员。安全气囊偏硬或偏软都不可能发挥良好的保护作用，而安全气囊软硬的实质是内部压力的大小。长安汽车采用 Gasflow 计算机仿真算法计算安全气囊的内部压力，找到安全气囊内部压力表征的关键部位，进而试验采用在安全气囊壳体上打孔，接入特制的转换器和传感器测量安全气囊内部压力。

长安汽车建立了驾驶员安全气囊、前排乘员安全气囊、侧安全气囊和侧安全气帘的安全气囊内部压力测试技术平台，该技术平台具有测量准确、气密性好、可重复性高的技术优势。

通过对各种安全气囊的压力进行测试，建立安全气囊压力评价标准和性能数据库，实现对安全气囊性能的管控，从而为整车安全性能目标奠定基础。

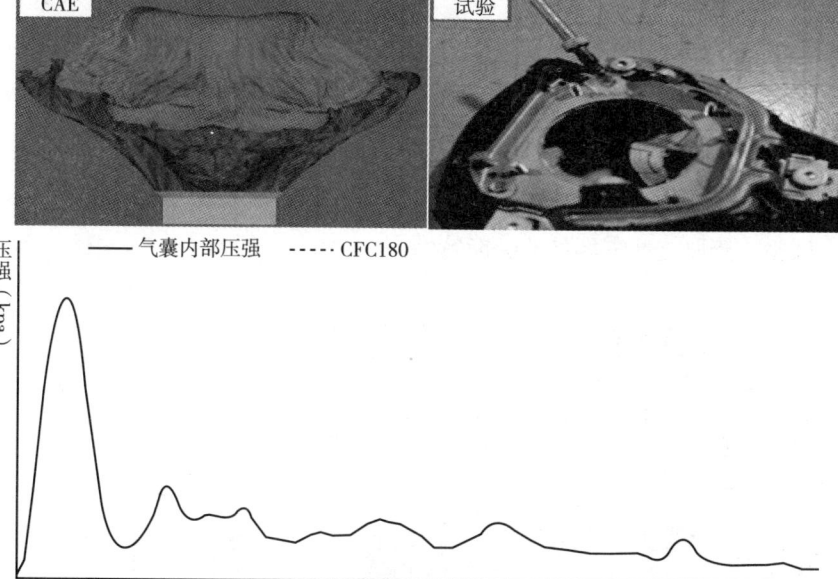

图9 驾驶员安全气囊压力测试

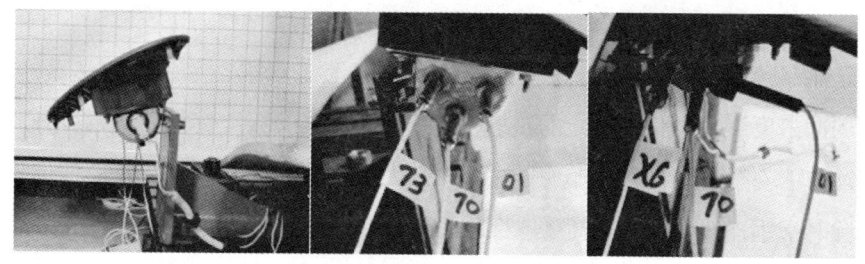

图10 乘员安全气囊等压力测试

在安全气囊试验压力测试领域,长安汽车掌握了如下关键技术:压力测试点的选择和安装技术、压力测试转换器设计与控制技术。

2. 动态冲击限位装置关键技术

长安汽车成功开发了具有限位功能的零部件水平线性冲击器。该冲击器可以精确控制模块冲击速度和冲击距离。同时,利用该冲击器的限位装置,可以精确控制冲击器冲击停止位置。安全气囊、方向盘是重要的约束系统零部件，保险杠内部泡沫在行人保护中对行人的小腿起着至关重要的作用，车门内部泡沫推动块在侧碰中能降低乘员受到的伤害。因此，掌握这些零部件和泡沫的冲击特性对提高车辆的安全性能有重大意义。长安汽车开发设计了零部件水平线性冲击试验设备，成功开发了针对安全气囊、方向盘、泡沫的冲击试验，获取这些零部件的吸能特性。

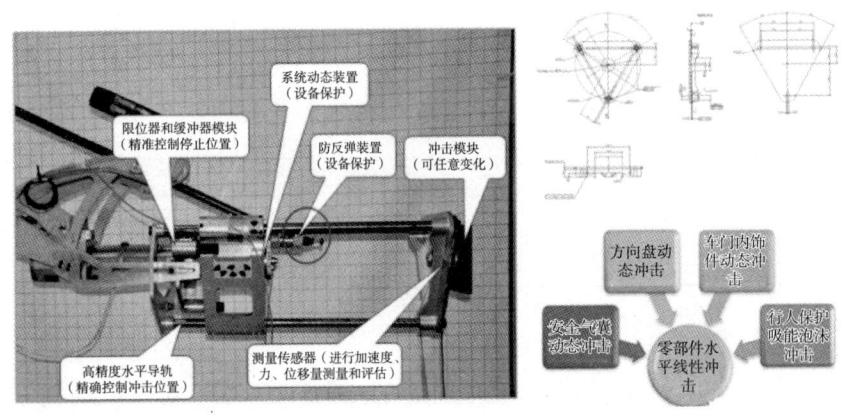

图11　零部件水平线性冲击试验技术台

水平线性冲击器具有非常强大的技术扩展性，可以在冲击器前端更换不同的冲击模块，以满足不同的试验需求。针对安全气囊，长安汽车对不同速度冲击下安全气囊的加速度响应做了模拟，获得冲击安全气囊的最佳速度。试验时采用该速度对安全气囊进行冲击，较好地获取安全气囊的加速度响应。

在行人保护技术开发领域，采用零部件冲击的手段校准仿真分析模型。提高模型精度后，得到模型边界条件输入和材料特性的经验数据，可以有效提高仿真分析模型的精度。比如，在行人保护下腿型冲击的保护效果研究中，对于在前保险杠内部加装吸能泡沫以提高下腿型保护能力的车辆，长安汽车先对汽车前保险杠内部吸能泡沫进行动态冲击试验，得到泡沫的动态响应特性曲线，然后利用CAE仿真软件，调整该泡沫的材料特性，得到和试验一致的动态冲击曲线和结果，将该泡沫材料物理与仿真模型校准得到高精

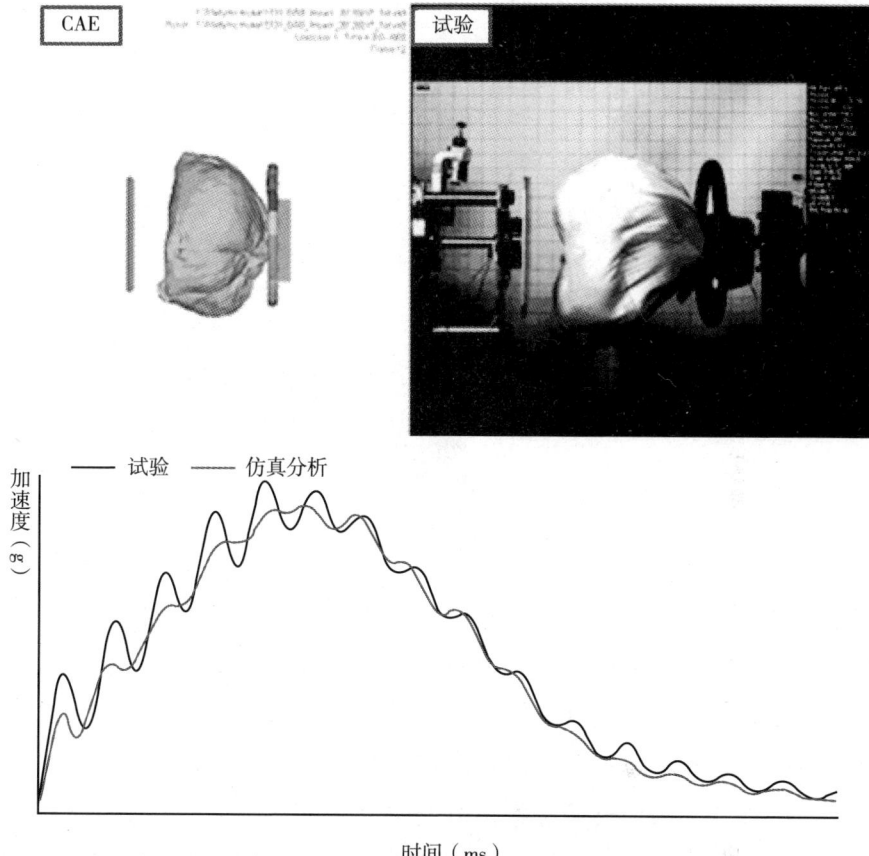

图12　安全气囊动态冲击

度的仿真模型,提高了车辆行人保护下腿型保护能力。

3. 产业化应用

以某 C-NCAP 五星级开发车型为例,在台车匹配过程中,通过安全气囊气压测试方法结合安全气囊包型设计和泄气孔泄气速率控制,控制安全气囊内部压力,为假人提供保护。

(三)台车模拟偏置碰撞技术

2012 版 C-NCAP 管理规则中偏置碰撞速度从 56km/h 提升到 64km/h

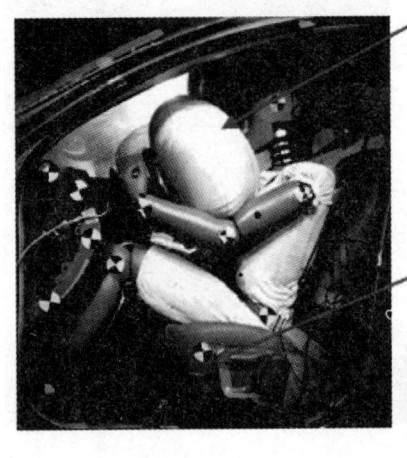
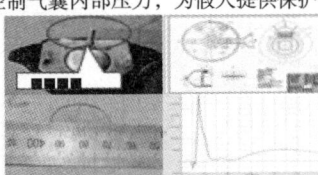

气囊刚度设计：通过气囊气压测试方法结合气囊包型设计和泄气孔泄气速率控制，控制气囊内部压力，为假人提供保护

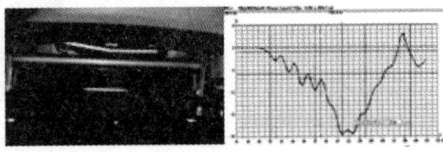

座椅动态强度控制：通过设计座椅防潜结构和防扭结构，控制座椅动态最大下潜量，为假人提供强有力的支撑

图 13　安全气囊压力测试应用

（能量提升了 30.6%），整车偏置碰撞试验中角度偏转较大，传统的方法只能用整车进行约束系统匹配。偏置碰撞台车技术是从子系统级别进行安全性能开发的核心技术，是达到 2012 版 C-NCAP 五星级的关键开发技术，节省了试验样车、试验费用并缩短了开发周期。

1. 建立了台车模拟整车偏置碰撞试验技术

长安汽车通过 CAE MADYMO 台车系统建模和对标，采用 DOE 分析方法，成功模拟了整车偏置碰撞，确定了台车试验的倾斜角度，从而掌握了台车模拟偏置碰撞的核心技术。

2. 偏置碰撞台车试验通用台架技术

长安汽车研制出偏置碰撞台车独创工装设计，该通用工装可以用于不同偏转方案台车试验。可旋转偏置台车试验安装台架由两块"H"压板及一块底板组成，其特征在于通过调整"H"压板纵向中轴线与底板纵向中轴线的夹角，解决了调整偏置台车试验台架的旋转角度问题，旋转角度精度可达到 1°。其工作原理通俗易懂，安装操作简易，成本低廉且通用性强。不仅满足台车偏置碰撞约束系统匹配要求，同时可以用于其他多种台车工况下的约束系统匹配试验。

碰撞安全技术的开发与应用

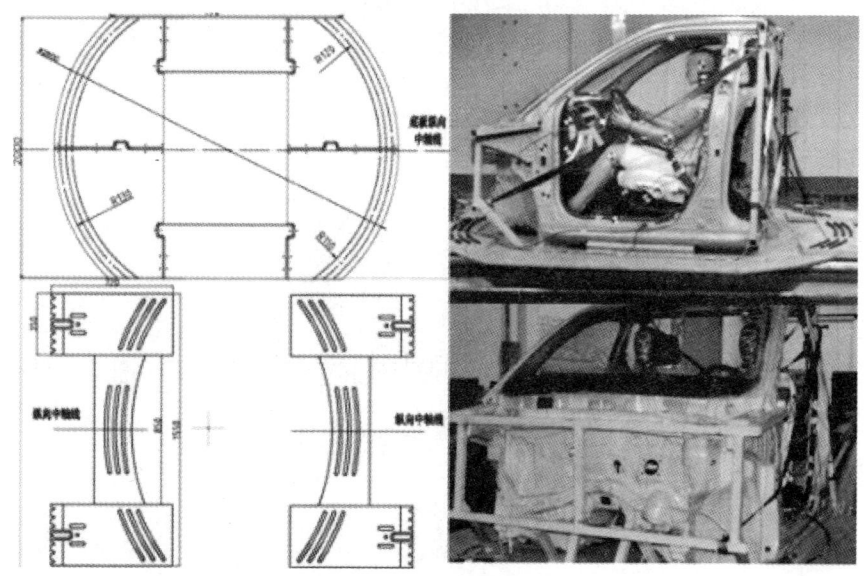

图14　台车工装

3. 产业化应用

按照某车型开发计划,进行了64km/h偏置碰撞试验,获取了假人响应数据。通过与试验对标,建立了仿真分析模型,得到了台车偏置碰撞模拟试验方案。然后通过台车偏置碰撞模拟试验进行约束系统匹配,确定前碰撞约束系统参数。

台车偏置碰撞模拟试验共进行了18轮,通过改变约束系统参数获取了大量的偏置工况台车模拟碰撞试验数据,通过与整车试验的对标分析,得到了约束系统的最终参数。然后进行整车偏置碰撞验证试验,验证约束系统的可靠性。整车偏置碰撞试验与台车模拟碰撞试验的对标结果如下。

（1）台车、整车加速度曲线对比

台车、整车加速度曲线对比如图15所示。

（2）假人响应分析

驾驶员头部:偏置碰撞台车驾驶员头部各性能指标均未超标,加速度趋势与整车一致。

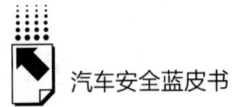

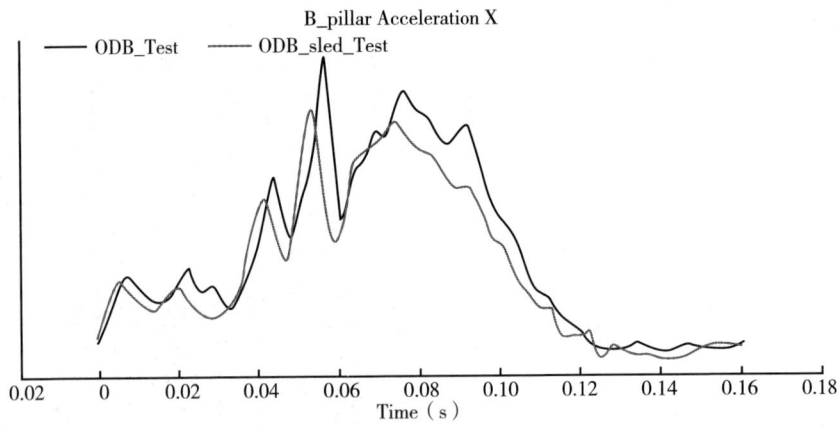

图15 台车、整车加速度曲线对比

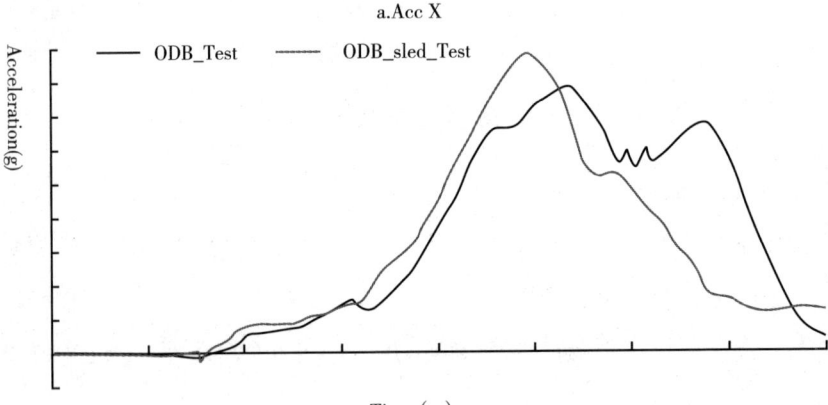

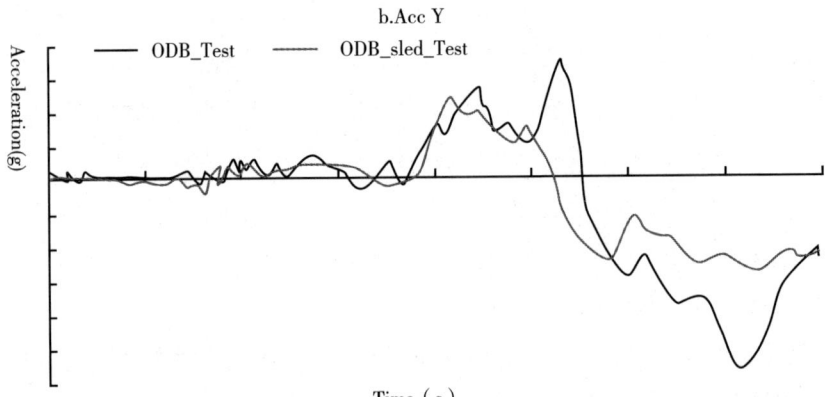

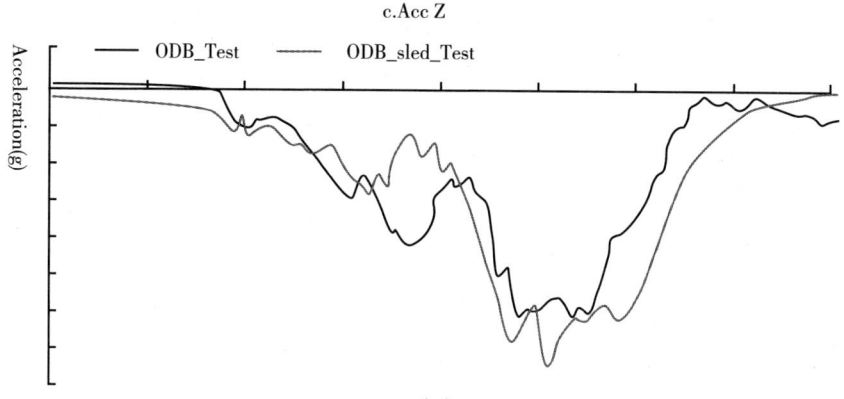

c.Acc Z

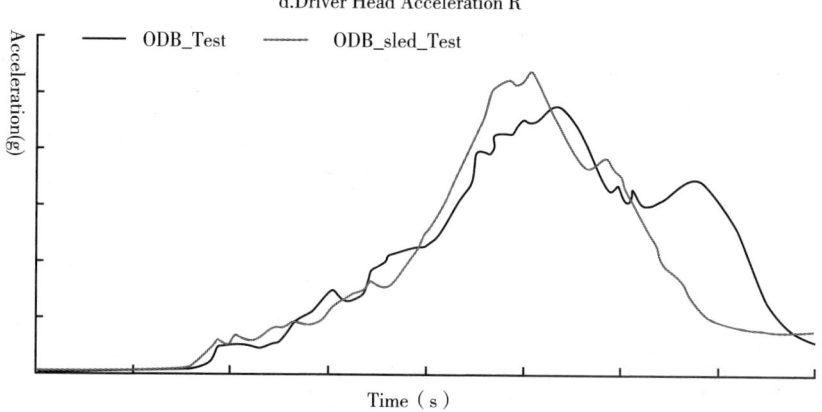

d.Driver Head Acceleration R

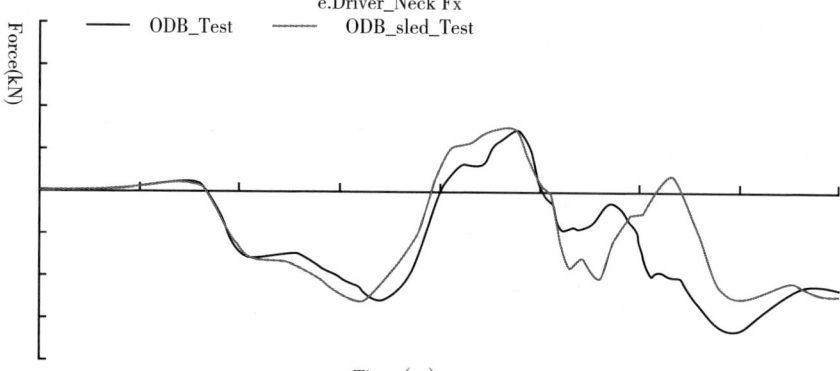

e.Driver_Neck Fx

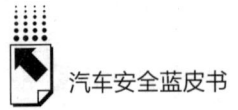

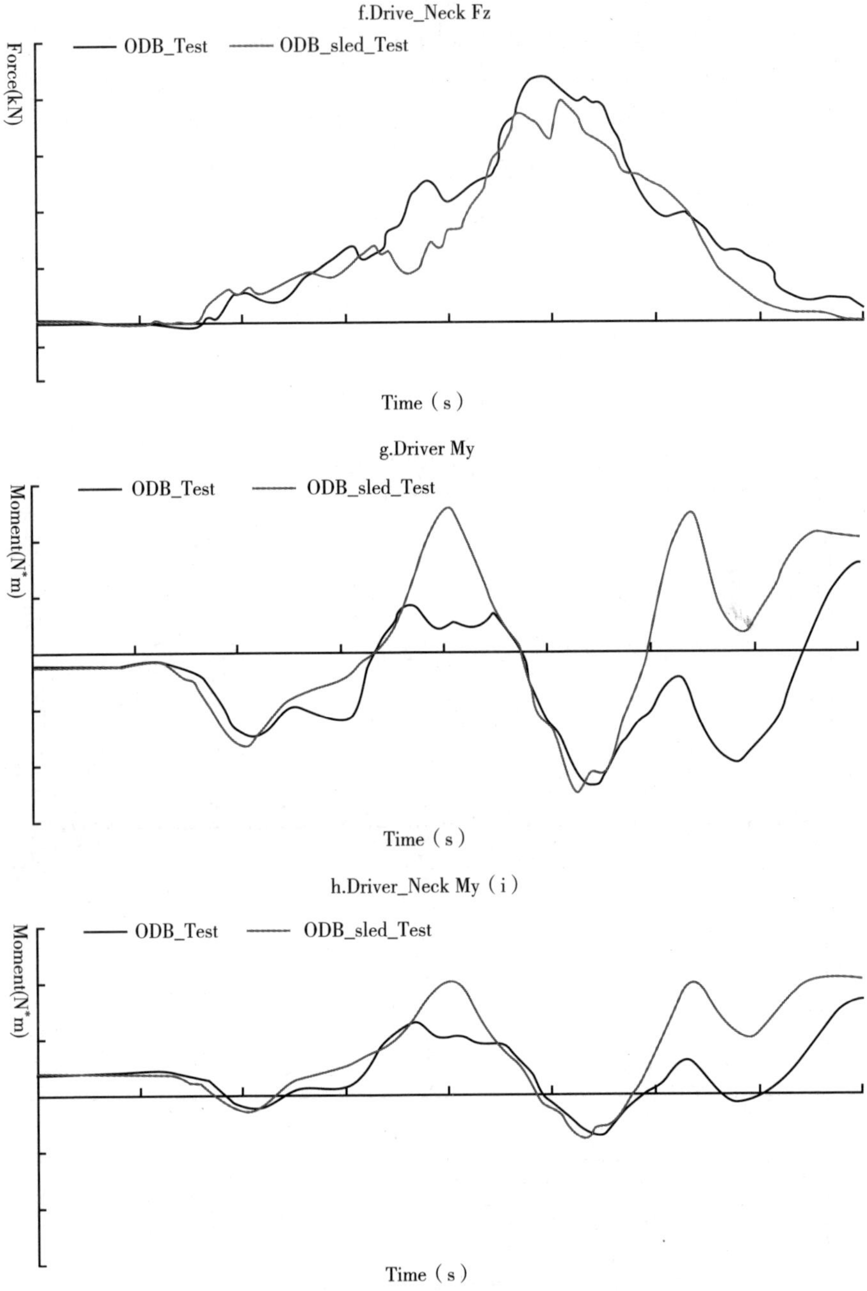

图 16 台车、整车头部指标假人响应对比

驾驶员颈部：驾驶员颈部响应与整车一致性非常好，特别是 My 的伤害值仅与整车试验相差 1.12Nm。

驾驶员胸部：胸部加速度一致性较好，只是在 3ms 加速度伤害值上有 3g 差异。

驾驶员髋部：髋部加速度一致性较好，假人运动姿态一致。

从项目开发的应用上，台车偏置碰撞模拟技术完全满足项目开发的需要，能够在约束系统匹配过程中，针对偏置工况进行大量的工作，节约整车试验次数和缩短开发周期。

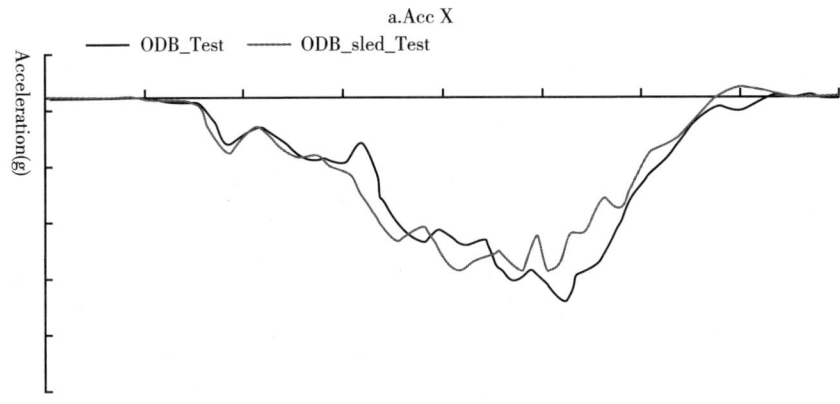

a.Acc X

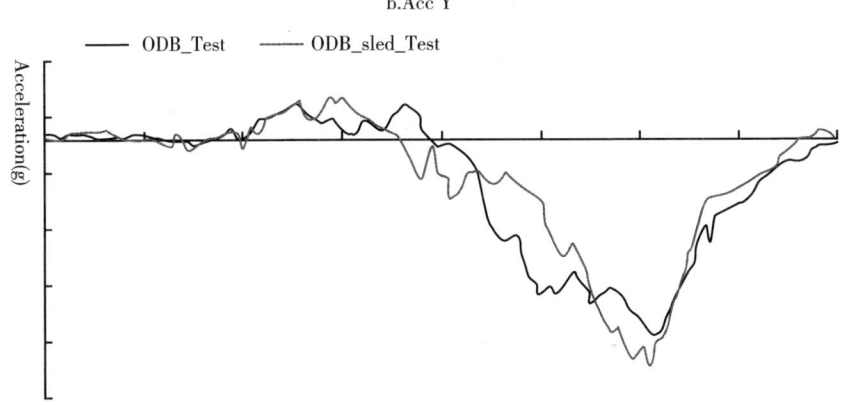

b.Acc Y

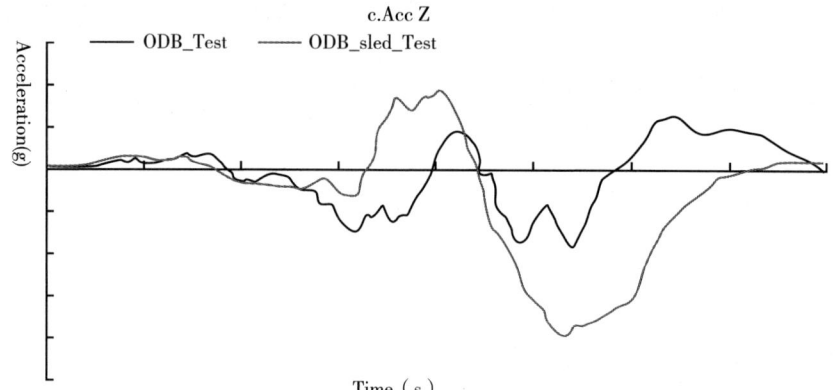

c.Acc Z

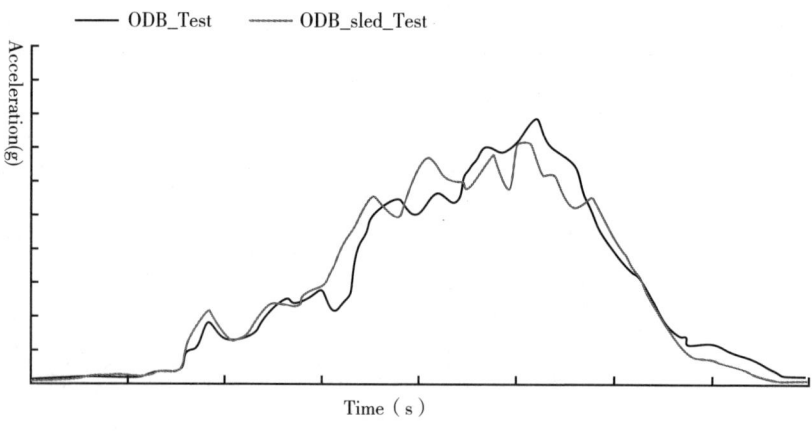

d.Driver Chest Acceleration R

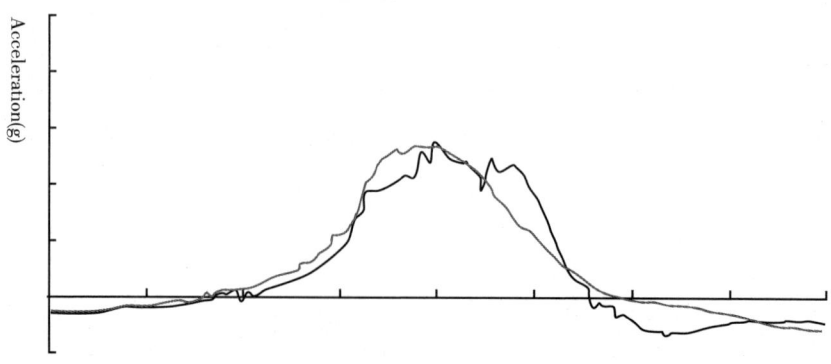

e.Acc X

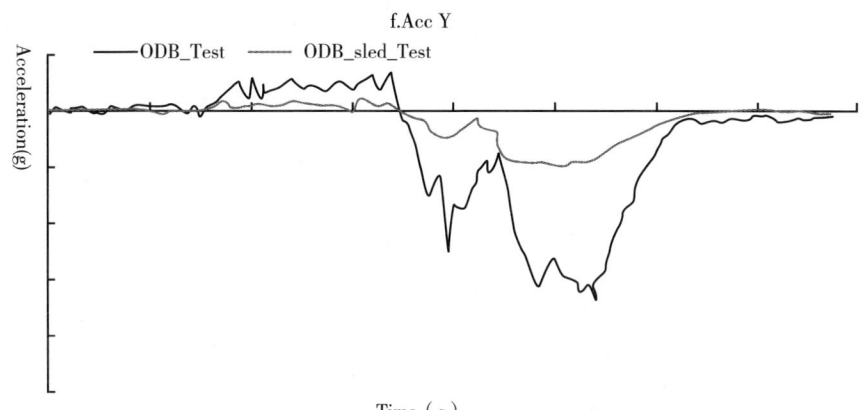

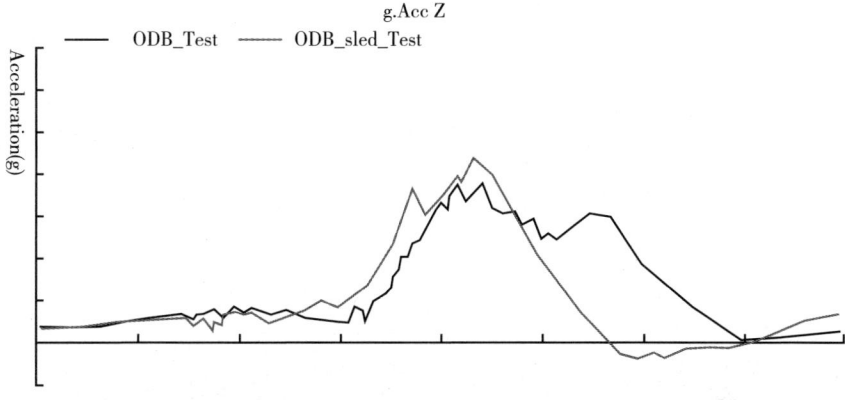

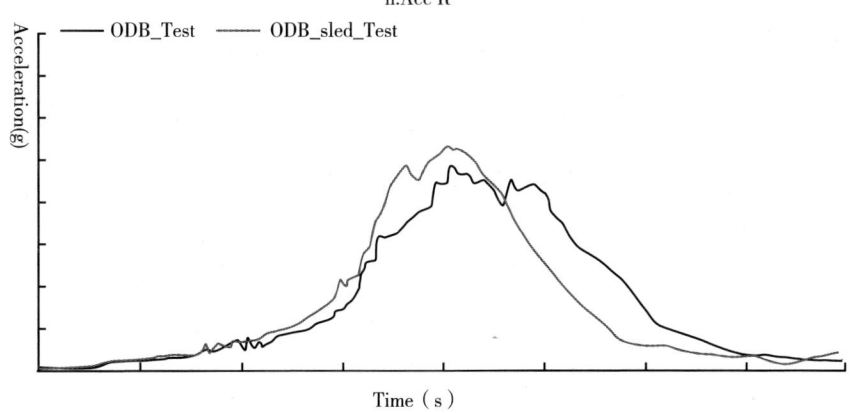

图 17　台车、整车胸部指标假人响应对比

（四）碰撞安全集成技术

碰撞安全集成技术是以 CAE 分析平台、试验分析平台为基础，以具体车型开发为落脚点的一项综合性技术，体现自主集成技术能力。长安汽车形成一项目标分解闭环管理技术，建立了一套完整的正向开发体系，包含开发流程、分析规范、试验规范、设计指南和数据库等。成功应用于长安金牛星、志翔、悦翔、奔奔、E30、CS35、逸动和睿骋等系列车型，逸动、睿骋、致尚 XT、CS75 等车型都达到了 2012 版 C-NCAP 五星级。

1. 目标分解闭环管理技术

长安汽车提出目标分层级式开发策略，即将整车级目标根据各技术领域对应的系统分解为系统目标，再把系统目标分解为数量众多的部件级控制目标，使车体结构分析与约束系统分析、行人保护分析等所有工作环节系统关联起来，并配合细致合理的开发目标，消除性能内耗，发挥设计合力。同时从部件到系统、从系统到整车的设计验证，形成了自下而上的控制方法，确

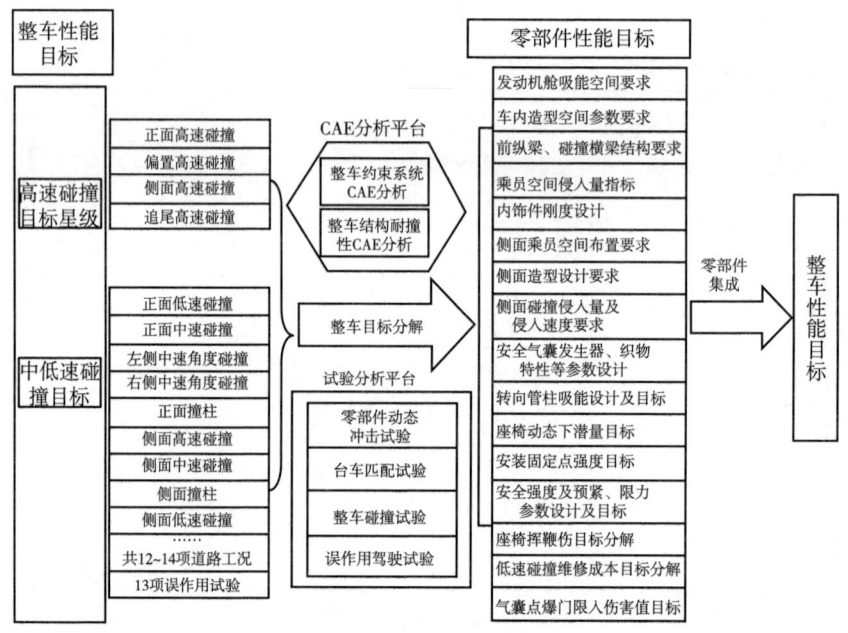

图 18　目标分解闭环

保汽车产品能够持续实现高安全性能目标。

2. 碰撞安全集成正向开发体系

如何在产品开发过程中进行性能正向开发,是企业自主集成能力的真实体现。长安汽车总结了自主开发经验,建立一整套完善的碰撞安全性能开发体系,包含碰撞安全开发二级流程、CAE分析规范和试验规范、性能分析数据库、开发设计指南。

碰撞安全开发二级流程将总体目标分解成三级目标和四级目标,贯穿在整个产品开发流程中(见图19),有效地在各个阶段将CAE分析、试验分析、布置评估等性能开发手段融入产品设计过程中。

3. 产业化应用

(1)基于碰撞安全设计概念的总布置控制及造型优化技术

总布置设计是车型开发前期最重要的设计内容之一,这个阶段的设计往往决定了车型产品90%以上的性能及优化空间。由于碰撞安全性能总布置控制需要兼顾行人保护性能领域、低速防护性能领域、高速碰撞车体耐撞性领域及乘员安全保护领域的要求,其控制难度和设计要求都相当高,是汽车开发技术领域的一大技术难点。长安汽车通过长期的研究和总结,创立了能够兼顾所有领域布置要求的设计标准。此标准不仅作为长安汽车碰撞安全性能开发的企业标准,成功指导了产品设计开发,更为中国自主开发在碰撞安全领域建立了科学的设计指导及原则。全性能领域兼顾的总布置控制理念如图20所示。

(2)系统性的造型控制及优化技术

造型的优劣在一定程度上决定着碰撞安全保护性能的水平,特别是在行人保护、约束系统匹配方面的性能。长安汽车将与碰撞安全性能相关的造型优化规律总结出来,形成系统性的控制规范,在车型前期的造型创意阶段就紧密介入设计工作,使所开发的车型"天生"就能够体现碰撞安全的保护理念,为后期的匹配开发提供良好的基础,提高性能达成率。目前,长安汽车的造型控制及优化技术处于国内领先水平。与国外同类技术相比,具有技术水平相当、开发周期短且更适合中国汽车企业需求的特点。造型控制实例如图21所示。

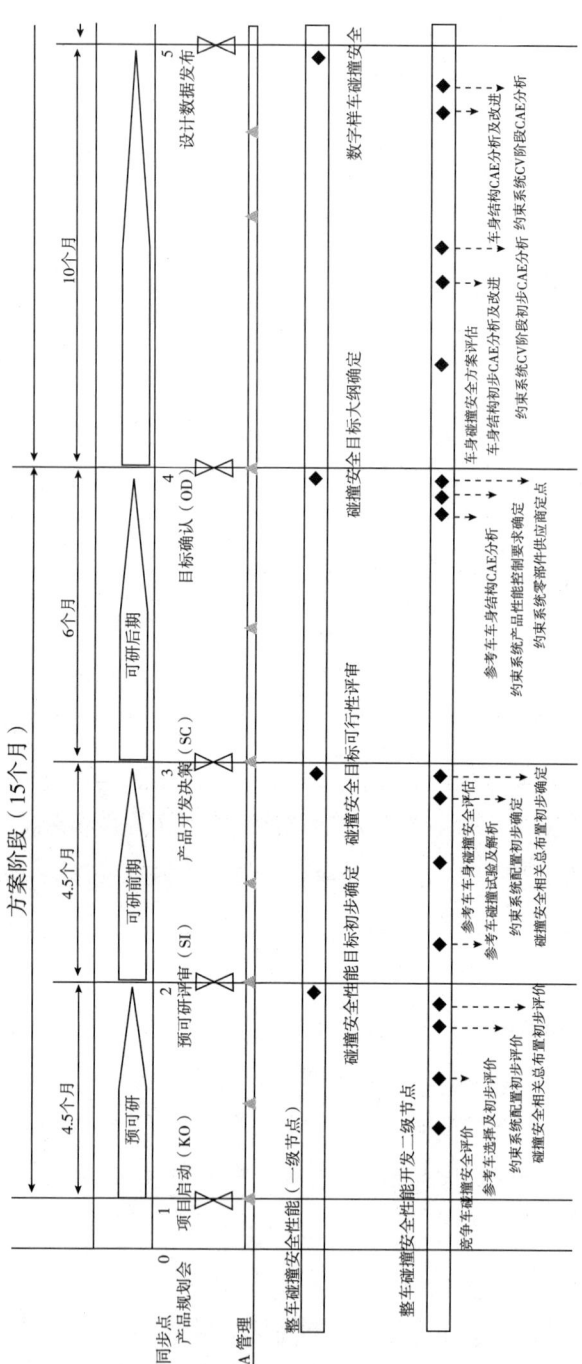

图19 开发二级流程同步图

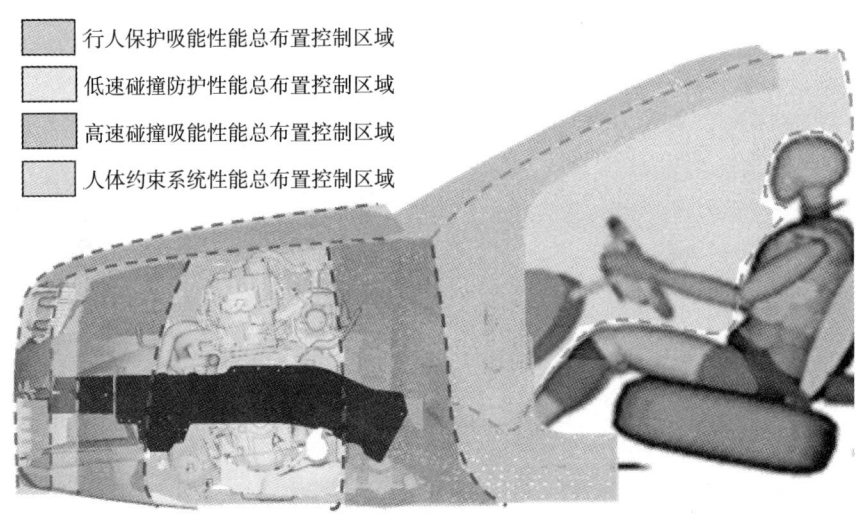

图20 碰撞安全各性能领域在总布置控制中的整体考虑示意

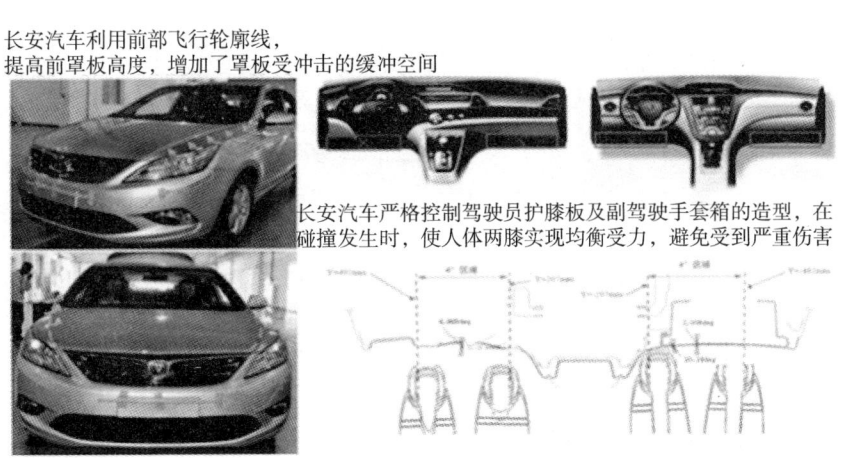

图21 碰撞安全行人保护及约束系统造型控制实例示意

专项调查篇

Special Survey Report

B.19
安全带产品性能评价分析

摘　要： 安全带作为最常见的车用被动安全产品和约束系统的重要组成部分，虽然外观结构简单，但是在危急形势下拯救驾乘人员生命的重要手段。目前中国分布着众多安全带生产企业，产品繁多，为探究不同企业的安全带产品在主要指标性能和用户使用体验上的差异，本文开展了对主要安全带企业及其产品的主观、客观调查。通过对7家典型企业的客观调查，采用熵权法分析可知，不同企业在重要部件的强度上、在关键部件的性能及动态性能表现上存在一定的差异。从主观调查来看，尽管调研选取的9家企业，其产品均基本能够达到国家标准，但是在关键部件的生产能力和外观细节的处理上还存在较大的差距，部分企业在相关部件设计上缺乏应有的灵敏性和舒适度，降低了用户的使用体验。但是总体来看，自主品牌安全带企业与外资、合资企业的产品品质差异在逐渐缩小，整车厂和终端用户应该打破对自主品牌安全带企业产品的偏见，以实际需求为导向选择相应的产品，为安全带产业创造平等的市场环境。

关键词： 安全带企业　关键零部件生产能力　产品设计能力

一　安全带产品客观评价

根据安全带市场份额，选取配套量较大的7家企业进行调研，涵盖了外商独资、中外合资和自主品牌三种类型的企业。主要调研企业的产品及配套情况如表1所示。

表1　调研的安全带企业产品及配套情况

安全带企业	主要的安全带产品			配套的整车企业
	普通安全带	限力式安全带	预紧限力式安全带	
北京世进汽车部件有限公司	5812100P3012、89810－A1000、89850B3000	89810D1010、89810D8100	5811100P3013XZ、88810D1000、88810B3000	北京现代、东风悦达起亚、江淮汽车
高田(上海)汽配制造有限公司	TS－AB0－J1333、TS－AH2－C003T、S－AB0－G2333	TS－AB0－J1764、TS－AH0－G2584、TS－AJ2－AH016	S3R4P1B1－CB2004、TS－AH3－J1820、TS－AH2－G2583	广汽本田、东风日产、上海通用、一汽-大众
广州奥托立夫汽车安全系统有限公司	R200、R27、R200.2	R200LL、R27LL、R200.2LL	R200RP、R30IWF	东风日产、广汽丰田、一汽丰田、东风本田
南京奥托立夫汽车安全系统有限公司	R27、R20、R200.2	R200L、R27LL、R200.2LL	R200RP、R230	上海大众、吉利集团、神龙汽车
天津市益中汽车安全带厂	YZ5113L/R、YZ5123、YZ5159L/R	YZ565L/R、YZ587L/R、YZ5111	YZ6301L/R、YZ6302L/R、YZ6304L/R	长安汽车、哈飞汽车、天津一汽夏利

续表

安全带企业	主要的安全带产品			配套的整车企业
	普通安全带	限力式安全带	预紧限力式安全带	
无锡理昌科技有限公司	D6、D10、D12	—	D13P、D11PF、D9PF、D9CPF	一汽丰田、长安铃木、广汽丰田
延锋百利得(上海)汽车安全系统有限公司	YLR BASE、GMR BASE	YLR LL	M2K CPT、EVO3 (GMR PT)	江淮汽车、众泰汽车、上海通用、长安福特

资料来源：CATARC 整理。

（一）基于熵权法的安全带整体性能客观评价

调研围绕带扣性能、连接杆性能、高度调节器性能、总成动态性能、紧急锁止式卷收器性能、织带性能六个方面计 16 个指标展开（见表 2），对上述企业主要的限力式安全带产品进行了全面的比较。通过统计发现，不同企业的安全带产品在各个指标下的表现存在显著的不同。为了挖掘不同企业的产品和技术差异，引入熵权法评估各个指标对安全带整体性能的影响。

表 2 安全带产品客观评价体系

性能	考察指标	编号
带扣性能	带扣接触区面积	P1
	带扣接触区宽度	P2
	带扣开启面面积	P3
	带扣开启面宽度	P4
	动态试验后的带扣开启力	P5
	带扣可承受的最大施加载荷	P6
	耐久性试验后带扣的开启力	P7
连接杆性能	连接杆可承受的最大施加载荷	P8
高度调节器性能	高度调节器可承受的最大施加载荷	P9
总成动态性能	动态试验后，假人盆骨位置前移量	P10
	动态试验后，假人胸骨位置前移量	P11
紧急锁止式卷收器性能	卷收器可承受的最大施加载荷	P12
	耐久试验后卷收器的卷收力	P13
织带性能	9800N 载荷作用下的织带宽度	P14
	织带的抗拉载荷	P15
	织带经特殊处理后的最低拉断载荷	P16

信息熵对于系统有重要影响，一般而言，一个系统中某个指标的信息熵越小，其指标的差异程度越大，因此提供的信息越多，对于整个系统的评价越重要；反之，对于系统的评价影响越小。将7家安全带企业的多款限力式安全带产品的各项指标参数汇总建立数据库，采用熵权法计算各个指标对于安全带产品整体性能的权重，结果如图1所示。不同企业的安全带产品在总成动态性能、卷收器性能等指标方面差异较大，因此对于安全带整体性能的影响相对较为重要，权重较大；而在动态试验和耐久性试验后的带扣开启力方面不同企业的产品差异较小，因此对于安全带整体性能的影响较轻，权重较小。

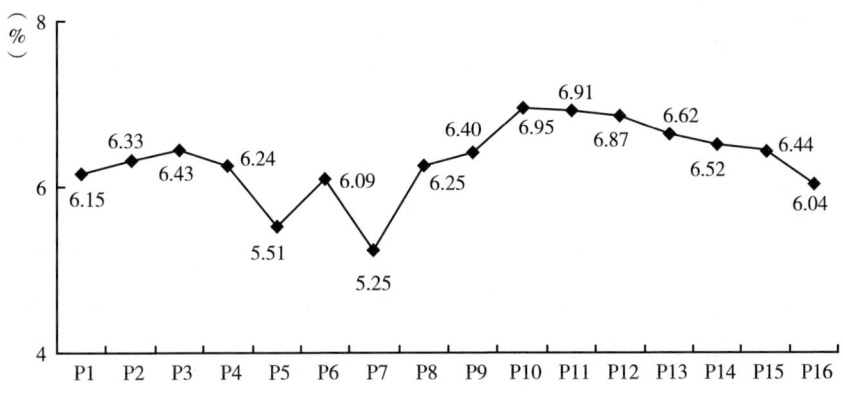

图1　安全带各个指标对安全带整体性能的影响权重

资料来源：CATARC整理。

将7家安全带企业问卷反馈的产品指标参数数据进行无量纲化处理，结合利用熵权法计算出的安全带各个指标对整体性能客观评价的权重，可以计算不同企业的安全带产品整体性能得分，按照最终得分结果进行星级评价，如表3所示。

（二）安全带客观评价分析

调研涉及的企业的安全带产品基本满足 GB 14166-2013《机动车乘员用安全带、约束系统、儿童约束系统和 ISOFIX 儿童约束系统》的要求，但

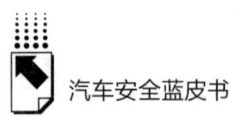

表3 安全带企业产品整体性能客观评价星级

企业名称	安全带产品客观评价星级
广州奥托立夫汽车安全系统有限公司	☆☆☆☆☆
南京奥托立夫汽车安全系统有限公司	☆☆☆☆
高田（上海）汽配制造有限公司	☆☆☆
无锡理昌科技有限公司	☆☆
延锋百利得（上海）汽车安全系统有限公司	☆☆
北京世进汽车部件有限公司	☆☆
天津市益中汽车安全带厂	☆☆

资料来源：CATARC整理。

是在满足国家标准要求的余量上，不同企业的产品差异显著，这造成了企业在产品整体性能客观评价方面的差异，主要表现在以下几个方面。

首先，在重要部件的强度上，不同企业的产品存在显著差异。如国家标准规定带扣强度、高度调节器强度、卷收器强度及织带强度为部件可承受的最大施加载荷不低于14.7kN，而部分企业的产品远高于国家标准值，如广州奥托立夫和南京奥托立夫的安全带产品带扣可承受的最大施加载荷为26.5kN，高度调节器可承受的最大施加载荷达到25kN，卷收器可承受的最大施加载荷为17kN，而织带的抗拉载荷达到了28kN，明显优于仅满足国家标准的安全带产品性能。

其次，在关键部件的性能上差异明显，如带扣开启力及紧急锁止式卷收器的卷收力对加工制造工艺要求较高，对指标要求的精度高，造成了不同企业的产品差异明显。在带扣开启力上，产品既要保证佩戴时带扣始终保持锁止状态，避免偶然小于10N的力解开带扣，又要保证在特殊情况下（如碰撞后）佩戴者可以单手简单解锁，只有取得两个方面的平衡才能确保安全带的性能。高田（上海）的安全带产品动态试验后的开启力为21N，无锡理昌的产品为27N，显著低于60N的国家标准，突出了其安全带产品性能的优越。

最后，在最重要的总成动态性能上存在较大的差距。从限力式安全带来看，在动态试验后，假人位置前移量越小对于用户的保护性越高。国家标准是假人盆骨位置前移量为 80~200mm，胸部位置前移量为 100~300mm。从调研来看，广州奥托立夫和南京奥托立夫的安全带产品在动态试验后，盆骨位置前移量为 100mm 左右，胸部位置前移量为 220mm 左右，优于一般的安全带产品表现；而其他企业的安全带产品，在动态试验后的位置前移量接近国家标准值的上限，直接影响了企业的安全带整体性能客观评价星级。

总体来看，虽然外资、合资企业的安全带产品在品质和技术水平上存在一定的优势，但是近年来，自主品牌的产品性能也得到了显著的提升，在某些客观指标上已经达到了部分外资、合资企业的水平。

二 安全带产品主观评价

安全带作为驾乘人员日常使用最频繁的汽车部件之一，存在很多用户主观可以感知的评价指标，如带扣外观质感及毛刺情况、插锁锁止及解锁操作便利性、高度调节器的操作便利性、卷收器的灵敏性、织带材质均匀性及边缘平整性和安全带佩戴后的舒适性等指标。

为从主观方面科学评价不同的安全带产品，多位从事汽车安全带检测的专业工程师以上主观评价指标制定了严格的评价标准，评价得分范围为 1~10 分，分数越高，表明某安全带产品在该项指标下的表现越好。根据市场份额选取 9 家安全带企业为研究范围，以销量最大的小型车和紧凑型车细分市场配套的安全带产品为研究对象，根据配套关系，对以下车型的安全带产品进行了主观评价。

表4 安全带主观评价的车型

安全带企业	配套整车企业	评价车型
北京世进汽车部件有限公司	北京现代、东风悦达起亚	瑞纳、朗动、悦动、K2、K3、秀尔
高田（上海）汽车安全装置有限公司	东风日产、广汽本田、吉利集团、一汽-大众	骐达、阳光、骊威、思铭、思域、飞度、锋范、全球鹰 GX7、高尔夫
南京奥托立夫汽车安全系统有限公司	长安福特、东风标致雪铁龙、上海通用、奇瑞汽车	福克斯、爱丽舍、标致307、标致308、世嘉、爱唯欧、英朗 GT、科鲁兹、奇瑞 A3

续表

安全带企业	配套整车企业	评价车型
上海天合汽车安全系统有限公司	长安福特、上汽乘用车、上海通用、上海大众	嘉年华、翼博、MG3、MG5、荣威350、荣威550、凯越、桑塔纳
天津市益中汽车安全带厂	天津一汽夏利、东风乘用车、东南汽车、长安汽车	威志V2、威志V5、N5、N7、风神H30、菱悦、凌致、CX30
无锡理昌科技有限公司	一汽丰田、长安铃木、东南汽车	卡罗拉、威驰、花冠、雨燕、天语尚悦、天语、蓝瑟
延锋百利得（上海）汽车安全系统有限公司	江淮汽车、长安汽车、众泰汽车、上海通用	和悦、Z300、致尚XT、逸动、赛欧、景程
长春奥托立夫汽车安全系统有限公司	一汽轿车、长城汽车、一汽大众	奔腾B50、长城C30、长城C50、长城M4、宝来、速腾、捷达
重庆光大产业有限公司	力帆汽车、比亚迪汽车、长安汽车	力帆520、力帆620、力帆720、比亚迪F3、比亚迪L3、速锐、比亚迪G5、悦翔

资料来源：CATARC整理。

通过对以上车型的安全带进行主观评价，经统计处理后发现不同企业的安全带产品在用户的主观感受上差异也较为明显，主要表现为以下几点。

（一）关键部件的生产能力不同，造成用户对产品外观的主观评价差异明显

安全带产品由多个部件构成，其中带扣、插锁及织带等部件，由于不同企业的生产基础和工艺水平存在差异，造成了产品在用户主观感受方面的差异。

1. 带扣

如图2中所示，水平轴以上表示带扣外观质感及毛刺情况的主观评价得分高于行业平均水平，水平轴以下表示相应的产品主观评价得分低于行业平均水平。从带扣外观质感及毛刺情况来看，企业在生产工艺和细节处理上还存在很大差异。有的安全带带扣虽然在强度及尺寸上达到了国家标准，但是在外观上存在材质不均匀甚至边缘有毛刺或凸起物的问题，在使用中存在划破用户手指或者损坏织带、插锁的风险，这样的产品在主观评价上得分较

低。从评价结果来看，北京世进、南京奥托立夫、上海天合、延锋百利得（上海）及长春奥托立夫的产品在该项指标上主观评价得分高于行业平均水平，剩余四家企业的产品则处于行业平均水平之下。

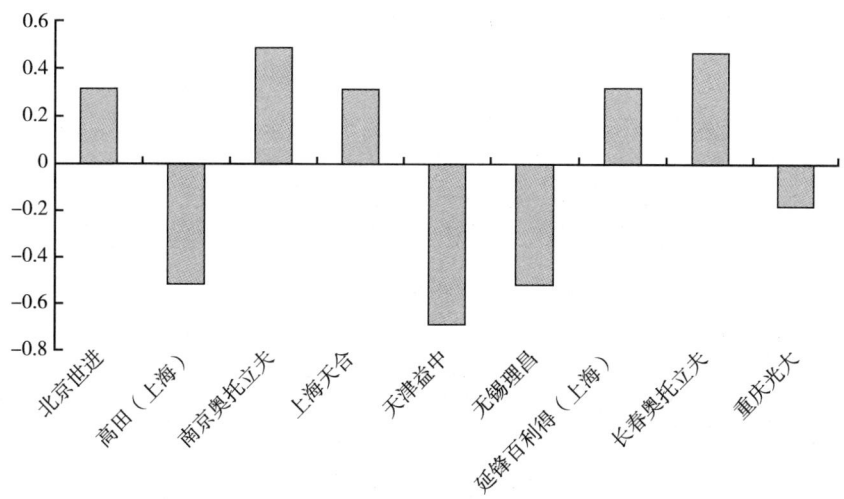

图2　不同企业安全带产品的带扣外观质感及毛刺情况主观评价比较

资料来源：CATARC整理。

2. 插锁

从插锁来看，不同车型配备的安全带在锁止与解锁方面的使用体验差别明显，主要源于企业在插锁的设计和生产上存在一定的差距，部分企业的插锁通过对外采购来组装，无法保证锁止与解锁时良好的平顺性。由图3可知，天津益中和重庆光大的安全带产品在锁止与解锁操作感受上略低于行业平均水平，常见的问题是锁止时缺乏回馈，用户经常需要重复操作再次确认；解锁时带扣弹出不明显，造成用户很难发现误操作造成的带扣解锁，存在一定的安全隐患。

3. 织带

不同企业在织带材质均匀性及边缘平整性上也存在较大的差别，有的织带边缘存在较多毛刺，用户拉拽时粗糙感明显；有的织带材质不均匀，造成

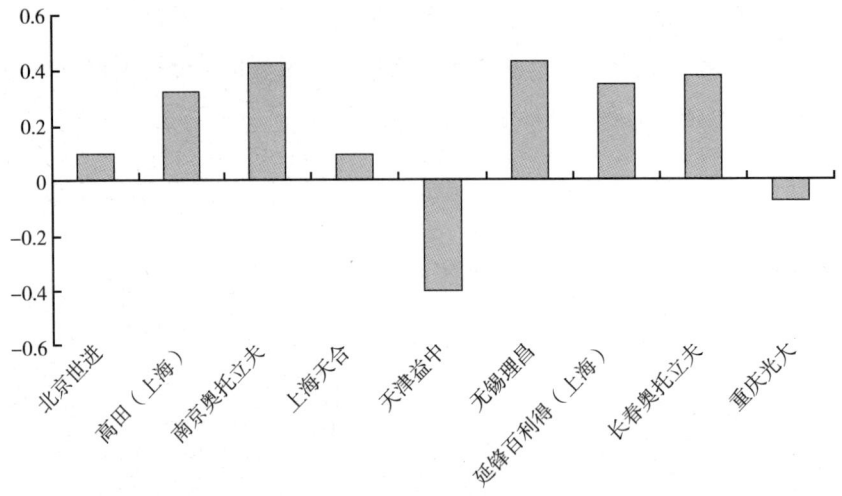

图 3　不同企业安全带产品的带扣锁止与解锁操作感受主观评价比较

资料来源：CATARC 整理。

佩戴时身体受力不均匀，影响舒适度。由图 4 可知，北京世进、南京奥托立夫、上海天合、延锋百利得（上海）及长春奥托立夫的安全带织带生产工艺水平较高，材质均匀，边缘光滑，主观评价得分高于行业平均水平，而剩余几家企业在织带生产上还有改进空间。

（二）产品设计能力不同，造成用户在使用和佩戴感受上差异显著

1. 高度调节器的操作便利性

从图 5 可以看出，高度调节器的结构相对较为简单，生产难度较小，主流安全带产品的高度调节器在操作上均得到了用户认可。但也存在部分企业的产品在该项指标上的主观评价低于行业平均水平，如天津益中、无锡理昌及重庆光大等，主要问题是导轨阻力大、滑块难以移动等，尤其是该部件使用频率低，在静置一段时间后，往往难以实现高度调节功能。尽管高度调节器结构简单、使用频率低，但是很多企业仍在加强对该部件的性能研发和提升力度，如将目前常见的 3 级调节向 4 级调节甚至无级调节改进。

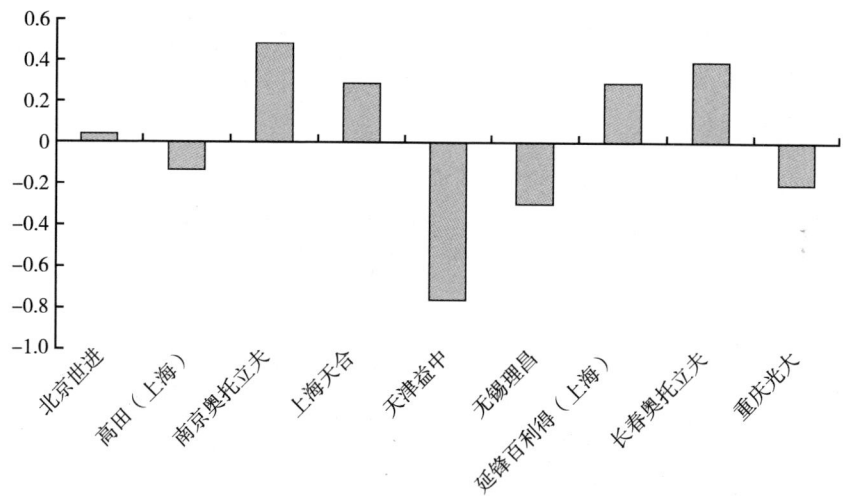

图4　不同企业安全带产品的织带材质均匀性及边缘平整性主观评价比较

资料来源：CATARC整理。

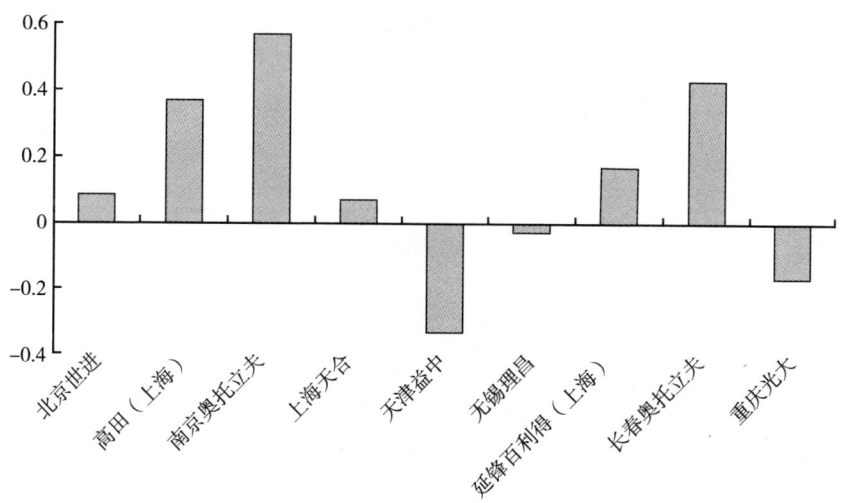

图5　不同企业安全带产品的高度调节器的操作便利性主观评价比较

资料来源：CATARC整理。

2. 卷收器的灵敏性

卷收器是安全带的核心部件，在实际使用中，既要保证用户正常使用时收放织带的平顺性，又要保证在紧急情况下自动锁止的及时性，因此卷收器的灵敏性对企业的设计和生产能力要求较高，导致了不同企业在该项指标上的主观评价差异明显。从图6可以看出，在卷收器的灵敏性上，高田（上海）、南京奥托立夫、延锋百利得（上海）和长春奥托立夫的主观评价显著高于行业平均水平；而天津益中、无锡理昌及重庆光大则显著低于行业平均水平，北京世进和上海天合接近行业平均水平。

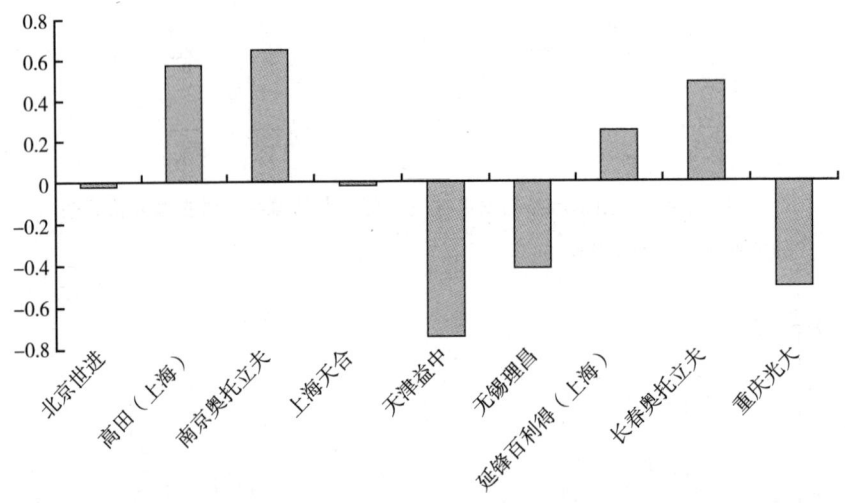

图6　不同企业安全带产品的卷收器的灵敏性主观评价比较

资料来源：CATARC整理。

3. 安全带佩戴后的舒适性

安全带佩戴后的整体舒适性受织带的材质、带扣锁止后的松紧度、卷收器的灵敏性等多方面因素的影响，是将安全带产品各个部件综合考量的主观评价结果。从图7可以看出，对于安全带佩戴后的舒适性，北京世进、高田（上海）、南京奥托立夫、上海天合、延锋百利得（上海）及长春奥托立夫产品的主观评价得分均高于行业平均水平；而其余三家企业的主观评价得分低于行业平均水平，可见安全带产品在兼顾安全性和舒适性的设计上还有待进一步提高。

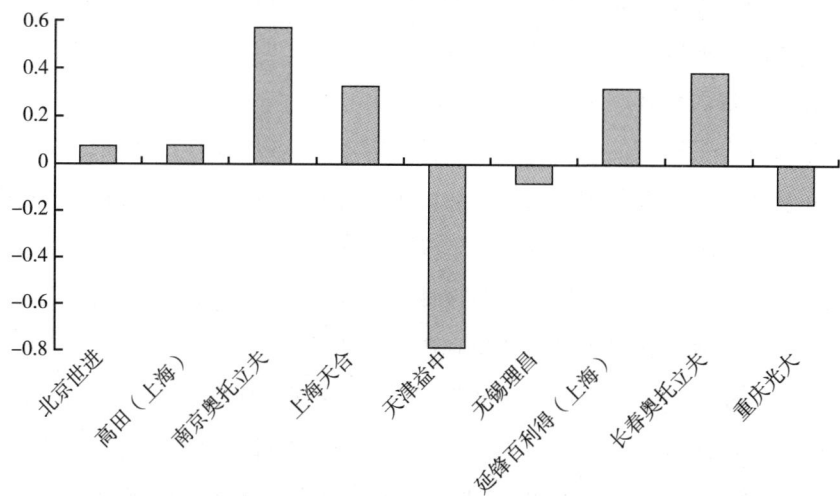

图 7 不同企业安全带产品佩戴后的舒适性主观评价比较

资料来源：CATARC 整理。

三 小结

安全带作为最常见的车用被动安全产品和约束系统的重要组成部分，虽然外观结构简单，但是在危急形势下拯救驾乘人员生命的重要手段。目前中国分布着众多安全带生产企业，尽管部分中小企业的安全带产品同质化问题严重，但是从行业调查来看，主流企业的安全带产品存在一定的差异。

在比较不同安全带产品的差异时，可以利用国家标准 GB 14166 - 2013《机动车乘员用安全带、约束系统、儿童约束系统和 ISOFIX 儿童约束系统》提供的技术指标和试验项目。该标准对安全带各个部件的尺寸、强度等进行了量化的规定，对安全带的动态试验、耐久试验、耐温试验、耐候试验等进行了详细的要求，促进了安全带产品质量和安全性能的提升，为不同产品在质量和性能方面的比较提供了手段。

不同企业的技术背景和能力不同，在研发设计、生产工艺方面存在较大

的差异，造成了不同企业的安全带产品在关键部件的强度、性能上存在差距，对产品总成表现和安全性也造成了影响。这样的差异既表现在客观指标的对比上，也表现在用户主观评价的差别上。

结合安全带产品的主观、客观评价可以发现，以天津市益中汽车安全带厂、重庆光大产业有限公司为代表的自主品牌安全带企业在产品性能指标和用户体验上均取得了一定的成绩，不仅主要的产品指标和试验结果满足了国家标准，在主要部件的质感和细节设计上也在逐渐赢得用户的认可，其安全带产品已经达到了部分外资、合资企业产品的品质。

而从外资、合资安全带企业的产品来看，也存在较大差异。部分企业的安全带产品在客观指标上仅以满足国家标准为原则进行设计和生产，指标余量小；同时，在关键部件的生产或采购上，出于成本等因素的考虑，对带扣、插锁及织带等部件的外观和细节处理缺乏应有的重视和投入，造成用户主观评价降低。

随着对新技术研发力度的加大，生产工艺的提升，自主品牌的安全带企业的产品与外资、合资企业的产品品质差距在逐渐缩小，这样的形势有助于国内安全带行业的良性发展。因此，整车厂和终端用户应该打破对自主品牌安全带企业产品的偏见，以实际需求为导向选择相应的产品，为安全带产业创造平等的市场环境。

附 录

Appendix

附录1　2014年中国汽车安全大事记

2014年1月28日　交通运输部、公安部、国家安全生产监督管理总局发布《道路运输车辆动态监督管理办法》。该办法强调各级交通运输部门要督促道路旅客运输企业、道路危险货物运输企业和拥有50辆及以上重型载货汽车或半挂牵引车的道路货物运输企业建设或使用社会化的监控平台，同时要求"两客一危"重点营运车辆必须全部纳入企业监控和政府监管平台。

2014年2月24日　中国橡胶工业协会发布《绿色轮胎技术规范》。对绿色轮胎的术语和定义、要求、验证方法进行规定。《绿色轮胎技术规范》为中国首部绿色轮胎行业自律标准。

2014年5月30日　由公安部道路交通安全研究中心、中国汽车技术研究中心主办，大众汽车集团（中国）协办的"中国强制使用儿童乘员用约束系统可行性研究成果发布会"在北京市举行。公安部道路交通安全研究中心、中国汽车技术研究中心、大众汽车集团（中国）在会上共同发布了《中国儿童乘车安全蓝皮书（2014）》，并联合与会的各方代表呼吁社会关注

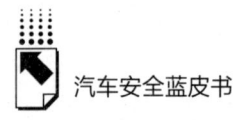

儿童乘车安全。

2014年7月10日 由国家质量监督检验检疫总局和国家认证认可监督管理委员会联合发布《关于机动车儿童乘员用约束系统实施强制性产品认证的公告》，规定从2014年9月1日起实施强制性认证；2015年9月1日起，没有获得强制性产品认证的儿童安全座椅，将不得出厂、销售、进口或者在其他经营活动中使用。

2014年7月14日 公安部颁布修订后的《机动车登记规定》，规定专用校车办理注册登记前，应当按照专用校车国家安全技术标准进行安全技术检验。

2014年8月19~22日 由中国汽车工程学会汽车安全技术分会主办、长城汽车股份有限公司承办的第十七届"中国汽车安全技术学术会议"在河北省保定市举行。国内350余位专家和学者就汽车底盘安全控制、驾驶员辅助系统、碰撞预判技术、汽车结构安全性、行人碰撞保护等12项议题进行了深入交流和探讨。

2014年9月4日 第七届"中国汽车安全主题巡展"在天津市中国汽车技术研究中心举行启动仪式。该巡展是集安全技术展示、安全功能体验、安全车型推荐、安全意识传播、安全行车规范五大安全行为于一体的公益宣传推广平台。

2014年10月10日 国家质量监督检验检疫总局发布了关于《缺陷汽车产品召回管理条例实施办法（征求意见稿）》，明确规定汽车产品生产者、经营者在产品召回上的责任和义务，并且首次将零部件生产者纳入产品召回管理办法中。

2014年10月18日 工业和信息化部和公安部联合下发《关于加强小微型面包车、摩托车生产和登记管理工作的通知》，要求从2015年7月1日起，小微型面包车须全部安装防抱死制动系统。

2014年10月28~31日 世界NCAP大会首次在中国成功召开，会议吸引了来自C-NCAP、Euro NCAP、US NCAP、IIHS NCAP、JNCAP、ANCAP、ASEAN NCAP、KNCAP、Latin NCAP等9个NCAP机构的代表参会。会议对

9个NCAP组织各自运行情况以及Global NCAP 2015年路线图进行阐述。

2014年10月29日 由联合国道路安全组织和中国汽车技术研究中心共同主办的"联合国道路安全十年行动·中国峰会"在天津市成功举行，这是联合国道路安全十年行动在中国召开的首次峰会。峰会公开了十年行动在2015年的工作目标和相关计划，包括开展助推儿童乘车安全立法、社区道路安全改造、儿童安全教育、驾校教学活动以及大学生道路事故救援培训等工作。

2014年10月31日 中国汽车技术研究中心汽车安全试验室公开举行了国内首次车对车15°角小重叠率高速碰撞试验。在试验室内，两辆第九代雅阁分别以56km/h的速度，呈15°斜角以25%重叠率进行碰撞。

2014年12月22日 国家质量监督检验检疫总局和国家标准化管理委员会发布了《机动车安全技术检验项目和方法》（GB 21816-2014）标准。该标准对校车、大中型客车、中重型载货汽车等重点车辆，根据不同车型强化了外廓尺寸、整备质量等车辆特征参数的检查，以及行驶记录装置、限速功能和限速装置、防抱死制动装置、辅助制动装置、紧急切断装置、发动机舱自动灭火装置、手动机械断电开关等安全装置的检查。

2014年12月26日 中国汽车技术研究中心发布首批24款儿童约束系统（即儿童安全座椅）评测结果。

B.21 附录2 NCAP测试评价统计

附表2-1 中国新车评价规程测试评价统计（2013年第四批和2014年）

序号	生产企业	测试年度	测试车型号	正面100%重叠刚性壁障碰撞试验	正面40%重叠可变形壁障碰撞试验	可变形移动壁障侧面碰撞试验	鞭打试验	加分项	总分	星级
				小型乘用车						
1	德国宝马汽车公司	2014年第四批	XM51 Mini Cooper Fun	15.49	15.74	17.43	4.00	4①	56.7	★★★★
				A类乘用车						
1	德国奔驰汽车公司	2013年第四批	A180 Mercedes-Benz A180 时尚型	15.88	15.17	18.00	4.00	4①	57.1	★★★★
2	沃尔沃汽车集团	2013年第四批	V40 V40智尚版	15.69	16.50	18.00	4.00	4①	58.2	★★★★
3	广州汽车集团乘用车有限公司	2013年第四批	GAC7160F2A4 GA3 1.6AT至尊ESP版	14.02	14.03	18.00	3.17	4①	53.2	★★★★

附录2 NCAP 测试评价统计

续表

序号	生产企业	测试年度	测试车型号	正面100%重叠刚性壁碰撞试验	正面40%重叠可变形壁碰撞试验	可变形移动壁障侧面碰撞试验	鞭打试验	加分项	总分	星级
4	一汽-大众汽车有限公司	2013年第四批	FV7160BBMGG 捷达 1.6L 手动豪华型	14.05	15.02	17.14	4.00	3⑬	53.2	★★★★
5	天津一汽丰田汽车有限公司	2014年第一批	TV7151GL-i 新威驰 1.5L 智尚版自动挡	15.59	15.96	18.00	4.00	2③	55.6	★★★★
6	东风本田汽车有限公司	2014年第一批	DHW7182FRASD 杰德 1.8L EXi 舒适版（5座）	15.41	14.52	18.00	3.71	2③	53.6	★★★★
7	上海大众汽车有限公司	2014年第一批	SVW71613BS 昕锐 2013 款 1.6 手动优选版	14.47	14.98	17.26	4.00	4⑦	54.7	★★★★
8	海马轿车有限公司	2014年第一批	HMA7150DA4W M3 手动精英型	13.68	13.67	13.71	4.00	2②	46.1	★★★
9	海马轿车有限公司	2014年第一批	HMA7150DA4W M3 手动旗舰型	16.01	16.38	16.38	4.00	3⑬	55.8	★★★★
10	安徽江淮汽车股份有限公司	2014年第一批	HFC7151BF 和悦 A30 1.5L MT 尊享型	15.22	14.68	17.61	4.00	3⑫	54.5	★★★★
11	奇瑞汽车股份有限公司	2014年第二批	SQR7160J420 艾瑞泽 7 1.6L 手动致享版	16.07	13.33	18.00	3.53	4⑦	54.9	★★★★★
12	重庆长安汽车股份有限公司	2014年第二批	SC7169GH4 致尚 XT 1.6AT 致酷型	14.20	13.10	18.00	4.00	4⑦	53.3	★★★★

253

续表

序号	生产企业	测试年度	测试车型号	正面100%重叠刚性壁碰撞试验	正面40%重叠可变形壁碰撞试验	可变形移动壁障侧面碰撞试验	鞭打试验	加分项	总分	星级
13	长安标致雪铁龙汽车有限公司	2014年第二批	CAP7160DAC1 DS5 THP160 豪华版	14.76	14.94	18.00	4.00	4[7]	55.7	★★★★
14	日本丰田汽车公司	2014年第三批	ZN6F81H 丰田86 2.0L 豪华手动版	14.93	15.42	16.49	4.00	4[7]	54.8	★★★★
15	东风悦达起亚汽车有限公司	2014年第三批	YQZ7169FAM K3S 1.6L GLS 自动版	12.59	13.09	18.00	3.69	2[3]	49.4	★★★
16	北京汽车股份有限公司	2014年第三批	BJ7150C5E1B 绅宝 D50 1.5L CVT豪华版	14.80	13.48	17.53	3.71	4[7]	53.5	★★★★
17	广汽本田汽车有限公司	2014年第三批	HG7155DAC4E 新飞度 1.5 EXLI 领先版	14.12	14.45	18.00	4.00	3[13]	53.6	★★★★
18	广汽菲亚特汽车有限公司	2014年第四批	GFA7140BKBB 致悦 1.4T 豪华版	15.97	13.42	18.00	4.00	4[6]	55.4	★★★★
19	长安马自达汽车有限公司	2014年第四批	CAM7150A5 昂克赛拉 1.5L 自动尊贵型	15.93	13.21	18.00	4.00	4[7]	55.1	★★★★
20	东风乘用车公司	2014年第四批	DFM7150F1B A30 尊尚型	15.89	14.83	17.18	4.00	3[12]	54.9	★★★★
21	上海大众汽车有限公司	2014年第四批	SVW71615FM 全新明锐 1.6L 手自动一体逸俊版	15.01	16.19	17.86	4.00	3[13]	56.1	★★★★

续表

序号	生产企业	测试年度	测试车型号	正面100%重叠刚性壁碰撞试验	正面40%重叠可变形壁障碰撞试验	可变形移动壁障侧面碰撞试验	鞭打试验	加分项	总分	星级
22	广汽丰田汽车有限公司	2014年第四批	GTM7150AB 致炫 1.5G 炫动版 AT	15.40	14.58	18.00	4.00	2③	54.0	★★★★
B类乘用车
1	美国克莱斯勒汽车公司	2013年第四批	300C Chrysler 300C 尊享版	15.54	15.60	18.00	3.12	4⑦	56.3	★★★★★
2	广汽本田汽车有限公司	2013年第四批	HG7180GAA4 凌派 1.8L AT 豪华型	16.12	15.49	18.00	4.00	3⑬	56.6	★★★★★
3	广汽本田汽车有限公司	2014年第一批	HG7242AAC4 雅阁 2.4EX 豪华版	16.03	14.14	18.00	4.00	4⑦	56.2	★★★★★
4	北京现代汽车有限公司	2014年第一批	BH7200PAY 名图 2.0 TOP 自动旗舰型	15.88	15.42	18.00	4.00	4⑦	57.3	★★★★★
5	上海汽车集团股份有限公司	2014年第一批	CSA7241CDAA 荣威 950 2.4L LUX 豪华版	15.40	13.77	18.00	4.00	4⑦	55.2	★★★★★
6	上海通用汽车有限公司	2014年第二批	SGM7203EYA1 凯迪拉克 XTS 2.0T 舒适型	15.69	14.39	18.00	4.00	4⑦	56.1	★★★★★
7	长安福特汽车有限公司	2014年第三批	CAF7200A41 蒙迪欧 2.0L 时尚型	15.46	16.10	17.83	3.56	4⑦	57.0	★★★★★
8	天津一汽丰田汽车有限公司	2014年第三批	TV7183PREMIUM 卡罗拉 1.8L 至高版	15.54	16.84	18.00	4.00	4⑦	58.4	★★★★★

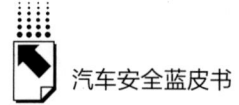

续表

序号	生产企业	测试年度	测试车型号	正面100%重叠刚性壁碰撞试验	正面40%重叠可变形壁碰撞试验	可变形移动壁障侧面碰撞试验	鞭打试验	加分项	总分	星级
9	北京汽车股份有限公司	2014年第四批	BJ7180C6FM 绅宝 D60 1.8T 手动精英型	16.04	14.45	17.90	4.00	3[13]	55.4	★★★★
10	一汽轿车股份有限公司	2014年第四批	CA7209ATE4 奔腾 B70 2.0L 自动豪华型	17.33	16.51	16.69	3.56	3[13]	57.1	★★★★★
运动型乘用车										
1	神龙汽车有限公司	2013年第四批	DC7204LLAM 3008 2.0L 手动潮流版	15.13	16.86	18.00	4.00	4[7]	58.0	★★★★★
2	重庆长安汽车股份有限公司	2013年第四批	SC7164AB5 CS35 1.6MT 豪华型	13.49	13.52	18.00	1.25	1[12]	47.3	★★★★
3	北京现代汽车有限公司	2013年第四批	BH6470MBY 胜达 2.4 自动智能型	15.62	15.77	18.00	4.00	4[7]	57.4	★★★★★
4	江西江铃控股有限公司	2013年第四批	JX6461L 陆风 X5 两驱 MT 领创版	13.32	14.92	18.00	3.45	1.5[9]	51.2	★★★
5	四川一汽丰田汽车有限公司	2013年第四批	CA64604TME4 RAV4 2.5L 精英版	16.33	15.81	18.00	4.00	4[7]	58.1	★★★★★
6	安徽江淮汽车股份有限公司	2013年第四批	HFC7202EF 瑞风 S5 尊享精英版	12.98	13.41	18.00	4.00	4[7]	52.4	★★★★

续表

序号	生产企业	测试年度	测试车型号	正面100%重叠刚性壁碰撞试验	正面40%重叠可变形壁碰撞试验	可变形移动壁障侧面碰撞试验	鞭打试验	加分项	总分	星级
7	一汽轿车股份有限公司	2013年第四批	CA6462ATE4B 奔腾X80 2.3AT豪华型	15.63	17.29	18.00	4.00	4[7]	58.9	★★★★★
8	长安福特汽车有限公司	2014年第一批	CAF7150B4 翼搏1.5AT尊贵型	14.97	15.40	18.00	4.00	4[7]	56.4	★★★★★
9	韩国起亚汽车公司	2014年第一批	2359CC 索兰托 MPI 汽油5座豪华版	15.01	14.30	18.00	4.00	1.5[14]	52.8	★★★★★
10	重庆长安铃木汽车有限公司	2014年第二批	SC7162XG 锋驭1.6L自动精英型	15.85	14.93	18.00	4.00	4[7]	56.8	★★★★★
11	长安马自达汽车有限公司	2014年第二批	CAM6460B5 CX-5 2.0L自动舒适型	15.92	15.06	18.00	4.00	4[7]	57.0	★★★★★
12	法国雷诺汽车公司	2014年第二批	VYRTE 科雷傲2014款2.5L两驱舒适版	14.94	15.06	17.93	4.00	4[7]	55.9	★★★★★
13	东风日产乘用车公司	2014年第三批	DFL6461VAK1 新奇骏2.0L XL CVT 2WD 舒适版	15.34	14.69	17.42	4.00	3[13]	54.5	★★★★★
14	湖南江南汽车制造有限公司	2014年第三批	JN6460 T600 1.5T手动豪华型	14.79	15.11	15.95	2.39	3[13]	51.2	★★★
15	海马轿车有限公司	2014年第三批	HMA7161GA4W 海马S5 智尊版	15.32	15.20	18.00	4.00	3[13]	55.5	★★★★★

续表

序号	生产企业	测试年度	测试车型号	正面100%重叠刚性壁障碰撞试验	正面40%重叠可变形壁障碰撞试验	可变形移动壁障侧面碰撞试验	鞭打试验	加分项	总分	星级
16	神龙汽车有限公司	2014年第四批	DC6422LLBM 2008 1.6L 手动卓越版	13.43	15.89	16.26	4.00	4①	53.6	★★★★
17	北京现代汽车有限公司	2014年第四批	BH7160QAY ix25 1.6L 自动尊贵型	15.89	14.11	18.00	4.00	3⑬	55.0	★★★★
18	重庆长安汽车股份有限公司	2014年第四批	SG6469A5 CS75 手动领先型	16.75	16.26	18.00	4.00	4⑦	59.0	★★★★★
19	上海通用东岳汽车有限公司	2014年第四批	SGM7140GAA1 创酷 1.4T 自动豪华型	14.80	14.45	18.00	2.83	3⑬	53.1	★★★★
20	东风裕隆汽车有限公司	2014年第四批	DYM7202BAA5 优 6 SUV 旗舰型 2.0T 2WD	13.51	12.73	18.00	4.00	4⑦	52.2	★★★★

《C-NCAP管理规则》(2012年版)》注释：①驾驶员侧安全带提醒装置；②驾驶员侧安全带提醒装置及ISOFIX装置；③驾驶员侧安全带提醒装置及ISOFIX装置；④驾驶员侧及ESC；⑤驾驶员侧安全带提醒装置、ISOFIX装置、ESC，其中乘员侧无座椅使用状态监测功能；⑥驾驶员侧安全带提醒装置、前排乘员侧安全带提醒装置、侧面安全气囊及气帘、ISOFIX装置；⑦驾驶员侧、前排乘员侧安全带提醒装置、ISOFIX装置；⑧乘员侧安全带提醒装置，其中乘员侧无座椅使用状态监测功能；⑨驾驶员侧、前排乘员侧安全带提醒装置、侧面安全气囊及气帘、ISOFIX装置；⑩驾驶员侧、前排乘员侧安全带提醒装置、ISOFIX装置；⑪驾驶员侧、前排乘员侧安全带提醒装置、ISOFIX装置及ESC；⑫驾驶员侧、前排乘员侧安全带提醒装置、侧面安全气囊及ESC；⑬驾驶员侧、前排乘员侧安全带提醒装置、ESC。

附录2　NCAP 测试评价统计

附表 2-2　欧洲 Euro NCAP 新车评价规程测试评价统计（2014 年度）

序号	生产企业	测试年度	测试车型号	Adult Occupant Protection（成人保护）	Child Occupant Protection（儿童保护）	Pedestrian Protection（行人保护）	Safety Assist（安全辅助）	Advanced Rewards（加分项）	Overall rating（星级）
			Small Family Car						
1	日本日产汽车公司	2014 年 2 月	Nissan Qashqai 1.5dCi Acenta, LHD	88%	83%	69%	79%	—	★★★★★
2	法国雷诺汽车公司	2014 年 6 月	Renault Mégane Hatch 1.5dCi 'Life', LHD (reassessment)	83%	78%	60%	56%	—	★★★★
3	法国标致—雪铁龙汽车公司	2014 年 6 月	Citroën C-Elysée 1.2 Séduction, LHD (Peugeot 301)	71%	75%	54%	33%	—	★★★
4	法国标致—雪铁龙汽车公司	2014 年 6 月	Citroën C-Elysée 1.2 Séduction, LHD	71%	75%	54%	33%	—	★★★
5	法国标致—雪铁龙汽车公司	2014 年 10 月	Citroën C4 CACTUS 1.2 'FEEL', LHD	82%	79%	80%	56%	—	★★★★
6	德国宝马汽车公司	2014 年 11 月	BMW 2 Series Active Tourer 1.5 Base, LHD	84%	85%	60%	70%	○	★★★★★
7	日本日产汽车公司	2014 年 11 月	Nissan Pulsar 1.2 Acenta, LHD	84%	81%	75%	68%	—	★★★★★
8	德国大众汽车公司	2014 年 12 月	AUDI A3 Sportback e-tron 1.4 TFSI + e-Engine 'Ambition', RHD	82%	78%	66%	68%	○	★★★★★
			Large Family Car						
1	德国奔驰汽车公司	2014 年 5 月	Mercedes-Benz C-Class C220 'Avantgarde', LHD	92%	84%	77%	70%	○	★★★★★
2	德国大众汽车公司	2014 年 12 月	VW Passat 2.0 TDI 'Comfortline', LHD	85%	87%	66%	76%	—	★★★★★

259

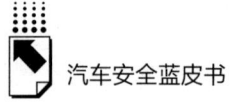

续表

序号	生产企业	测试年度	测试车型号	Adult Occupant Protection (成人保护)	Child Occupant Protection (儿童保护)	Pedestrian Protection (行人保护)	Safety Assist (安全辅助)	Advanced Rewards (加分项)	Overall rating (星级)
3	日本斯巴鲁汽车公司	2014年12月	Subaru Outback 2.0 diesel 'Eye-Sight', LHD	85%	87%	70%	73%	—	★★★★★
4	美国福特汽车公司	2014年12月	Ford Mondeo 2.0 diesel 'Trend/Wagon', LHD	86%	82%	66%	66%	—	★★★★★
Business and Family Van									
1	德国欧宝汽车公司	2015年2月	Renault Trafic dCi 115 Combi, LHD	52%	91%	53%	57%	—	★★★
2	法国雷诺汽车公司	2015年2月	Renault Trafic dCi 115 Combi, LHD	52%	91%	53%	57%	—	★★★
3	德国奔驰汽车公司	2014年10月	Mercedes-Benz V-Class 2.2 diesel	93%	87%	67%	85%	○	★★★★★
Executive									
1	美国特斯拉汽车公司	2014年11月	Model S 85kWh electric drivetrain, LHD	82%	77%	66%	71%	—	★★★★★
Large Off-Road									
1	韩国起亚汽车公司	2014年12月	Kia Sorento 2.2 diesel GLS, LHD	90%	83%	67%	71%	—	★★★★★
Roadster sports									
1	德国大众汽车公司	2015年2月	Audi TT 2.0TFSI 'Sport', FWD, RHD	81%	68%	82%	64%	○	★★★★
Small MPV									
1	德国大众汽车公司	2014年6月	VW Golf Sportsvan 1.6 TDI Comfortline, LHD	87%	85%	62%	73%	—	★★★★★
2	日本日产汽车公司	2014年9月	Nissan e-NV200 Evalia Electric Motor Ludo Combi, LHD	75%	80%	60%	38%	—	★★★

续表

序号	生产企业	测试年度	测试车型号	Adult Occupant Protection (成人保护)	Child Occupant Protection (儿童保护)	Pedestrian Protection (行人保护)	Safety Assist (安全辅助)	Advanced Rewards (加分项)	Overall rating (星级)
3	法国标致—雪铁龙汽车公司	2014年9月	Citroën Berlingo 1.6 diesel 'Confort', LHD (Peugeot Partner)	56%	74%	63%	48%	—	★★★
4	法国标致—雪铁龙汽车公司	2014年9月	Citroën Berlingo 1.6 diesel 'Confort', LHD	56%	74%	63%	48%	—	★★★
5	韩国起亚汽车公司	2014年11月	Soul EV 81.4kW EV 'SX', LHD	84%	82%	59%	56%	—	★★★★
6	韩国起亚汽车公司	2014年11月	Kia Soul 1.6 diesel EX, LHD	84%	82%	59%	56%	—	★★★★
7	罗马尼亚达契亚汽车公司	2014年12月	Dacia Logan MCV 1.5 diesel Base, LHD	57%	75%	55%	38%	—	★★★
Small Off-Road									
1	德国奔驰汽车公司	2014年9月	Mercedes-Benz GLA200 CDI 'Urban' 4x2, LHD	96%	88%	67%	70%	○	★★★★★
2	日本日产汽车公司	2014年10月	Nissan X Trail 1.6 diesel Acenta, LHD	86%	83%	75%	75%	—	★★★★★
3	美国克莱斯勒汽车公司	2014年12月	Jeep Renegade 1.6 diesel Limited FW, LHD	87%	85%	65%	74%	—	★★★★★
4	德国保时捷汽车公司	2014年12月	Porsche Macan 2.0 TFSI, RHD	88%	87%	60%	66%	—	★★★★★
5	日本丰田汽车公司	2014年12月	Lexus NX 300h 'Executive', LHD	82%	82%	69%	71%	—	★★★★★
6	英国捷豹路虎汽车公司	2014年12月	Land Rover Discovery Sport 2.2 diesel SE, RHD	93%	83%	69%	82%	—	★★★★★

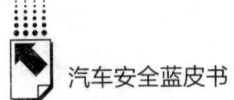

续表

序号	生产企业	测试年度	测试车型号	Adult Occupant Protection（成人保护）	Child Occupant Protection（儿童保护）	Pedestrian Protection（行人保护）	Safety Assist（安全辅助）	Advanced Rewards（加分项）	Overall rating（星级）
			Supermini						
1	韩国现代汽车公司	2014年5月	Hyundai i10 1.0 petrol Comfort, LHD	79%	80%	71%	56%	—	★★★
2	美国福特汽车公司	2014年6月	Ford Tourneo Courier 1.5 diesel 'Trend', LHD	84%	84%	74%	56%	—	★★★★
3	中国上海汽车集团	2014年6月	MG3 1.5VTi-TECH 3Form Sport, RHD	69%	71%	59%	38%	—	★★★
4	日本丰田汽车公司	2014年9月	Toyota Aygo 1 x-play, LHD	80%	80%	62%	56%	—	★★★★
5	法国雷诺汽车公司	2014年9月	Renault Twingo 1.0 'E2', LHD	78%	81%	68%	56%	—	★★★★
6	法国标致—雪铁龙汽车公司	2014年9月	Toyota Aygo 1 x-play, LHD (Peugeot 108)	80%	80%	62%	56%	—	★★★★
7	法国标致—雪铁龙汽车公司	2014年9月	Toyota Aygo 1 x-play, LHD (Citroën C1)	80%	81%	69%	69%	—	★★★★
8	德国大众汽车公司	2014年11月	Skoda Fabia 1.2 TSI 'Ambition', LHD	81%	74%	68%	38%	○	★★★★★
9	日本铃木汽车公司	2014年11月	Suzuki Celerio 1.0 petrol GL, LHD	61%	77%	71%	56%	—	★★★
10	德国欧宝汽车公司	2014年12月	Opel/Vauxhall Corsa 1.4 'Enjoy', LHD	79%	80%	52%	56%	○	★★★★
11	德国奔驰汽车公司	2014年12月	smart fortwo 999cc petrol 'passion', LHD	82%	77%	65%	56%	—	★★★★
12	德国奔驰汽车公司	2014年12月	smart forfour 999cc petrol 'passion', LHD	78%	73%	66%	56%	—	★★★★
13	德国宝马汽车公司	2014年12月	Mini Cooper 1.5 Base, RHD	79%				○	★★★

附表2-3 美国国家公路交通安全管理局（NHTSA）新车评价规程测试评价统计（2015款车型）

序号	Year/Make/Model	Overall	Frontal Crash	Side Crash	Rollover	Rearview Video Systems	Forward Collision Warning	Lane Departure Warning
			Sedan&Wagons					
1	2015 Acura ILX 4 DR FWD	★★★★	★★★★	★★★★★	★★★★	○	—	—
2	2015 Acura TLX 4 DR AWD	★★★★★	★★★★★	★★★★★	★★★★★	○	○	○
3	2015 Acura TLX 4 DR FWD	★★★★★	★★★★★	★★★★★	★★★★	○	○	○
4	2015 Audi A3 4 DR AWD	★★★★★	★★★★	★★★★★	★★★★★	—	○	○
5	2015 Audi A3 4 DR FWD	★★★★★	★★★★	★★★★★	★★★★	—	○	○
6	2015 Audi A4 4 DR AWD	★★★★★	★★★★★	★★★★★	★★★★★	—	○	—
7	2015 Audi A4 4 DR FWD	★★★★★	★★★★★	★★★★★	★★★★★	—	○	—
8	2015 Audi A6 4 DR AWD	★★★★★	★★★★★	★★★★★	★★★★	—	—	—
9	2015 Audi A6 4 DR FWD	★★★★★	★★★★★	★★★★★	★★★★★	—	○	○
10	2015 Audi S3 4 DR AWD	★★★★★	★★★★★	★★★★★	★★★★★	○	—	—
11	2015 Audi S4 4 DR AWD	★★★★★	★★★★★	★★★★★	★★★★★	—	○	—
12	2015 Audi S6 4 DR AWD	★★★★★	★★★★★	★★★★★	★★★★★	—	—	—
13	2015 BMW 320I 4 DR RWD	★★★★★	★★★★★	★★★★★	★★★★	—	—	—
14	2015 BMW 320I Xdrive 4 DR AWD	★★★★★	★★★★★	★★★★★	★★★★	—	○	○
15	2015 BMW 328D 4 DR RWD	★★★★★	★★★★★	★★★★★	★★★★	—	○	○
16	2015 BMW 328D Xdrive 4 DR AWD	★★★★★	★★★★★	★★★★★	★★★★	—	—	—
17	2015 BMW 328 I4 4 DR RWD	★★★★★	★★★★★	★★★★★	★★★★	—	○	○
18	2015 BMW 328 I Xdrive 4 DR AWD	★★★★★	★★★★★	★★★★★	★★★★	—	○	○

续表

序号	Year/Make/Model	Overall	Frontal Crash	Side Crash	Rollover	Recommended Technologies		
						Rearview Video Systems	Forward Collision Warning	Lane Departure Warning
19	2015 BMW 328I Xdrive GT 5 HB AWD	★★★★	★★★★	★★★★★	★★★★	—	○	○
20	2015 BMW 335 I 4 DR RWD	★★★★★	★★★★	★★★★★	★★★★	—	○	○
21	2015 BMW 335 I Xdrive 4 DR AWD	★★★★★	★★★★	★★★★★	★★★★	—	○	○
22	2015 BMW 335I Xdrive GT 5 HB AWD	★★★★	★★★★	★★★★★	★★★★	—	○	○
23	2015 BMW 528 I 4 DR RWD	★★★★	★★★★	★★★★★	★★★★	—	○	○
24	2015 BMW 528 I Xdrive 4 DR AWD	★★★★	★★★★	★★★★★	★★★★	—	○	○
25	2015 BMW 535 I 4 DR RWD	★★★★	★★★★	★★★★★	★★★★	—	○	○
26	2015 BMW 535 I GT 5 HB RWD	★★★★	★★★★	★★★★★	★★★★	—	○	○
27	2015 BMW 535 I Xdrive 4 DR AWD	★★★★	★★★★	★★★★★	★★★★	—	○	○
28	2015 BMW 535 I Xdrive GT 5 HB AWD	★★★★	★★★★	★★★★★	★★★★	—	○	○
29	2015 BMW 550 I 4 DR RWD	★★★★	★★★★	★★★★★	★★★★	—	○	○
30	2015 BMW 550 I GT 5 HB RWD	★★★★	★★★★	★★★★★	★★★★	—	○	○
31	2015 BMW 550 I Xdrive 4 DR AWD	★★★★	★★★★	★★★★★	★★★★	—	○	○
32	2015 BMW 550 I Xdrive GT 5 HB AWD	★★★★	★★★★	★★★★★	★★★★	—	○	○
33	2015 BMW Active Hybrid 3 4 DR RWD	★★★★	★★★★	★★★★★	★★★★	—	○	○
34	2015 BMW Active Hybrid 535 I 4 DR RWD	★★★★	★★★★	★★★★★	★★★★	—	○	○
35	2015 BMW X3 Sdrive28I SUV RWD	★★★★	★★★★★	★★★★	★★★★	—	○	○
36	2015 BMW X3 Xdrive28D SUV AWD	★★★★	★★★★★	★★★★	★★★★	—	○	○
37	2015 BMW X3 Xdrive28I SUV AWD	★★★★	★★★★★	★★★★	★★★★	—	○	○

续表

序号	Year/Make/Model	Overall	Frontal Crash	Side Crash	Rollover	Recommended Technologies		
						Rearview Video Systems	Forward Collision Warning	Lane Departure Warning
38	2015 BMW X3 Xdrive35I SUV AWD	★★★★★	★★★★★	★★★★★	★★★★	—	○	○
39	2015 BMW X5 Sdrive35I SUV RWD	★★★★★	★★★★★	★★★★★	★★★★	—	○	○
40	2015 BMW X5 Xdrive35D SUV AWD	★★★★★	★★★★★	★★★★★	★★★★	—	○	○
41	2015 BMW X5 Xdrive35I SUV AWD	★★★★★	★★★★★	★★★★★	★★★★	—	○	○
42	2015 BMW X5 Xdrive50I SUV AWD	★★★★★	★★★★	★★★★★	★★★★	—	○	—
43	2015 Buick Lacrosse 4 DR AWD	★★★★★	★★★★	★★★★★	★★★★	—	○	○
44	2015 Buick Lacrosse 4 DR FWD	★★★★★	★★★★★	★★★★★	★★★★	—	○	○
45	2015 Buick Lacrosse eAssist 4 DR AWD	★★★★★	★★★★★	★★★★★	★★★★	—	○	○
46	2015 Buick Lacrosse eAssist 4 DR FWD	★★★★★	★★★★★	★★★★★	★★★★★	—	—	—
47	2015 Buick Regal 4 DR AWD	★★★★★	★★★★★	★★★★★	★★★★★	—	○	○
48	2015 Buick Regal 4 DR FWD	★★★★★	★★★★★	★★★★★	★★★★★	—	○	—
49	2015 Buick Regal eAssist 4 DR FWD	★★★★★	★★★★★	★★★★★	★★★★★	—	—	—
50	2015 Buick Verano 4 DR FWD	★★★★★	★★★★★	★★★★★	★★★★	—	○	—
51	2015 Cadillac ATS 4 DR RWD	★★★★★	★★★★★	★★★★★	★★★★★	—	○	—
52	2015 Cadillac ATS 4 DR AWD	★★★★★	★★★★★	★★★★★	★★★★★	—	○	—
53	2015 Cadillac CTS 4DR AWD	★★★★★	★★★★★	★★★★★	★★★★★	—	—	—
54	2015 Cadillac CTS 4DR RWD	★★★★★	★★★★★	★★★★★	★★★★★	—	—	—
55	2015 Cadillac XTS 4 DR FWD	★★★★★	★★★★★	★★★★★	★★★	—	○	○

续表

序号	Year/Make/Model	Overall	Frontal Crash	Side Crash	Rollover	Rearview Video Systems	Forward Collision Warning	Lane Departure Warning
56	2015 Cadillac XTS 4 DR AWD	★★★★★	★★★★★	★★★★★	★★★★	—	○	○
57	2015 Chevrolet Camaro 2 DR RWD	★★★★★	★★★★★	★★★★★	★★★★★	—	—	—
58	2015 Chevrolet Cruze 4 DR FWD	★★★★★	★★★★★	★★★★★	★★★★	—	—	—
59	2015 Chevrolet Impala 4 DR FWD	★★★★★	★★★★★	★★★★★	★★★★	—	○	○
60	2015 Chevrolet Impala eAssist 4 DR FWD	★★★★	★★★	★★★	★★★★	—	○	○
61	2015 Chevrolet Impala Limited 4 DR FWD	★★★★★	★★★★★	★★★★★	★★★★	—	—	—
62	2015 Chevrolet Malibu 4 DR FWD	★★★★★	★★★★★	★★★★★	★★★★	—	○	○
63	2015 Chevrolet Sonic 5 DR FWD	★★★	★★★	★★★★★	★★★★	—	○	○
64	2015 Chevrolet Sonic 4 DR FWD	★★★★★	★★★★★	★★★★★	★★★★	—	—	—
65	2015 Chevrolet Spark 5 HB FWD	★★★★★	★★★★★	★★★★★	★★★★★	—	○	○
66	2015 Chevrolet Volt 4 DR FWD	★★★★★	★★★★★	★★★★★	★★★★	—	○	○
67	2015 Chrysler 200 4 DR FWD	★★★★★	★★★★★	★★★★★	★★★★	—	○	—
68	2015 Dodge Challenger 2 DR RWD	★★★★	★★★★	★★★★★	★★★★	—	—	—
69	2015 Dodge Dart 4 DR FWD	★★★★	★★★★	★★★★★	★★★★	—	—	—
70	2015 Fiat 500 3 HB FWD	★★★	★★★★	★★★★	★★★★	—	—	—
71	2015 Ford CMAX Energi 5 HB FWD	★★★★	★★★★	★★★★★	★★★★	○	—	—
72	2015 Ford CMAX Hybrid 5 HB FWD	★★★★	★★★★	★★★★★	★★★★	○	—	—

续表

序号	Year/Make/Model	Overall	Frontal Crash	Side Crash	Rollover	Recommended Technologies		
						Rearview Video Systems	Forward Collision Warning	Lane Departure Warning
73	2015 Ford Fiesta 4 DR FWD	★★★★	★★★★	★★	★★★★	○	—	—
74	2015 Ford Fiesta 5 HB FWD	★★★★	★★★★	★★	★★★★	○	—	—
75	2015 Ford Focus 4 HB FWD	★★★★★	★★★★★	★★★★★	★★★★	—	—	—
76	2015 Ford Focus 4 DR FWD	★★★★★	★★★★★	★★★★	★★★★	—	—	—
77	2015 Ford Fusion 4 DR FWD	★★★★★	★★★★	★★★★★	★★★★	○	○	○
78	2015 Ford Fusion 4 DR AWD	★★★★★	★★★★★	★★★★★	★★★★	○	○	○
79	2015 Ford Fusion Energi 4 DR FWD	★★★★★	★★★★★	★★★★★	★★★★	○	○	○
80	2015 Ford Fusion Hybrid 4 DR FWD	★★★★★	★★★★★	★★★★★	★★★★	○	○	—
81	2015 Ford Mustang 2 DR RWD	★★★★★	★★★★	★★★★★	★★★★	○	○	○
82	2015 Ford Taurus 4 DR FWD	★★★★★	★★★★★	★★★★★	★★★★	○	○	○
83	2015 Ford Taurus 4 DR AWD	★★★★★	★★★★★	★★★★★	★★★★	○	○	○
84	2015 Honda Accord 4 DR FWD	★★★★★	★★★★	★★★★★	★★★★	○	○	○
85	2015 Honda Accord 2 DR FWD	★★★★★	★★★★	★★★★★	★★★★	○	—	—
86	2015 Honda Accord Hybrid 4 DR FWD	★★★★★	★★★★	★★★★★	★★★★	○	○	○
87	2015 Honda Civic 4 DR FWD	★★★★★	★★★★	★★★★★	★★★★	○	—	—
88	2015 Honda Civic Hybrid 4 DR FWD	★★★★★	★★★★	★★★★★	★★★★	○	○	○
89	2015 Honda CR-Z 3 HB FWD	★★★★	★★★★	★★★	★★★★	○	—	—

续表

序号	Year/Make/Model	Overall	Frontal Crash	Side Crash	Rollover	Recommended Technologies		
						Rearview Video Systems	Forward Collision Warning	Lane Departure Warning
90	2015 Honda Fit 5 HB FWD	★★★★	★★★★	★★★★★	★★★★	○	—	—
91	2015 Hyundai Accent 4 DR FWD	★★★★	★★★★	★★★★	★★★★	—	—	—
92	2015 Hyundai Elantra 4 DR FWD	★★★★	★★★★	★★★★★	★★★★	—	—	—
93	2015 Hyundai Elantra Gt 5 HB FWD	★★★★	★★★★	★★★★★	★★★★	—	—	—
94	2015 Hyundai Genesis 4 DR RWD	★★★★★	★★★★★	★★★★★	★★★★★	—	○	○
95	2015 Hyundai Genesis 4 DR AWD	★★★★★	★★★★★	★★★★★	★★★★★	—	○	○
96	2015 Hyundai Sonata 4 DR FWD	★★★★★	★★★★★	★★★★★	★★★★	—	—	—
97	2015 Hyundai Sonata Hybrid 4 DR FWD	★★★★★	★★★★★	★★★★★	★★★★★	—	—	—
98	2015 Hyundai VELOSTER 3 C FWD	★★★★	★★★★	★★★★★	★★★★	—	—	—
99	2015 Infiniti Q50 4 DR AWD	★★★★★	★★★★★	★★★★★	★★★★★	—	○	○
100	2015 Infiniti Q50 4 DR RWD	★★★★★	★★★★★	★★★★★	★★★★★	—	○	○
101	2015 Infiniti Q50 Hybrid 4 DR RWD	★★★★★	★★★★★	★★★★★	★★★★★	—	○	○
102	2015 Infiniti Q50 Hybrid 4 DR AWD	★★★★★	★★★★★	★★★★★	★★★★★	—	○	○
103	2015 Infiniti Q70 4 DR RWD	★★★★★	★★★★★	★★★★★	★★★★★	—	○	○
104	2015 Infiniti Q70 4 DR AWD	★★★★★	★★★★★	★★★★★	★★★★★	—	○	○
105	2015 Infiniti Q70 Hybrid 4 DR RWD	★★★★★	★★★★★	★★★★★	★★★★★	—	○	○
106	2015 Kia Forte 4 DR FWD	★★★★★	★★★★	★★★★★	★★★★★	—	—	—

续表

序号	Year/Make/Model	Overall	Frontal Crash	Side Crash	Rollover	Rearview Video Systems	Forward Collision Warning	Lane Departure Warning
						Recommended Technologies		
107	2015 Kia Optima 4 DR FWD	★★★★★	★★★★★	★★★★★	★★★★	—	—	—
108	2015 Kia Optima Hybrid 4 DR FWD	★★★★★	★★★★★	★★★★★	★★★★	—	—	—
109	2015 Kia Rio 5 HB FWD	★★★★	★★★★	★★★★★	★★★★	—	—	—
110	2015 Kia Rio 4 DR FWD	★★★★	★★★★	★★★★★	★★★★	—	—	—
111	2015 Lexus ES300H 4 DR FWD	★★★★★	★★★★★	★★★★★	★★★★	○	○	○
112	2015 Lexus ES350 4 DR FWD	★★★★★	★★★★★	★★★★★	★★★★	○	○	○
113	2015 Lexus IS250 4 DR RWD	★★★★★	★★★★	★★★★★	★★★★	○	○	○
114	2015 Lexus IS250 4 DR AWD	★★★★★	★★★★★	★★★★★	★★★★	○	○	○
115	2015 Lexus IS350 4 DR RWD	★★★★★	★★★★★	★★★★★	★★★★	○	○	○
116	2015 Lexus IS350 4 DR AWD	★★★★★	★★★★★	★★★★	★★★★	—	○	○
117	2015 Lincoln MKS 4 DR FWD	★★★★★	★★★★★	★★★★	★★★★	—	○	○
118	2015 Lincoln MKS 4 DR AWD	★★★★★	★★★★★	★★★★	★★★★	○	○	○
119	2015 Lincoln MKZ 4 DR FWD	★★★★★	★★★★★	★★★★	★★★★	○	○	○
120	2015 Lincoln MKZ 4 DR AWD	★★★★★	★★★★★	★★★★	★★★★	○	○	○
121	2015 Lincoln MKZ HEV 4 DR FWD	★★★★★	★★★★★	★★★★	★★★★	○	○	○
122	2015 Mazda Mazda3 5 HB FWD	★★★★★	★★★★	★★★★	★★★★	—	—	—
123	2015 Mazda Mazda6 4 DR FWD	★★★★★	★★★★	★★★★	★★★★	—	—	—

续表

序号	Year/Make/Model	Overall	Frontal Crash	Side Crash	Rollover	Recommended Technologies		
						Rearview Video Systems	Forward Collision Warning	Lane Departure Warning
124	2015 Mercedes-Benz E-Class 4 DR RWD	★★★★	★★★★	★★★★★	★★★★	—	○	○
125	2015 Mercedes-Benz E-Class 4 DR 4WD	★★★★	★★★★	★★★★★	★★★★	—	○	○
126	2015 Mercedes-Benz E-CLASS SW 4WD	★★★★	★★★★	★★★★★	★★★★	—	○	○
127	2015 Mercedes-Benz E-CLASS SW RWD	★★★★	★★★★	★★★★★	★★★★	—	○	○
128	2015 Mercedes-Benz E-Class Hybrid 4 DR RWD	★★★★	★★★★	★★★	★★★★	—	—	—
129	2015 Mini Cooper Hardtop 3 HB FWD	★★★★	★★★★	★★★★	★★★★	—	○	—
130	2015 Mini Cooper S Hardtop 3 HB FWD	★★★★	★★★★★	★★★★	★★★★	—	—	○
131	2015 Mitsubishi Lancer 4 DR AWD	★★★★	★★★★	★★★★	★★★★	—	—	—
132	2015 Mitsubishi Lancer 4 DR FWD	★★★★	★★★★	★★★★	★★★★	—	—	—
133	2015 Mitsubishi Mirage 5 HB FWD	★★★★	★★★	★★★★	★★★★	—	—	—
134	2015 Nissan Altima 4 DR FWD	★★★★★	★★★★★	★★★★★	★★★★	—	—	—
135	2015 Nissan Leaf 5 HB FWD	★★★★	★★★★	★★★★	★★★★	—	—	—
136	2015 Nissan Sentra 4 DR FWD	★★★★	★★★★	★★★★	★★★★	—	—	—
137	2015 Nissan Versa 4 DR FWD	★★★★	★★★★	★★★★★	★★★★	○	—	—
138	2015 Nissan Versa Note 5 HB FWD	★★★★	★★★★	★★★★★	★★★★	○	—	—
139	2015 smart ED 2 DR RWD	★★★★	★★★★	★★★★★	★★★★	—	—	—
140	2015 Subaru BRZ 2 DR RWD	★★★★★	★★★★	★★★★★	★★★★★	—	○	○
141	2015 Subaru Impreza 4 DR AWD	★★★★★	★★★★	★★★★★	★★★★	○	○	○
142	2015 Subaru Impreza SW AWD	★★★★★	★★★★★	★★★★★	★★★★★	○	○	○
143	2015 Subaru Legacy 4 DR AWD	★★★★★	★★★★★	★★★★★	★★★★★	○	○	○

附录2 NCAP 测试评价统计

续表

序号	Year/Make/Model	Overall	Frontal Crash	Side Crash	Rollover	Recommended Technologies		
						Rearview Video Systems	Forward Collision Warning	Lane Departure Warning
144	2015 Tesla Model S 60KWH 5 HB RWD	★★★★★	★★★★★	★★★★★	★★★★	○	—	○
145	2015 Tesla Model S 85KWH 5 HB RWD	★★★★★	★★★★★	★★★★★	★★★★	○	—	○
146	2015 Toyota Avalon 4 DR FWD	★★★★★	★★★★★	★★★★★	★★★★	○	○	—
147	2015 Toyota Avalon HYBRID 4 DR FWD	★★★★★	★★★★★	★★★★★	★★★★	○	○	—
148	2015 Toyota Camry 4 DR FWD	★★★★★	★★★★★	★★★★★	★★★★	○	○	○
149	2015 Toyota Camry HV 4 DR FWD	★★★★★	★★★★★	★★★★★	★★★★	○	○	○
150	2015 Toyota Corolla 4 DR FWD Later Release	★★★★	★★★★	★★★★★	★★★★	—	—	—
151	2015 Toyota Corolla 4 DR FWD Early Release	★★★★	★★★★	★★★	★★★★	—	○	—
152	2015 Toyota Prius 5 HB FWD	★★★★★	★★★★★	★★★★★	★★★★★	—	—	—
153	2015 Toyota Prius C 5 HB FWD	★★★★	★★★★	★★★★★	★★★★	—	—	—
154	2015 Toyota Scion FR-S 2 DR RWD	★★★★★	★★★★★	★★★★★	★★★★	—	—	—
155	2015 Toyota Scion IQ 3 HB FWD	★★★★	★★★★	★★★★★	★★★★	—	—	—
156	2015 Toyota Scion TC 3 HB FWD	★★★★★	★★★★★	★★★★★	★★★★	—	—	—
157	2015 Toyota Yaris Liftback 5 HB FWD	★★★★	★★★★	★★★★★	★★★★	—	—	—
158	2015 Volkswagen Beetle 2 DR FWD	★★★★★	★★★★★	★★★★★	★★★★	—	—	—
159	2015 Volkswagen Jetta 4 DR FWD	★★★★★	★★★★★	★★★★★	★★★★	—	○	—
160	2015 Volkswagen Jetta HEV 4 DR FWD	★★★★★	★★★★★	★★★★★	★★★★	—	—	—
161	2015 Volkswagen Passat 4 DR FWD	★★★★★	★★★★★	★★★★★	★★★★	—	—	—
162	2015 Volvo S60 4 DR AWD	★★★★★	★★★★★	★★★★★	★★★★★	—	○	○
163	2015 Volvo S60 4 DR FWD	★★★★★	★★★★★	★★★★★	★★★★★	—	○	○

附表 2-4 美国道路安全协会（IIHS）新车评价规程测试评价统计（2015 款车型）

序号	生产企业	测试车型号	CRASHWORTHINESS					CRASH AVOIDANCE & MITIGATION	TOP SAFETY PICK + / TOP SAFETY PICK
			FRONT Small overlap front	FRONT Moderate overlap	SIDE	ROOF STRENGTH	HEAD RESTRAINTS & SEATS	FRONT CRASH PREVENTION	
			Microcars						
1	日本丰田汽车公司	2015 Scion iQ	—	G	G	G	A	NOT AVAILABLE	—
2	德国奔驰汽车公司	2015 smart fortwo	—	G	G	G	A	NOT AVAILABL	—
			Minicar						
1	美国通用汽车公司	2015 Chevrolet Spark	A	G	G	G	G	NOT AVAILABL	TSP
2	日本本田汽车公司	2015 Honda Fit	A	G	G	G	G	NOT AVAILABL	TSP
3	美国福特汽车公司	2015 Ford Fiesta	M	G	G	G	G	NOT AVAILABL	—
4	日本丰田汽车公司	2015 Toyota Yaris	M	G	G	G	G	NOT AVAILABL	—
5	韩国起亚汽车公司	2015 Kia Rio	M	G	A	G	G	NOT AVAILABL	—
6	意大利菲亚特汽车公司	2015 Fiat 500	P	G	G	G	G	NOT AVAILABL	—
7	日本三菱汽车公司	2015 Mitsubishi Mirage	P	G	G	G	G	NOT AVAILABL	—
8	日本日产汽车公司	2015 Nissan Versa	P	G	G	G	G	NOT AVAILABL	—
9	日本丰田汽车公司	2015 Toyota Prius c	P	G	G	G	G	NOT AVAILABL	—
10	韩国现代汽车公司	2015 Hyundai Accent	P	G	A	G	G	NOT AVAILABL	—
11	德国宝马汽车公司	2015 Mini Cooper	—	G	—	—	—	ADVANCED	—
12	日本日产汽车公司	2015 Nissan Versa Note	—	G	—	—	—	NOT AVAILABL	—

附录2 NCAP 测试评价统计

续表

序号	生产企业	测试车型号	CRASHWORTHINESS					CRASH AVOIDANCE & MITIGATION FRONT CRASH PREVENTION	TOP SAFETY PICK + / TOP SAFETY PICK
			FRONT Small overlap front	FRONT Moderate overlap	SIDE	ROOF STRENGTH	HEAD RESTRAINTS & SEATS		
			Small cars						
1	日本斯巴鲁汽车公司	2015 Subaru Impreza	G	G	G	G	G	SUPERIOR	TSP +
2	日本斯巴鲁汽车公司	2015 Subaru XV Crosstrek	G	G	G	G	G	SUPERIOR	TSP +
3	日本丰田汽车公司	2015 Lexus CT 200h	G	G	G	G	G	ADVANCED	TSP +
4	日本马自达汽车公司	2015 Mazda 3	G	G	G	G	G	ADVANCED	TSP +
5	日本丰田汽车公司	2015 Toyota Prius	A	G	G	G	G	ADVANCED	TSP +
6	日本本田汽车公司	2015 Honda Civic	G	G	G	G	G	BASIC	TSP
7	德国大众汽车公司	2015 Volkswagen Golf	G	G	G	G	G	BASIC	TSP
8	德国大众汽车公司	2015 Volkswagen GTI	G	G	G	G	G	BASIC	TSP
9	韩国起亚汽车公司	2015 Kia Soul	G	G	G	G	G	NOT AVAILABL	TSP
10	德国宝马汽车公司	2015 Mini Cooper Countryman	G	G	G	G	G	NOT AVAILABL	TSP
11	日本日产汽车公司	2015 Nissan Sentra	G	G	G	G	G	NOT AVAILABL	TSP
12	日本斯巴鲁汽车公司	2015 Subaru WRX	G	G	G	G	G	NOT AVAILABL	TSP

273

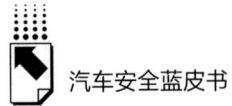

续表

序号	生产企业	测试车型号	CRASHWORTHINESS					CRASH AVOIDANCE & MITIGATION	TOP SAFETY PICK + / TOP SAFETY PICK
			FRONT Small overlap front	FRONT Moderate overlap	SIDE	ROOF STRENGTH	HEAD RESTRAINTS & SEATS	FRONT CRASH PREVENTION	
13	美国通用汽车公司	2015 Chevrolet Volt	A	G	G	G	G	BASIC	TSP
14	美国克莱斯勒汽车公司	2015 Dodge Dart	A	G	G	G	G	NOT AVAILABL	TSP
15	美国福特汽车公司	2015 Ford C-Max Hybrid	A	G	G	G	G	NOT AVAILABL	TSP
16	美国福特汽车公司	2015 Ford Focus	A	G	G	G	G	NOT AVAILABL	TSP
17	韩国现代汽车公司	2015 Hyundai Elafntra	A	G	G	G	G	NOT AVAILABL	TSP
18	日本三菱汽车公司	2015 Mitsubishi Lancer	A	G	G	G	G	NOT AVAILABL	TSP
19	日本丰田汽车公司	2015 Scion FR-S	A	G	G	G	G	NOT AVAILABL	TSP
20	日本斯巴鲁汽车公司	2015 Subaru BRZ	A	G	G	G	G	NOT AVAILABL	TSP
21	美国通用汽车公司	2015 Chevrolet Sonic	M	G	G	G	G	BASIC	—
22	美国通用汽车公司	2015 Chevrolet Cruze	M	G	G	G	G	NOT AVAILABL	—
23	韩国起亚汽车公司	2015 Kia Forte	M	G	G	G	G	NOT AVAILABL	—
24	日本丰田汽车公司	2015 Scion xB	M	G	G	G	G	NOT AVAILABL	—
25	日本丰田汽车公司	2015 Toyota Corolla	M	G	G	G	G	NOT AVAILABL	—
26	德国大众汽车公司	2015 Volkswagen Beetle	M	G	G	G	G	NOT AVAILABL	—

续表

序号	生产企业	测试车型号	CRASHWORTHINESS					CRASH AVOIDANCE & MITIGATION	TOP SAFETY PICK +/ TOP SAFETY PICK
			FRONT Small overlap front	FRONT Moderate overlap	SIDE	ROOF STRENGTH	HEAD RESTRAINTS & SEATS	FRONT CRASH PREVENTION	
27	韩国现代汽车公司	2015 Hyundai Veloster	M	G	A	G	G	NOT AVAILABL	—
28	意大利菲亚特汽车公司	2015 Fiat 500L	P	G	G	G	G	NOT AVAILABL	—
29	日本日产汽车公司	2015 Nissan Juke	P	G	G	G	G	NOT AVAILABL	—
30	日本日产汽车公司	2015 Nissan Leaf	P	G	G	G	G	NOT AVAILABL	—
31	日本本田汽车公司	2015 Acura ILX	—	G	G	G	G	NOT AVAILABL	—
32	日本本田汽车公司	2015 Honda CR-Z	—	G	G	G	G	NOT AVAILABL	—
33	日本马自达汽车公司	2015 Mazda 5	P	G	M	G	A	NOT AVAILABL	—
Midsize moderately priced cars									
1	日本斯巴鲁汽车公司	2015 Subaru Legacy	G	G	G	G	G	SUPERIOR	TSP +
2	日本斯巴鲁汽车公司	2015 Subaru Outback	G	G	G	G	G	SUPERIOR	TSP +
3	美国克莱斯勒汽车公司	2015 Chrysler 200	G	G	G	G	G	SUPERIOR	TSP +
4	日本丰田汽车公司	2015 Toyota Camry	G	G	G	G	G	ADVANCED	TSP +

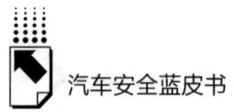

续表

序号	生产企业	测试车型号	CRASHWORTHINESS					CRASH AVOIDANCE & MITIGATION	TOP SAFETY PICK + / TOP SAFETY PICK
			FRONT Small overlap front	FRONT Moderate overlap	SIDE	ROOF STRENGTH	HEAD RESTRAINTS & SEATS	FRONT CRASH PREVENTION	
5	日本丰田汽车公司	2015 Toyota Prius v	G	G	G	G	G	ADVANCED	TSP +
6	日本马自达汽车公司	2015 Mazda 6	A	G	G	G	G	ADVANCED	TSP +
7	美国通用汽车公司	2015 Chevrolet Malibu	G	G	G	G	G	BASIC	TSP
8	日本本田汽车公司	2015 Honda Accord	G	G	G	G	G	BASIC	TSP
9	德国大众汽车公司	2015 Volkswagen Jetta	G	G	G	G	G	BASIC	TSP
10	美国福特汽车公司	2015 Ford Fusion	A	G	G	G	G	BASIC	TSP
11	韩国现代汽车公司	2015 Hyundai Sonata	A	G	G	G	G	BASIC	TSP
12	韩国起亚汽车公司	2015 Kia Optima	A	G	G	G	G	NOT AVAILABL	TSP
13	日本日产汽车公司	2015 Nissan Altima	A	G	G	G	G	NOT AVAILABL	TSP
14	德国大众汽车公司	2015 Volkswagen Passat	A	G	G	G	G	BASIC	—
15	美国通用汽车公司	2015 Buick Verano	—	G	G	G	G	BASIC	—
16	美国福特汽车公司	2015 Ford Mustang	—	G	—	—	—		
Midsize luxury/ near luxury car										
1	沃尔沃汽车集团	2015 Volvo S60	G	G	G	G	G	SUPERIOR	TSP +

续表

序号	生产企业	测试车型号	CRASHWORTHINESS					CRASH AVOIDANCE & MITIGATION	TOP SAFETY PICK + / TOP SAFETY PICK
			FRONT Small overlap front	FRONT Moderate overlap	SIDE	ROOF STRENGTH	HEAD RESTRAINTS & SEATS	FRONT CRASH PREVENTION	
2	沃尔沃汽车集团	2015 Volvo V60	G	G	G	G	G	SUPERIOR	TSP +
3	德国宝马汽车公司	2015 BMW 2 series	G	G	G	G	G	ADVANCED	TSP +
4	德国大众汽车公司	2015 Audi A3	G	G	G	G	G	ADVANCED	TSP +
5	日本丰田汽车公司	2015 Acura TLX	A	G	G	G	G	SUPERIOR	TSP +
6	日本日产汽车公司	2015 Infiniti Q50	A	G	G	G	G	SUPERIOR	TSP +
7	美国福特汽车公司	2015 Lincoln MKZ	A	G	G	G	G	BASIC	TSP
8	德国宝马汽车公司	2015 BMW 3 series	M	G	G	G	G	ADVANCED	—
9	德国大众汽车公司	2015 Volkswagen CC	M	G	G	G	G	NOT AVAILABL	—
10	德国大众汽车公司	2015 Audi A4	P	G	G	G	G	ADVANCED	—
11	日本丰田汽车公司	2015 Lexus ES 350	—	G	G	G	G	ADVANCED	—
12	日本丰田汽车公司	2015 Lexus IS 250/350	—	G	G	—	—	ADVANCED	—
13	德国奔驰汽车公司	2015 Mercedes C class	—	G	G	G	—	ADVANCED	—
Small SUVs									
1	日本斯巴鲁汽车公司	2015 Subaru Forester	G	G	G	G	G	SUPERIOR	TSP +
2	日本本田汽车公司	2015 Honda CR-V	G	G	G	G	G	SUPERIOR	TSP +

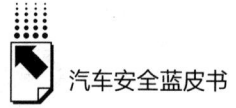

续表

序号	生产企业	测试车型号	CRASHWORTHINESS					CRASH AVOIDANCE & MITIGATION	TOP SAFETY PICK + / TOP SAFETY PICK
			FRONT Small overlap front	FRONT Moderate overlap	SIDE	ROOF STRENGTH	HEAD RESTRAINTS & SEATS	FRONT CRASH PREVENTION	
3	日本三菱汽车公司	2015 Mitsubishi Outlander	G	G	G	G	G	ADVANCED	TSP+
4	日本马自达汽车公司	2016 Mazda CX-5	G	G	G	G	G	ADVANCED	TSP+
5	美国通用汽车公司	2015 Buick Encore	G	G	G	G	G	BASIC	TSP
6	日本日产汽车公司	2015 Nissan Rogue	G	G	G	G	G	BASIC	TSP
7	美国通用汽车公司	2015 Chevrolet Trax	G	G	G	G	G	NOT AVAILABL	TSP
8	日本丰田汽车公司	2015 Toyota RAV4	G	G	G	G	G	NOT AVAILABL	TSP
9	日本三菱汽车公司	2015 Mitsubishi Outlander Sport	A	G	G	G	G	NOT AVAILABL	TSP
10	德国宝马汽车公司	2015 BMW X1	M	G	G	G	G	NOT AVAILABL	—
11	德国大众汽车公司	2015 Volkswagen Tiguan	M	G	G	A	G	NOT AVAILABL	—
12	日本日产汽车公司	2015 Nissan Rogue Select	M	G	G	G	G	NOT AVAILABL	—
13	美国福特汽车公司	2015 Ford Escape	P	G	G	G	G	NOT AVAILABL	—
14	韩国现代汽车公司	2015 Hyundai Tucson	P	G	G	G	G	NOT AVAILABL	—
15	美国克莱斯勒汽车公司	2015 Jeep Patriot	P	G	G	G	G	NOT AVAILABL	—
16	韩国起亚汽车公司	2015 Kia Sportage	P	G	G	G	G	NOT AVAILABL	—
17	美国克莱斯勒汽车公司	2015 Jeep Wrangler	M	G	P	—	M	NOT AVAILABL	—

附录2 NCAP 测试评价统计

续表

序号	生产企业	测试车型号	CRASHWORTHINESS					CRASH AVOIDANCE & MITIGATION	TOP SAFETY PICK + / TOP SAFETY PICK
			FRONT Small overlap front	FRONT Moderate overlap	SIDE	ROOF STRENGTH	HEAD RESTRAINTS & SEATS	FRONT CRASH PREVENTION	
			Midsize SUVs							
1	日本丰田汽车公司	2015 Toyota Highlander	A	G	G	G	G	ADVANCED	TSP +
2	美国通用汽车公司	2015 Chevrolet Equinox	G	G	G	G	G	BASIC	TSP
3	美国通用汽车公司	2015 GMC Terrain	G	G	G	G	G	BASIC	TSP
4	韩国起亚汽车公司	2016 Kia Sorento	G	G	G	G	G	BASIC	TSP
5	日本日产汽车公司	2015 Nissan Pathfinder	G	G	G	G	G	NOT AVAILABL	TSP
6	美国克莱斯勒汽车公司	2015 Jeep Grand Cherokee	M	G	G	G	G	ADVANCED	—
7	美国福特汽车公司	2015 Ford Explorer	M	G	G	G	G	BASIC	—
8	日本丰田汽车公司	2015 Toyota 4Runner	M	G	G	G	G	NOT AVAILABL	—
9	美国克莱斯勒汽车公司	2015 Jeep Cherokee	—	G	G	G	G	SUPERIOR	—
10	美国克莱斯勒汽车公司	2015 Dodge Durango	—	G	G	G	G	ADVANCED	—
11	美国福特汽车公司	2015 Ford Flex	—	G	G	G	G	BASIC	—
12	日本本田汽车公司	2015 Honda Crosstour	—	G	G	G	G	BASIC	—
13	日本本田汽车公司	2015 Honda Pilot	P	G	G	G	G	NOT AVAILABL	—
14	美国克莱斯勒汽车公司	2015 Dodge Journey	—	G	G	G	G	NOT AVAILABL	—
15	韩国现代汽车公司	2015 Hyundai Santa Fe	—	G	G	G	G	NOT AVAILABL	—
16	日本丰田汽车公司	2015 Toyota Venza	—	G	G	G	G	NOT AVAILABL	—

279

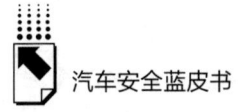

续表

序号	生产企业	测试车型号	CRASHWORTHINESS					CRASH AVOIDANCE & MITIGATION	TOP SAFETY PICK + / TOP SAFETY PICK
			FRONT Small overlap front	FRONT Moderate overlap	SIDE	ROOF STRENGTH	HEAD RESTRAINTS & SEATS	FRONT CRASH PREVENTION	
17	日本日产汽车公司	2015 Nissan Xterra	—	G	G	A	M	NOT AVAILABL	—
18	日本马自达汽车公司	2015 Mazda CX-9	P	G	G	M	M	NOT AVAILABL	—
19	美国克莱斯勒汽车公司	2015 Jeep Wrangler	—	G	M	—	M	NOT AVAILABL	—

annotation: G: good, A: acceptable, M: marginal, P: poor.

附表 2-5　日本 JNCAP 新车评价规程测试评价统计（2014 年）

序号	Car manufactuer	Product name	Type	New overall evaluation for vehicle safety (points)	Occupants protection (points)	Pedestrian Protection (points)	PSBR (points)	Stars
1	Suzuki Motor Corporation	HUSTLER G / MAZDA FLAIR CROSSOVER	Mini-sized Cars	160.2	77.98	82.23	0.0	★★★★
2	Toyota Motor Corporation	VOXY ZS (w/SCA) / NOAH / ESQUIRE	1 BOX & Minivans	182.3	90.01	87.42	4.0	★★★★
3	Nissan Motor Co., Ltd.	NISSAN DAYZ ROOX Highway STAR X / DAYZ ROOX / MITSUBISHI eK SPACE CUSTOM / eK SPACE	Mini-sized Cars	159.5	74.57	81.01	4.0	★★★
4	Honda Motor Co., Ltd.	VEZEL HYBRID Z	Passenger Cars A	183.7	93.03	86.75	4.0	★★★★

Abstract

Automobile Safety Blue Book is an annual report on the development of China's auto safety. Since the publication of the first issue in 2014, this report has attracted attention of related players in the auto industry. This book is the second issue of the report; it is edited and written by experts from China Automotive Technology & Research Center and related manufacturers.

This annual report includes analysis on road transport accidents and suggestions on auto safety management, integrated development of automobile safety technology and intelligent transport system, analysis on the influence of auto safety on the consuming activities of auto consumers, auto safety standards in foreign countries, current research focus of C-NCAP, anti-whiplash injury standard, auto frontal collision passenger protection standard, technology requirements and testing method for the braking systems of commercial vehicles and trailers, analysis on safety standard for EVs after collision, development situation of seat belt, airbag and ESC system etc., the innovation and application of auto companies' advanced safety technologies, and evaluation on performance of seat belt products etc..

With China's economic development and the improvement of road traffic conditions, auto ownerships show a rapid growth, however, traffic safety situation becomes increasingly grim due to the increase in traffic accidents. Among the impact of traffic accidents, People, Vehicle and Road, and other factors, automobile is a very important factor. Over the years, the development and implementation of auto safety standards for the improvement of China's auto safety technology level plays an important role, but the standard system should be further improved in order to narrow the gaps in auto industry between China and other developed countries. Auto companies will develop and apply automotive safety technology as the strategic tool to enhance the competitiveness of the products and to continuously meet the requirements of consumers. To promote the innovation

and development of automotive safety technology, to comprehensively grasp the development of China's auto safety situation and improve the standard regulatory system and the safety performance of vehicles are important to reduce traffic accidents and injuries to occupants and pedestrians, and increase the overall strength of China's auto industry.

Automobile Safety Blue Book is the first authoritative publication automotive industry. It can actively promote the progress in automotive safety and select excellent and valuable works of the auto companies and authoritative experts, offer comprehensive and systemic analysis from the perspective of the social science on the development status of auto safety in China, aiming to offer a valuable reference to industry administrators, research organizations, manufactures for fully-built vehicles and parts and components, and other players in the automobile industry.

Contents

B I General Report

B. 1   The Development of China's Auto Safety Industry
　　　to be Accelerated　　　　　　　　　　　　　　　　　　／001
　　　1. Current Situation of the Development of China's Auto Safety　／002
　　　2. Trend of the Development of China's Auto Safety　　　　　　／006

Abstract: China's road traffic environment has been improved significantly, but the number of road accidents and the casualties remains high. China will continue to establish and improve auto safety standard and regulation and C-NCAP system etc. and promote the development and application of auto active and passive safety technologies to meet the increasing demands of the auto consumers. The future of auto safety technology will present the trend of the combination of active and passive safety technologies, integrating the comprehensive safety performance during whole crash process.

Keywords: Road Transport; Passive Safety; Active Safety

B II Macro Environment Report

B. 2   Analysis on Road Transport Accidents and Suggestions
　　　on Auto Safety Management　　　　　　　　　　　　　／009

Abstract: Although China's road traffic safety has been improved, but it still faces severe situation. This paper describes the development of road traffic and

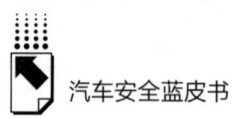

safety situation and puts forward that a considerable achievement for road traffic safety and accident prevention had been made in 2013, but China's road traffic safety management still faces problems and challenges in five areas. This article summarizes 8 characteristics of China's road traffic accidents by analyzing the road traffic accident data. Some major problems in current road safety management area and suggested solutions are also put forward.

Keywords: Road Traffic Safety; Road Traffic Accident; Vehicle Safety Management

B. 3 Integrated Development of Automobile Safety
Technology and Intelligent Transport System　　　　/ 023

Abstract: Traffic safety has become a worldwide problem. This paper introduces the current development situation and the main trends of intelligent transportation both in home and abroad and put forward the ideas that standardization would has lay a good foundation for the development of industry. Auto companies have invested a lot of money in the development of intelligent transport area through the cooperation in order to secure the safety performance. The mutual cooperation between automotive electronic control and auto operation and the cooperation between automobiles and infrastructure is an important development direction in future. And the combination between auto industry and intelligent transport system is also becoming closer and closer.

Keywords: Intelligent Transport System; Auto Safety Technology; Ecological Intelligent Transport

B. 4 Analysis on the Influence of Auto Safety on the
Consuming Activities of Auto Consumers　　　　/ 035

Abstract: As one of the important evaluation criterions for automobile consuming, auto safety performance has an important influence on auto consumers' purchase decisions and usage appraising. Firstly, to get the appraisals and demands of different consumers for auto safety according to the different characteristics of consuming groups that are divided with the characteristics of the consuming, such as the comprehensive urban level, region, age, sex and other characteristics of the consumers. In addition, this paper also analyzes the consumers' understanding on auto brands and auto safety and the auto safety technologies that have attracted the attention of the consumers during the operation.

Keywords: Auto Safety; Consumer; Consuming Characteristics

B Ⅲ Standard and Regulation Report

B. 5 Analysis on the Development of Auto Safety
Standard and Regulation in Foreign Countries   / 054

Abstract: The development of EU automotive technical regulations plays a very important role in leading the development of international technical regulations in other auto markets; meanwhile, different countries and regions will establish some unique technical regulations and standards based on their own characteristics. This section details the development of automotive safety technical regulations in European Union, Russia/Belarus/Kazakhstan markets, and Brazil, ASEAN and the seven countries of the Gulf and the future trend of development path of automotive standard in other countries and regions of the world. These technical regulations will play reference to the revision of China automotive standards and technical regulations.

Keywords: Automotive Technical Regulation; EU; United Market of Three Counties

B. 6 Current Research Focus of C-NCAP
—*Active Safety Technology*   / 076

Abstract: China is one of the countries that have the complex road traffic environment and serious traffic accidents in the world. It needs to promote active

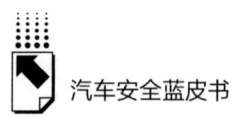

safety technology and the localization of active safety technology. How to rationally use the active safety technology to enhance China's road traffic safety has attracted the attention of the industry. This paper analyzes the active safety technology in China and the popularity and influence of China's People, Vehicle, and Road on the promotion of active safety technology. It also introduces the international NCAP organization's evaluation method for auto safety. It also illustrates the active safety technology in C-NCAP based on the current road transport situation of China and puts forward the road map for C-NCAP's active technology and summarizes the promotion and working methods for C-NCAP's active safety technology.

Keywords: Road Traffic Safety; C-NCAP; Active Safety Technology

B. 7 Latest Progress of Anti-whiplash Injury Standard and Future Trend Analysis / 090

Abstract: Whiplash injuries mainly injure the important parts of passengers, such as nerves and soft tissues etc. and give rise to the long time of injury. Therefore whiplash injury protection has attracted more attention in many countries. This paper describes the requirements of global GTR 7 and US's FMVSS202a for the geometrical properties of the headrests, such as the headrest's energy absorption properties, headrest static strength, dynamic performance and whiplash headrest acceleration waveform tests and other requirements and introduces the analysis on the latest progress of GTR 7 in anti-whiplash injury and notes that BioRID II dummy will become internationally accepted whiplash injury test dummy according to the development trend of whipping standards and regulations in different counties and the accelerated trolley dynamic test will be the primary means of evaluation.

Keyword: Anti-Whiplash Injuries; Dynamic Properties of Headrest; Whiplash Injuries Test; Acceleration Waveform

B. 8 Explanation of Auto Frontal Collision Passenger
Protection Standard and its Influence Analysis　　　　　／096

Abstract: GB 11551-2003 Passenger Protection from Frontal Impact Occupant has been implemented for more than ten years and cannot meet the technology development requirements of Chinese auto enterprises, in particular, the front collision safety performance of mini truck and light truck should be improved. GB 11551-2014 version's standard is established based on former preliminary test results and feedback and the scope of the standard is further expanded compared with the GB 11551-2003 version. 7 major changes have been added and occupant protection technical items are revised widely. In future, how to improve and optimize the body structure will be a major challenge to mini truck and light truck enterprises. The standard will effectively enhance the crash safety performance of the mini truck and light truck products.

Keywords: Mini Truck; Light Truck; Frontal Collision; Passenger Protection Technology

B. 9 Explanation and Analysis on Technology Requirements
and Testing Methods for the Braking Systems
of Commercial Vehicles and Trailers　　　　　／105

Abstract: With the development and progress of automobile brake technology, corresponding standards for braking performance have been constantly updated through several thematic working group discussions and verification tests. The GB 12676 -2014 braking standard, which does not contain M1 category vehicle, was officially released in October 2014 and will enter into effect on July 1, 2015. This paper introduces the main difference between the GB 12676 - 2014 and domestic GB 12676 -1999, and international ECE R13 (10 series) and analyzes the development of braking standards for commercial vehicles and trailers.

Keywords: Braking Technology; ABS; Braking Systems for Commercial Vehicles and Trailers

B. 10　Analysis on Safety Standard for EVs after Collision　　　／118

Abstract: The standards and regulations for traditional safety performance are mature both in home and abroad. The safety requirements for EVs are different with those of traditional vehicles. Corresponding standards and regulations have been introduced in world EV sector. International EV collision safety standards and regulations have also been available. The core objective is to ensure the safety of the third-party pedestrian and occupant when the collision occurred, including three electrical safety requirements for electrolyte leakage, structural stability of energy storage system and electric devices. Electrical safety requirements and test methods are the core of the safety standards and technical difficulty of EV after collision. China's GB/T EV Safety Requirements after the Collision is established based on the latest standards of foreign countries, providing more specific requirements and being easy to be implemented.

Keywords: EV Safety; Safety after Collision Standard; Safety Perfonmance of Auto

Ⅳ　Technology Survey Report

B. 11　Development Situation of Seat Belt Technology　　　／135

Abstract: The seat belt is one of the most important automotive safety facilities. The combination of intelligent auto safety systems and active and passive safety technologies is the development trend of the seat belts. Meanwhile, the matching of parameters of seat belt system and the improvement of the comfortability are the development trends of the R&D of seat belt. On this basis, the two-stage force limit belt, warning and preload force limit seat belt, airbags and four-point harness seat belt will be the main products in the R&D of the enterprises.

Keywords: Auto Seat Belt; Force Limit Belt; Four-Point harness Seat Belt

B. 12　Development Situation of Auto Airbag Technology　／144

Abstract: Airbag is a supplementary protection equipment of airbag system, the application of airbag can significantly increase the performance of auto passive safety. With the development of technology and the people's attention on improving vehicle safety, the external intelligent airbags, the application of new materials, and the improvement of the design will become an inevitable trend in the future development of the airbag.

Keywords: Airbag; Auto; Auto Passive Safety

B. 13　Development Situation of ESC System　／155

Abstract: To prevent the risk of car skidding, drifting, shifting or runaway at extreme conditions, electronic stability control system is developed. Electronic stability control system includes YSC, ABS, BAS and TCS. In future, electronic stability control system will be integrated with chassis control technology, advanced driving assistance technology, and testing and evaluation technologies.

Keywords: Electronic Stability Control System

B V　Technology Innovation and Application Report

B. 14　Application of Simulating Calculation Technology
　　　　for Vehicle Body Safety　／169

Abstract: Simulating calculation is one of the three pillars in vehicle body development. Before prototype testing, the evaluation for product performance can only rely on simulating calculation. Relying on model development projects, FAW-Volkswagen Automotive Co., Ltd. has constantly improved its simulating calculation capability and the localization rate. In 2014, the simulation business grew 60% year on year and the safety-related calculation tasks reached nearly 20000 times at present, the complete safety simulation calculation capability has been established; and the application has been extended to all aspects of the body vehicle development. This article describes the simulating calculation for vehicle body's anti-collision performance, passenger and pedestrian protection performance, and CAE etc..

Keywords: Simulating Calculation; Vehicle Body Development; FAW-Volkswagen Automotive Co., Ltd.

B.15　Application of New Safety Technology
　　　on Commercial Vehicles　　　　　　　　　　　　　　　　　/ 176

Abstract: In recent years, safety performance of commercial vehicle has become more prominent. China is gradually developing and improving commercial vehicle crash safety regulations to improve the safety performance of commercial vehicles. This paper introduces the domestic and overseas commercial vehicle safety regulations, and then elaborates the R&D system and plan for the safety performance of Anhui Jianghuai Automobile Co., Ltd. 's commercial vehicles. Finally, the development trend of the safety technologies for the commercial vehicle is analyzed.

Keywords: Commercial Vehicle; Safety Technology; Jianghuai Automobile Co., Ltd. 's

B.16　Development and Application of Advanced
　　　Safety Technology　　　　　　　　　　　　　　　　　　　/ 193

Abstract: Shanghai Volkswagen Automotive Co., Ltd. has been focusing on the development of advanced safety technology and has actively adopted related technologies in its models, aiming to provide effective protection for the occupants. This paper describes safety performance of pre-tightening force type seat belt, head airbags and knee airbags, multiple collision prevention systems, and the safety role of the pre-safety passenger protection system and the application of these technologies.

Keywords: Shanghai Volkswagen Automobile Co., Ltd.; Air Bag; Multiple Collision Prevention Systems

B. 17　Application of New Safety Technology
　　　　on Own-brand Auto Products　　　　　　　　　　/ 198

Abstract: In automotive design, high safety performance of the vehicle has been an important goal of auto design team. Apart from the high-strength body structure, the vehicle itself is equipped with active and passive safety equipment that has also played important roles in the protection of passenger. With more attention paid on vehicle safety performance, the new active and passive safety technologies have also been constantly upgraded. This paper introduces FAW Car Co., Ltd. 's application of new car safety technologies, such as the matching process of the passive safety systems on Besturn X80 and B70 cars, and details the development of the company's ESP and program for the development of active safety technology.

Keywords: Vehicle Safety; ESP; FAW Car Co., Ltd.

B. 18　Development and Application of Collision
　　　　Safety Technology　　　　　　　　　　　　　　/ 211

Abstract: This paper introduces the development of collision safety technologies both in home and abroad, including the development situation of collision safety assessment and the development of crash safety design. It also elaborates Chongqing

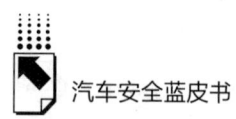

Changan Automobile Co., Ltd. 's vehicle structure compatibility technology, key technologies for dynamic impact test for components, trolley simulation bias-collision technology, development of collision safety integration technology, and industrial applications.

Keywords: Collision Safety Technology; Changan Automobile Co. Ltd. , Performance of Automobile

B VI Special Survey Report

B. 19   Analysis and Evaluation on Performance
of Seat Belt Products　　　　　　　　　　　／236

Abstract: As the most common and an important part of the passive safety product and restraint systems, seat belt has the simple appearance and structure and the important function of saving lives of occupants in critical situation. At present, China has plenty belt manufacturer and more product ranges. In order to explore difference of performance of the seat belts made by different enterprises, an objective survey for 7 typical companies and their products has been made. The results of entropy analysis show that different enterprises have some differences on the dynamic performance and the strength of key components. From a subjective survey, although the products of the selected nine companies can basically meet the requirements of the national standard, but the production capacity and the details of the appearance of the key components are still different. The lack of sensitivity and comfort of the products of some enterprises should reduce the users' experience. But in general, the difference between the own-brand products, foreign-invested products and JV products are narrowing. OEMs and end-user should break prejudice on the independent brand enterprise's seatbelt products to select a product meeting the actual demand and create equal market environment for the seat belt industry.

Keywords: Seat Belt Companies; The Production Capacity of Key Components; The Capacity of Design

❖ 皮书起源 ❖

"皮书"起源于十七、十八世纪的英国，主要指官方或社会组织正式发表的重要文件或报告，多以"白皮书"命名。在中国，"皮书"这一概念被社会广泛接受，并被成功运作、发展成为一种全新的出版型态，则源于中国社会科学院社会科学文献出版社。

❖ 皮书定义 ❖

皮书是对中国与世界发展状况和热点问题进行年度监测，以专业的角度、专家的视野和实证研究方法，针对某一领域或区域现状与发展态势展开分析和预测，具备权威性、前沿性、原创性、实证性、时效性等特点的连续性公开出版物，由一系列权威研究报告组成。皮书系列是社会科学文献出版社编辑出版的蓝皮书、绿皮书、黄皮书等的统称。

❖ 皮书作者 ❖

皮书系列的作者以中国社会科学院、著名高校、地方社会科学院的研究人员为主，多为国内一流研究机构的权威专家学者，他们的看法和观点代表了学界对中国与世界的现实和未来最高水平的解读与分析。

❖ 皮书荣誉 ❖

皮书系列已成为社会科学文献出版社的著名图书品牌和中国社会科学院的知名学术品牌。2011年，皮书系列正式列入"十二五"国家重点图书出版规划项目；2012~2014年，重点皮书列入中国社会科学院承担的国家哲学社会科学创新工程项目；2015年，41种院外皮书使用"中国社会科学院创新工程学术出版项目"标识。

中国皮书网

www.pishu.cn

发布皮书研创资讯，传播皮书精彩内容
引领皮书出版潮流，打造皮书服务平台

栏目设置：

- 资讯：皮书动态、皮书观点、皮书数据、皮书报道、皮书发布、电子期刊
- 标准：皮书评价、皮书研究、皮书规范
- 服务：最新皮书、皮书书目、重点推荐、在线购书
- 链接：皮书数据库、皮书博客、皮书微博、在线书城
- 搜索：资讯、图书、研究动态、皮书专家、研创团队

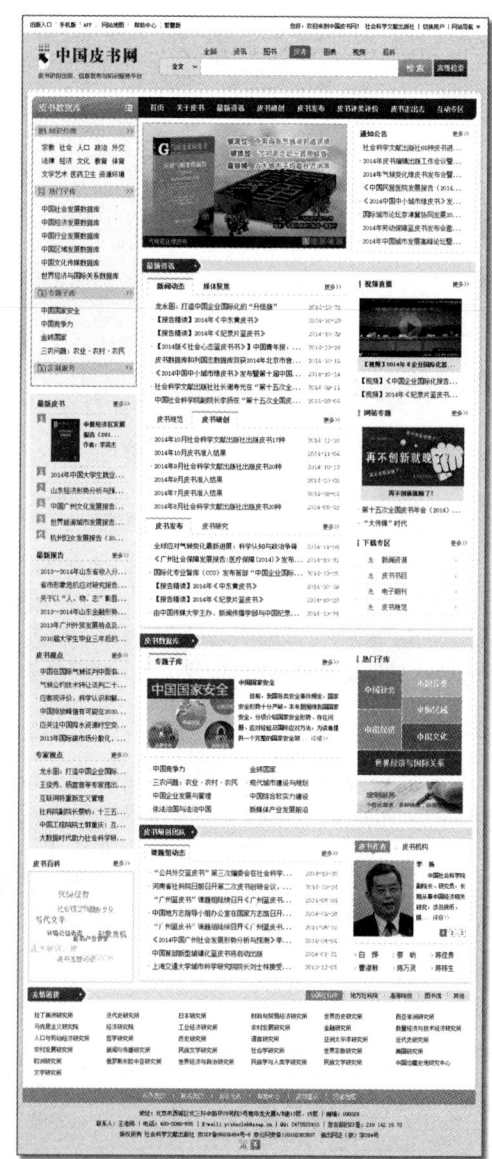

中国皮书网依托皮书系列"权威、前沿、原创"的优质内容资源，通过文字、图片、音频、视频等多种元素，在皮书研创者、使用者之间搭建了一个成果展示、资源共享的互动平台。

自2005年12月正式上线以来，中国皮书网的IP访问量、PV浏览量与日俱增，受到海内外研究者、公务人员、商务人士以及专业读者的广泛关注。

2008年、2011年中国皮书网均在全国新闻出版业网站荣誉评选中获得"最具商业价值网站"称号；2012年，获得"出版业网站百强"称号。

2014年，中国皮书网与皮书数据库实现资源共享，端口合一，将提供更丰富的内容，更全面的服务。

法律声明

"皮书系列"(含蓝皮书、绿皮书、黄皮书)之品牌由社会科学文献出版社最早使用并持续至今,现已被中国图书市场所熟知。"皮书系列"的LOGO(⬛)与"经济蓝皮书""社会蓝皮书"均已在中华人民共和国国家工商行政管理总局商标局登记注册。"皮书系列"图书的注册商标专用权及封面设计、版式设计的著作权均为社会科学文献出版社所有。未经社会科学文献出版社书面授权许可,任何使用与"皮书系列"图书注册商标、封面设计、版式设计相同或者近似的文字、图形或其组合的行为均系侵权行为。

经作者授权,本书的专有出版权及信息网络传播权为社会科学文献出版社享有。未经社会科学文献出版社书面授权许可,任何就本书内容的复制、发行或以数字形式进行网络传播的行为均系侵权行为。

社会科学文献出版社将通过法律途径追究上述侵权行为的法律责任,维护自身合法权益。

欢迎社会各界人士对侵犯社会科学文献出版社上述权利的侵权行为进行举报。电话:010-59367121,电子邮箱:fawubu@ssap.cn。

社会科学文献出版社

权威报告·热点资讯·特色资源

皮书数据库
ANNUAL REPORT(YEARBOOK) DATABASE

当代中国与世界发展高端智库平台

WWW.PISHU.COM.CN

皮书俱乐部会员服务指南

1. 谁能成为皮书俱乐部成员？
- 皮书作者自动成为俱乐部会员
- 购买了皮书产品（纸质书/电子书）的个人用户

2. 会员可以享受的增值服务
- 免费获赠皮书数据库100元充值卡
- 加入皮书俱乐部，免费获赠该纸质图书的电子书
- 免费定期获赠皮书电子期刊
- 优先参与各类皮书学术活动
- 优先享受皮书产品的最新优惠

3. 如何享受增值服务？

（1）免费获赠100元皮书数据库体验卡

第1步 刮开附赠充值的涂层（右下）；
第2步 登录皮书数据库网站（www.pishu.com.cn），注册账号；
第3步 登录并进入"会员中心"—"在线充值"—"充值卡充值"，充值成功后即可使用。

（2）加入皮书俱乐部，凭数据库体验卡获赠该书的电子书

第1步 登录社会科学文献出版社官网（www.ssap.com.cn），注册账号；
第2步 登录并进入"会员中心"—"皮书俱乐部"，提交加入皮书俱乐部申请；
第3步 审核通过后，再次进入皮书俱乐部，填写页面所需图书、体验卡信息即可自动兑换相应电子书。

4. 声明

解释权归社会科学文献出版社所有

皮书俱乐部会员可享受社会科学文献出版社其他相关免费增值服务，有任何疑问，均可与我们联系。

图书销售热线：010-59367070/7028
图书服务QQ：800045692
图书服务邮箱：duzhe@ssap.cn

数据库服务热线：400-008-6695
数据库服务QQ：2475522410
数据库服务邮箱：database@ssap.cn

欢迎登录社会科学文献出版社官网
（www.ssap.com.cn）
和中国皮书网（www.pishu.cn）
了解更多信息

社会科学文献出版社 皮书系列
SOCIAL SCIENCES ACADEMIC PRESS (CHINA)

卡号：946986931297
密码：

子库介绍
Sub-Database Introduction

中国经济发展数据库

涵盖宏观经济、农业经济、工业经济、产业经济、财政金融、交通旅游、商业贸易、劳动经济、企业经济、房地产经济、城市经济、区域经济等领域，为用户实时了解经济运行态势、把握经济发展规律、洞察经济形势、做出经济决策提供参考和依据。

中国社会发展数据库

全面整合国内外有关中国社会发展的统计数据、深度分析报告、专家解读和热点资讯构建而成的专业学术数据库。涉及宗教、社会、人口、政治、外交、法律、文化、教育、体育、文学艺术、医药卫生、资源环境等多个领域。

中国行业发展数据库

以中国国民经济行业分类为依据，跟踪分析国民经济各行业市场运行状况和政策导向，提供行业发展最前沿的资讯，为用户投资、从业及各种经济决策提供理论基础和实践指导。内容涵盖农业，能源与矿产业，交通运输业，制造业，金融业，房地产业，租赁和商务服务业，科学研究，环境和公共设施管理，居民服务业，教育，卫生和社会保障，文化、体育和娱乐业等100余个行业。

中国区域发展数据库

以特定区域内的经济、社会、文化、法治、资源环境等领域的现状与发展情况进行分析和预测。涵盖中部、西部、东北、西北等地区，长三角、珠三角、黄三角、京津冀、环渤海、合肥经济圈、长株潭城市群、关中—天水经济区、海峡经济区等区域经济体和城市圈，北京、上海、浙江、河南、陕西等34个省份及中国台湾地区。

中国文化传媒数据库

包括文化事业、文化产业、宗教、群众文化、图书馆事业、博物馆事业、档案事业、语言文字、文学、历史地理、新闻传播、广播电视、出版事业、艺术、电影、娱乐等多个子库。

世界经济与国际政治数据库

以皮书系列中涉及世界经济与国际政治的研究成果为基础，全面整合国内外有关世界经济与国际政治的统计数据、深度分析报告、专家解读和热点资讯构建而成的专业学术数据库。包括世界经济、世界政治、世界文化、国际社会、国际关系、国际组织、区域发展、国别发展等多个子库。